अल्बर्ट
आइंस्टाइन

अल्बर्ट आइंस्टाइन

विनोद कुमार मिश्र

प्रभात प्रकाशन

प्रकाशक

प्रभात प्रकाशन प्रा. लि.

4/19 आसफ अली रोड, नई दिल्ली–110002

फोन : 011–23289777 • हेल्पलाइन नं. : 7827007777

इ–मेल : prabhatbooks@gmail.com ❖ वेब ठिकाना : www.prabhatbooks.com

संस्करण

2026

पेपरबैक मूल्य

चार सौ रुपए

मुद्रक

नरुला प्रिंटर्स, दिल्ली

★

ALBERT EINSTEIN

A biography by Shri Vinod Kumar Mishra

Published by **PRABHAT PRAKASHAN PVT. LTD.**
4/19 Asaf Ali Road, New Delhi-110002

ISBN 978-93-5048-260-5

₹ 400.00 (PB)

पूजनीय पिताजी

स्व. लक्ष्मी चरण मिश्र

(सेवानिवृत्त वैज्ञानिक अधिकारी)

को

सादर समर्पित

अनुक्रम

भूमिका

संसार के अनेक महापुरुष, राजनेता एवं वैज्ञानिक महात्मा गांधी को अपना गुरु व आदर्श मानते हैं। आइंस्टाइन उनमें से एक थे। उन्होंने अपने कक्ष में तीन-चार महापुरुषों की तसवीरें लगा रखी थीं—और उनमें से एक महात्मा गांधी की थी। उन्हें आशा थी कि दुनिया महात्मा गांधी के विचारों पर चलेगी तथा इससे दीर्घकालिक शांति स्थापित होगी।

आइंस्टाइन के जीवन को अनेक भारतीय महापुरुषों ने प्रभावित किया। सत्येंद्रनाथ बोस नामक युवा वैज्ञानिक ने आइंस्टाइन के उन समीकरणों का हल निकाला, जिन्हें हल करने में आइंस्टाइन स्वयं कठिनाई का अनुभव कर रहे थे। आज भी विज्ञान के छात्र 'बोस-आइंस्टाइन' समीकरणों को पढ़ते हैं।

गुरुदेव रवींद्रनाथ टैगोर से लंबी सार्थक चर्चा करनेवाले आइंस्टाइन को पं. जवाहरलाल नेहरू से बड़ी उम्मीदें थीं। वे मानते थे कि द्वितीय विश्वयुद्ध के पश्चात् की विश्व राजनीति में पं. नेहरू की अहम व प्रभावी भूमिका होगी। वे भारत पर चीन के भावी आक्रमण के प्रति आशंकित थे।

आइंस्टाइन का जीवन अत्यंत जटिल रहा। उनके जटिल समीकरणों से बहुत ज्यादा जटिल। लेकिन चौथे आयाम को ढूँढ़नेवाले आइंस्टाइन का जीवन बहुआयामी था।

बचपन में बुद्धू बालक, जिससे न तो माता-पिता को कोई अपेक्षाएँ थीं और न शिक्षकों को। पारिवारिक व्यवसाय का चौपट हो जाना, माता-पिता जैसा पढ़ाना और बनाना चाहते थे वह न बन पाना, पढ़ाई पूरी करने के पश्चात् बेरोजगारी के दौर में ऐसी घटनाएँ हैं जिनसे अच्छा-से-अच्छा व्यक्ति भी टूट जाता है। इनमें से एक ही कारण जीवन को निराशा से परिपूर्ण करने के लिए पर्याप्त होता है; पर आइंस्टाइन निराश नहीं हुए।

पेटेंट कार्यालय में तीसरी श्रेणी के क्लर्क जैसी नौकरी से प्रारंभ करके

आइंस्टाइन ने सैद्धांतिक भौतिकी में धमाकेदार शुरुआत की। निश्चय ही जब उन्होंने नए-नए सिद्धांत विद्वज्जनों के समक्ष रखे होंगे तो कैसी तीव्र प्रतिक्रिया रही होगी, इसका अनुमान ही लगाया जा सकता है। वर्णन में कलम की शक्ति अपर्याप्त सिद्ध हो जाती है।

आमतौर पर महापुरुषों के जीवन में उनकी पत्नी प्रेरणा का स्रोत रहती हैं, पर अपनी पहली पत्नी मिलेवा से आइंस्टाइन को दो बेटों और झगड़ों के सिवा कुछ न मिला। उनका एक-एक काम कई-कई नोबेल पुरस्कारों के लिए पर्याप्त था, पर उन्हें नोबेल पुरस्कार डेढ़ दशक से काफी ज्यादा समय बाद मिल पाया।

नोबेल पुरस्कार ऐसा सम्मान है, जिसके घोषित होते ही पूरे देश में धूम मच जाती है और विजेता को हाथोहाथ लिया जाता है; पर आइंस्टाइन इस अवसर पर ऐसे विवाद में घिर गए कि वे पुरस्कार लेने स्वयं नहीं जा पाए। जर्मनी व स्विट्जरलैंड उन पर अपना अधिकार जमाने लगे और पुरस्कार प्राप्त करने तथा आइंस्टाइन को उसे सौंपने के लिए दोनों में बंदर-बाँट हुई।

आइंस्टाइन भारत में पैदा तो नहीं हुए, पर उनका ज्यादातर दर्शन भारतीयता से प्रभावित था। भगवान् श्रीकृष्ण ने भी अपने जीवन में अनेक विवादों व विडंबनाओं का सामना किया था। उन्होंने अपने जीवन में अनेक बार युद्ध टालने की कोशिश की और जरासंध के साथ युद्ध से बचने के लिए मथुरा राज्य तक त्याग दिया था, पर जब द्रौपदी ने उन्हें अपनी शपथ याद दिलाते हुए शांति दूत बनने से रोका तो उन्होंने कहा कि शांति के लिए बुराई को मिटाना जरूरी है और उसके लिए युद्ध अनिवार्य है।

प्रथम विश्वयुद्ध के दौरान आइंस्टाइन ने युद्ध का पुरजोर विरोध किया। जब उनके साथी वैज्ञानिक देश-प्रेम से ओतप्रोत होकर जर्मन सेना के लिए वैज्ञानिक कार्य कर रहे थे तब आइंस्टाइन सैद्धांतिक भौतिकी के कार्य में जुटे थे। इस कारण उनपर देशद्रोही होने का आक्षेप भी लगाया गया।

बाद में आइंस्टाइन ने दुनिया भर में शांति प्रयासों के अंतर्गत आह्वान किया कि लोग सेना में न तो भरती हों और न ही सेना से संबंधित कार्य करें। उनका मानना था कि सैनिक शक्ति ही राजनीतिज्ञों का अहं बढ़ाती है और वही युद्धों का मूल कारण है।

पर जब हिटलर के अत्याचार बढ़ने लगे तो आइंस्टाइन को लगा कि इस मानवीय बुराई के लिए तो युद्ध ही एकमात्र उपाय है। उन्होंने परमाणु की विनाशक शक्ति को भाँप लिया और यह प्रयास किया कि इससे पूर्व जर्मनी के पास यह शक्ति पहुँचे, अमेरिका इसका इस्तेमाल करे और बुराई का समूल नाश कर दे।

आइंस्टाइन सारी दुनिया के होना चाहते थे। वे समस्त मानवता के हित में प्रयास करना चाहते थे। सभी का होने का अर्थ यह नहीं है कि अपनों से दूर रहना। उन्होंने विपरीत परिस्थितियों में भी यहूदियों के लिए हर संभव प्रयास किए। यही कारण था कि सारी दुनिया आइंस्टाइन का सम्मान करती है, पर यहूदी उनकी पूजा करते हैं। उनका उदाहरण उन विकलांग राजनेताओं के लिए विशेष रूप से अनुकरणीय है, जो उच्च पदों पर पहुँचने के बाद विकलांगों के हक में बोलने या स्पष्ट रूप से कुछ करने में परहेज करते हैं।

आइंस्टाइन के सिद्धांतों के प्रकाश में आने के बाद दुनिया के बारे में मान्यता ही बदल गई। ईश्वर के अस्तित्व के बारे में भी प्रश्नचिह्न लगने लगा; पर आइंस्टाइन ने धर्म के अस्तित्व को कभी नकारा नहीं।

आइंस्टाइन का जीवन दु:खमय रहा। उन्हें बीमारी के अनेक थपेड़े झेलने पड़े। उनका पहला वैवाहिक जीवन असफल रहा। अपने पुत्रों का बिछोह उन्हें सहना पड़ा। उनकी दूसरी पत्नी भी उस समय चल बसी जब व्यक्ति को जीवनसाथी की सबसे ज्यादा जरूरत होती है। उनके नाते-रिश्तेदार दर-बदर होते रहे और उन्हें भी अपना घरबार छोड़कर भागना पड़ा।

पर इन दु:खों ने उनके जीवन को कुंदन की तरह दमकाया। वे अंतिम समय तक कल्याणकारी कार्यों में जुटे रहे। उन्होंने ऐसे कार्य किए जिनपर आगे कार्य करके वैज्ञानिक डॉक्टरेट, फैलोशिप एवं अन्य पुरस्कार पाते रहे। उनके व उनके काम के बारे में लिखकर लेखक फैलोशिप, रॉयल्टी और तमाम लाभ पाते रहे।

आइंस्टाइन को बच्चों, छात्रों एवं गरीबों से बहुत प्यार था। वे उनके लिए कुछ भी करने को तैयार हो जाते थे। वे उनके लिए कार्य करने के आविष्कारी तरीके ढूँढ़ते रहते थे। अपने हस्ताक्षरों, फोटो, शोधपत्र, संदेशों को बेचकर उन्होंने इन लोगों के लिए आवश्यक साधन जुटाए।

बहुत से लोग समय से पूर्व ही सोच लेते हैं। इस कारण आम लोग उनकी बात समझ नहीं पाते हैं। ऐसे लोग जटिल समस्याओं के विभिन्न पहलुओं को मन-ही-मन समझ तो जाते हैं, पर उन्हें शब्दों में व्यक्त करना या तो कठिन हो जाता है या उचित शब्दों के अभाव में बात अस्पष्ट रह जाती है। कई बार वे परिस्थितियों के मद्देनजर पूरी बात स्पष्ट रूप से नहीं रख पाते हैं। इस कारण उनकी बात गलत या अटपटी लगती है। आइंस्टाइन के जीवन की विचित्रताएँ इसी कारण थीं। यही कारण था कि इनकी बातों पर उस समय अकसर विवाद खड़ा हो जाता था।

लेकिन आज दुनिया उनकी बात को काफी हद तक समझ पा रही है। यह लगभग वैसे ही है जैसे युवावस्था में या अधेड़ होने पर लोग अपने माता-पिता या गुरुजनों की बात याद करके पछताते हैं कि अगर उस समय उनकी बात मान ली होती तो कितना अच्छा होता!

आइंस्टाइन न्यूटन के समतुल्य वैज्ञानिक थे। ब्रूनो एवं गैलीलियो की तरह साहसिक, सादगी में महात्मा गांधी के जैसे, यहूदियों के मसीहा एवं श्रीकृष्ण की तरह कर्मयोगी थे। उनका एक-एक गुण उन्हें महान् बनाने के लिए पर्याप्त था।

उनके जीवन के एक-एक पहलू पर हजार-हजार पृष्ठ लिखे जा सकते हैं। मुझ जैसे तुच्छ लेखक ने उनके तमाम गुणों का सारांश इस पुस्तक में समेटने का विनम्र प्रयास किया है।

पुस्तक रचना के दौरान मुझे अनुकूल वातावरण मिला और इसके लिए मैं अपने मित्रों व सहयोगियों का आभारी हूँ। मेरी पत्नी वीना मिश्र तथा पुत्रों वरुण व विशाल ने भी भरपूर सहयोग किया। पुस्तक के लिए आवश्यक सामग्री जुटाने में मेरे मित्र वेंकट नारायण ने भरपूर सहयोग दिया। मैं उनका विशेष रूप से आभारी हूँ।

आशा है, इस असाधारण व्यक्तित्व की जीवन-गाथा रोचक, प्रेरक व उपयोगी साबित होगी।

—विनोद कुमार मिश्र

पृष्ठभूमि

जर्मनी में बुचाऊ एक छोटा सा शहर है, जो उल्म शहर व कांस्टेंस झील के मध्य स्थित है। 1577 ईस्वी से ही यहाँ पर यहूदियों की बड़ी आबादी बस गई थी और उन्होंने यहाँ अपना सम्मानजनक स्थान भी बना लिया था। पीढ़ी-दर-पीढ़ी उनकी समृद्धि भी बढ़ती चली गई। यहूदियों में अपने परिवारों को दर्ज करने का एक रिवाज है। इन पारिवारिक रजिस्टरों से खानदानों के इतिहास की जानकारी मिल जाती है। इन रजिस्टरों के अनुसार बुचाऊ शहर में एक आइंस्टाइन परिवार सदियों से रह रहा था और इस वंश का नाम सन् 1750 के रजिस्टर में भी दर्ज था। इस वंश के एक सज्जन का जन्म सन् 1759 में हुआ था, जिन्हें विख्यात वैज्ञानिक अल्बर्ट आइंस्टाइन के परदादा कहलाने का गौरव प्राप्त हुआ था। उनके पुत्र का नाम अब्राहम आइंस्टाइन था और उनका जन्म सन् 1808 में हुआ था। अब्राहम आइंस्टाइन का विवाह हेलेन मूस के साथ हुआ और 30 अगस्त, 1847 को हेलेन ने हरमन आइंस्टाइन को जन्म दिया।

हरमन के जन्म के उन्नीस वर्ष बाद यानी सन् 1866 में अब्राहम आइंस्टाइन व उनका परिवार बचाऊ शहर के उत्तर में 30 मील दूर उल्म शहर में आकर रहने लगा। यहीं पर सन् 1876 में उनतीस वर्ष की अवस्था में हरमन का विवाह पॉलीन कोच नामक युवती से हुआ। विवाह के समय पॉलीन की आयु मात्र अठारह वर्ष थी।

पॉलीन कोच का जन्म कनस्टॉड में हुआ था। कोच परिवार भी यहूदी था और उस इलाके में एक शताब्दी से भी अधिक समय से रह रहा था। इस परिवार के कई लोग अनेक जगहों पर रह रहे थे। कुछ स्विट्जरलैंड में थे तो कुछ बावरिया में।

आइंस्टाइन परिवार खेती से कभी भी जुड़ा नहीं रहा, पर वह जमीन से अवश्य जुड़ा था। हरमन को सुदूर स्थित पहाड़, झीलें, वादियाँ अत्यंत प्रिय थीं। उन्हें स्वादिष्ट भोजन व बढ़िया शराब पसंद थी। पति-पत्नी अकसर दूर-दूर तक घूमने

निकल जाते थे और बेहतरीन रास्ते तलाशते थे। हरमन अत्यंत बुद्धिमान, समझदार व मित्रवत् व्यवहारवाले व्यक्ति थे। मोटी घनी मूँछें रखनेवाले हरमन आइंस्टाइन आरामतलब जीवन पसंद करते थे और एक आशावादी व्यक्ति थे।

पॉलीन कोच एक अच्छे नाक-नक्शवाली महिला थीं। उनका माथा चौड़ा और बाल घने थे। वे एक समृद्ध घराने में जनमी थीं। उनके पिता अनाज का व्यापार करते थे और अदालत द्वारा नियुक्त सर्वेयर भी थे। उन्हें संगीत अत्यंत प्रिय था। अपने पति की अपेक्षा उनकी जर्मन साहित्य पर ज्यादा अच्छी पकड़ थी।

सन् 1877 में हरमन ने उल्म में विद्युत् उपकरणों का एक कारखाना लगाया था और इसके लिए उन्हें अपने समृद्ध ससुरालवालों से आर्थिक सहयोग लेना पड़ा। यह कारखाना शहर के कैथेड्रल स्क्वायर के दक्षिणी इलाके में था। पति-पत्नी अपने कारखाने से कुछ सौ गज दूर चार मंजिले एक अपार्टमेंट में रहते थे।

सन् 1577 से ही यहूदी बुचाऊ शहर में प्रतिष्ठित थे और उनकी समृद्धि बढ़ती रही। हिटलर के शासन में (1938 में) उनकी समृद्धि से ईर्ष्यालु नाजियों ने यहूदियों का सामूहिक नर-संहार किया। पर यहूदियों का उसमें भी समूल नाश नहीं हो पाया और सन् 1968 तक आइंस्टाइन परिवार का अस्तित्व वहाँ बना रहा। उसी वर्ष सिग्बर्ट आइंस्टाइन का देहांत हुआ, जिसके बारे में स्थानीय अखबार ने लिखा कि वह बुचाऊ शहर का अंतिम यहूदी था। हरमन अपनी युवा पत्नी पॉलीन के साथ जिस अपार्टमेंट में रहते थे वह दूसरे विश्वयुद्ध के दौरान मित्र राष्ट्रों की वायु सेना की बमबारी में ध्वस्त कर दिया गया था।

आइंस्टाइन परिवार यहूदी अवश्य था, पर अपनी धार्मिक परंपराओं में बिलकुल अलग था। यह परिवार स्थानीय प्रार्थना स्थल साइनागोग में शायद ही कभी जाता था। लेकिन ये समुद्री जीवों या विशेष जीवों के मांस से परहेज भी नहीं करते थे। पशुओं को धार्मिक रीति-रिवाजों के लिए काटे जाने में भी इनकी कोई रुचि न थी। परंतु मांस भक्षण तथा अन्य खाद्य पदार्थ खाने से इन्हें परहेज न था। हरमन को पुराने यहूदी अंधविश्वास व ढकोसले बिलकुल पसंद नहीं थे।

उधर यहूदी अपनी वंश-परंपरा अक्षुण्ण बनाए रखना पसंद करते थे। वे लोग आपस में ही शादियाँ करते थे। यहूदी अध्ययनशील एवं पठन-पाठन पसंद करते रहे हैं। सदा से ही विज्ञान उनका प्रिय विषय रहा है। अनेक यहूदियों ने शरीर विज्ञान, गणित, क्वांटम सिद्धांत, नाभिकीय भौतिकी में दक्षता हासिल की थी।

□

जन्म

14 मार्च, 1879 को आइंस्टाइन दंपती के यहाँ प्रथम संतान ने जन्म लिया। बालक का नाम अल्बर्ट आइंस्टाइन रखा गया। इस प्रथम संतान के जन्म की खुशियाँ ठीक ढंग से मन भी नहीं पाई थीं कि साल भर के अंदर हरमन का छोटा सा कारोबार चौपट हो गया। कारण था हरमन का सद्व्यवहार और आशावादी होना। उन्हें उल्म शहर छोड़ना पड़ा और म्यूनिख आ गए। यहाँ पर हरमन ने अपने भाई जैकब के साथ मिलकर एक छोटा सा विद्युत् रासायनिक कारखाना खोला। म्यूनिख शहर बड़ा था और यह बावरिया की राजधानी था। यहाँ पर बड़ी-बड़ी इमारतें थीं और कैथोलिक ईसाइयों का भारी बहुमत था। इस शहर में अनेक चर्च थे और उनमें बजनेवाले घंटों की आवाज दूर-दूर तक गूँजती थी।

यहाँ की नदी पर सात पुल थे और समृद्ध कला दीर्घाएँ जगह-जगह पर थीं, जहाँ बड़े पैमाने पर कला का व्यापार होता था और यूरोप के दूर-दूर के हिस्सों से कला के व्यापारी यहाँ पर व्यापार हेतु आया करते थे।

हरमन आइंस्टाइन ने म्यूनिख आने के बाद किराए का एक छोटा सा मकान ले लिया था। यहीं पर हरमन, पॉलीन व नन्हा अल्बर्ट रहने लगे। आने के साल भर बाद अल्बर्ट की बहन माजा का जन्म हुआ, जो अल्बर्ट से आयु में मात्र दो वर्ष छोटी थी।

अल्बर्ट ने काफी देर से बोलना सीखा था। नौ वर्ष की आयु तक वह धारा-प्रवाह नहीं बोल पाता था। माता-पिता अपने बच्चे के प्रति चिंतित रहते थे। उन्हें लगता था कि उनका बच्चा शायद सामान्य न हो पाए।

अल्बर्ट आइंस्टाइन डिस्लैक्सिया से पीड़ित थे। उस समय लोगों को इस रोग के बारे में जानकारी अत्यंत कम थी। जिन शिक्षकों ने अल्बर्ट को बचपन में पढ़ाया था उनकी राय में अल्बर्ट एक बुद्धू किस्म का छात्र था, जिससे नहीं के बराबर आशाएँ थीं। जिस स्कूल में अल्बर्ट पढ़ा करता था उसके प्रधानाचार्य की राय भी

कुछ इसी प्रकार की थी। एक बार जब पिता हरमन ने उनसे पूछा कि इस बच्चे को आगे चलकर क्या बनाना चाहिए, तो उन्होंने तपाक से कहा, ''कुछ भी बनाओ, कोई फर्क नहीं पड़ता; क्योंकि यह कहीं भी सफल नहीं होगा।''

धीरे-धीरे अल्बर्ट के मन में भी यह बात घर करने लगी कि वह बुद्धू है। वह सामान्य विषयों को छोड़कर असामान्य विषयों के बारे में सोचने लगा। उसे अंतरिक्ष, समय आदि में गहरी दिलचस्पी हो गई।

अल्बर्ट ने पाँच वर्ष की आयु में स्कूल जाना प्रारंभ किया था। पहले पाँच वर्ष उसने पास के ही कैथोलिक स्कूल में बिताए। इसका प्रमुख कारण यह था कि सबसे नजदीक यहूदी स्कूल बालक की दृष्टि से दूर था और उसमें फीस भी ज्यादा थी। आइंस्टाइन परिवार की धार्मिक भावनाएँ कभी प्रबल नहीं रहीं और माता-पिता को ऐसा नहीं लगता था कि कैथोलिक स्कूल में पढ़ने से अल्बर्ट पर विपरीत असर पड़ेगा। पर इस स्कूल में पढ़ने के दौरान अल्बर्ट को यह अहसास होने लगा कि वह यहूदी है और अन्य बच्चों से भिन्न है। एक बार स्कूल में शिक्षक ने एक बड़ी कील दिखलाई और बताया कि जब ईसा मसीह को सूली पर चढ़ाया गया था तब उन्हें ऐसी बड़ी-बड़ी कीलों से बाँध दिया गया था। पर ज्यों ही शिक्षक का ध्यान गया कि कक्षा में एक यहूदी बालक भी है तो उसने विवरण वहीं रोक दिया और यह नहीं बतलाया कि ईसा को सूली पर चढ़ानेवाले यहूदी थे। परंतु इससे कक्षा का वातावरण असहज हो गया था।

पाँच वर्ष की आयु में अल्बर्ट बीमार पड़ गया और उसे काफी समय तक बिस्तर पर पड़े रहना पड़ा था। बच्चे का मन बहलाने के लिए पिता हरमन ने उसे एक कंपास लाकर दिया। अल्बर्ट उसे तरह-तरह से घुमाता था, पर कंपास की सुई एक ही दिशा में रहती थी। अल्बर्ट उसके बारे में लगातार सोचता रहा। इससे उसकी जिज्ञासा बढ़ती गई। उसका मस्तिष्क अकसर अंतरिक्ष की सैर पर निकल जाता था।

मात्र छह वर्ष की आयु में अल्बर्ट ने वायलिन बजाना सीख लिया। विरासत में संगीत था ही, इसलिए कोई कठिनाई नहीं हुई। पर अल्बर्ट संगीत को दूसरे दृष्टिकोण से देखता था। वह संगीत की गणितीय संरचना जानना चाहता था। उसे वायलिन में अलग ही प्रकार का आनंद आता था। धीरे-धीरे वायलिन अल्बर्ट का हमसफर बनता चला गया।

अल्बर्ट पर उसके चाचा जैकब आइंस्टाइन का भी प्रभाव पड़ा। जैकब एक अभियंता थे, जो ध्वनि के क्षेत्र में काम करते थे। उन्होंने अल्बर्ट को अपने अद्‌भुत तरीके से बीजगणित पढ़ाना आरंभ किया था। जैकब ने बताया कि बीजगणित में हम

ऐसे छोटे-छोटे जीवों का शिकार करते हैं जिनका नाम आदि हम नहीं जानते हैं। आरंभ में हम उन्हें x, y जैसे नाम देते हैं। जब हम उन्हें पकड़ लेते हैं तो उन्हें सही नाम देते हैं—अर्थात् उनका मान उत्तर के रूप में लिख देते हैं।

इस प्रकार अल्बर्ट के मस्तिष्क में गणित की एक रोचक छवि बन गई। वह गणित को सीढ़ियों, रेलगाड़ियों, जहाजों के रूप में समझने लगा।

अल्बर्ट अपने ननिहाल से भी बहुत प्रभावित हुआ। मामा सीजर उसके घर नियमित रूप से आते थे और अल्बर्ट को बहुत प्यार करते थे। मामा के आने से घर का वातावरण बदल जाता था और चहल-पहल बढ़ जाती थी। एक बार सीजर रूस से जर्मनी लौटे। रूस में उनके परिवार के कुछ लोग रहते थे। वे अपने साथ भाप के इंजन का मॉडल लाए थे और उन्होंने यह उपहार अपने भानजे अल्बर्ट को भेंट किया। इस इंजन से अल्बर्ट की कल्पनाशीलता और बढ़ गई। बाद में सीजर का विवाह हो गया और वे एंटीवर्प में बस गए। वे एक अच्छे व्यापारी थे और अल्बर्ट को उनके यहाँ आने-जाने का अवसर मिलता था। मामा-भानजे के बीच बौद्धिक चर्चा होती थी।

उपर्युक्त घटनाओं के बावजूद दस वर्ष की आयु तक अल्बर्ट एक पिछड़ा हुआ, अंतर्मुखी बालक माना जाता था, जिसकी रुचि अजीब-अजीब चीजों में होती थी। वह आम बच्चों से अलग किस्म का था।

□

बुद्धू छात्र

दस वर्ष की आयु में अल्बर्ट को ल्यूपोल्डजिमनेजियम में पढ़ने के लिए भेजा गया। यह आम स्कूलों जैसा ही था। यहाँ विशेष बात यह थी कि इस शिक्षण संस्थान में कठोर अनुशासन था। अल्बर्ट को यहाँ के शिक्षक फौज के लेफ्टिनेंट जैसे लगते थे। यहाँ पर बच्चों को भय, बल प्रयोग तथा कृत्रिम अधिकार के प्रयोग से शिक्षित किया जाता था।

आमतौर पर इस प्रकार का कठोर अनुशासन बच्चों की कोमल भावनाओं, आत्मविश्वास, ईमानदारी आदि गुणों की हत्या कर देता है। अल्बर्ट के साथ भी कुछ ऐसा ही हुआ। अल्बर्ट बचपन से ही डरा-डरा व आशंकित रहने लगा। वह प्रशासन को संदेह की नजर से देखने लगा।

पर यहाँ एक नियम अच्छा था। बच्चों को शंका-निवारण के लिए प्रेरित किया जाता था। अल्बर्ट को भी तरह-तरह के प्रश्न पूछने की आदत पड़ गई। बहुत से लोग जिन बातों को सहज ही मान लेते थे, अल्बर्ट उनके बारे में सवाल करने लगा। पर कुल मिलाकर अल्बर्ट को इस स्कूल का वातावरण अप्रिय लगता था। वहाँ पर एक शिक्षक की रुचि प्राचीन सभ्यता के बारे में बताने की ज्यादा थी और वह अकसर जर्मनों की बहुत तारीफ किया करते थे।

दूसरी ओर अल्बर्ट एक यहूदी युवक मैक्स टालमे से काफी प्रभावित था। वह युवक उस समय चिकित्साशास्त्र का अध्ययन कर रहा था। अल्बर्ट अकसर उससे मिलता रहता था। कालांतर में टालमे ने अल्बर्ट के बारे में एक जगह लिखा था—'अल्बर्ट एक सुंदर लड़का था, जिसके काले बाल थे।'

अल्बर्ट ने टालमे के साथ भौतिक विज्ञान, गणित जैसे विषयों पर चर्चा आरंभ कर दी थी। टालमे ने अल्बर्ट को विज्ञान विषय पर कुछ उपयोगी पुस्तकें दी थीं और अल्बर्ट उन्हें बड़ी रुचि के साथ पढ़ा करता था। सप्ताह में एक बार वे दोनों मित्र

भोजन साथ-साथ किया करते थे और उस समय अल्बर्ट पूरे सप्ताह में एकत्रित शंकाएँ टालमे के समक्ष उड़ेल देता था।

अल्बर्ट ने दर्शन विषय की पुस्तकों का भी अध्ययन किया। कैंट उसे सबसे प्रिय दार्शनिक लगते थे। उसने डारविन के सिद्धांत का भी अध्ययन किया। चूँकि उसकी रुचि गणित में पहले से ही जाग्रत् हो चुकी थी, अत: उसने जीव विज्ञान को भी गणित के पैमाने पर तौलना आरंभ किया। पर शीघ्र ही उसने पाया कि जैविक प्रक्रियाओं का गणितीय सूत्र निकालना संभव नहीं है और फिर उसने अपना ध्यान अजैविक वस्तुओं की ओर मोड़ दिया। इसका एक कारण यह भी था कि जीवित वस्तुओं का दैनिक जीवन उसे बहुत सरल लगता था। उसमें उसे जटिल भौतिकी या गणित दिखाई नहीं देता था।

परंपरागत चीजों में अल्बर्ट की रुचि नहीं के बराबर थी। दार्शनिक मामलों में आम आदमी जिन बातों को सहज ही मान लेता है, अल्बर्ट उन पर न सिर्फ सवाल करने लगा था वरन् उनमें गणितीय समीकरण तलाशने लगा था।

सबकुछ ठीक चल रहा था, पर आइंस्टाइन परिवार का कारोबार एक बार फिर चौपट हो गया। उनके शहर छोड़ने की नौबत आ गई। इस बार उन्होंने आल्पस की पहाड़ी के उस पार मिलान में बसने का फैसला किया। हरमन के ससुरालवाले सहायता के लिए आगे आए। कोच परिवार का एक हिस्सा जेनेवा में रहता था; अत: यह निर्णय हुआ कि हरमन अपना कारोबार अब उनकी देखरेख में प्रारंभ करें।

सन् 1894 में हरमन अपनी पत्नी व बेटी को लेकर नई जगह चले गए। अल्बर्ट को छात्रावास भेज दिया गया। दूर के एक रिश्तेदार को उसकी देखरेख की जिम्मेदारी सौंप दी गई। अपेक्षा थी कि अल्बर्ट डिप्लोमा प्राप्त कर ले, ताकि उसे विश्वविद्यालय में प्रवेश मिल जाए। पिता हरमन की इच्छा थी कि अल्बर्ट आगे चलकर इलेक्ट्रिकल इंजीनियर बने।

पर अल्बर्ट के भाग्य में कुछ और ही लिखा था। परिवार के दूर जाते ही अल्बर्ट की हरकतें बड़ी विचित्र हो गईं। गणित के शिक्षक ने उसकी शिकायत की व रिपोर्ट में लिखा कि अल्बर्ट कक्षा में पढ़ाते समय ऐसे-ऐसे प्रश्न करता है जिससे अन्य बच्चों की पढ़ाई बाधित हो जाती है। दूसरी ओर डॉक्टर ने उसकी जाँच करके राय दी कि वह नर्वस ब्रेकडाउन का शिकार हो चुका है और उसे अपने परिवार के साथ रहने के लिए भेज देना चाहिए।

परिणाम स्पष्ट था। अल्बर्ट बिना डिप्लोमा पाए अपने माता-पिता के पास भेज दिया गया वहाँ पर उसे इतालवी लोग मिले। ये लोग जर्मनों से बिलकुल भिन्न थे। उसे इतालवी लोग ज्यादा सभ्य लगे।

शिक्षा में व्यवधान की अवधि समाप्त हुई और अल्बर्ट ने मिलान स्थित स्विस स्कूल में जाना प्रारंभ किया। अब वह पंद्रह वर्ष का था और अपनी कक्षा के छात्रों से उम्र में दो वर्ष बड़ा भी था।

पिता हरमन की आर्थिक परेशानियाँ कम होने का नाम ही नहीं ले रही थीं। वह अल्बर्ट की ओर से भी चिंतित रहने लगे थे। एक बार उन्होंने अल्बर्ट को बुरी तरह डाँटा भी और कहा कि फिजूल के दर्शनशास्त्र के चक्कर में न पड़ो और इस उपयोगी व्यवसाय इलेक्ट्रिक इंजीनियरिंग की ओर ध्यान दो। उस समय विश्वविद्यालय में प्रवेश के लिए डिप्लोमा आवश्यक था।

इसका एक रास्ता ढूँढ़ा गया। उस समय ज्यूरिख में स्विस फेडरल पॉलीटेक्नीक स्कूल था, जो जर्मनी के बाहर था और मध्य यूरोप में सबसे अच्छा तकनीकी स्कूल माना जाता था। इसमें प्रवेश के लिए डिप्लोमा अनिवार्य नहीं था। केवल प्रवेश परीक्षा पास करनी होती थी। पर एक समस्या थी। सन् 1895 में अल्बर्ट की आयु मात्र सोलह वर्ष थी और उक्त पॉलीटेक्नीक स्कूल में प्रवेश की सामान्य आयु अठारह वर्ष थी। परंतु फिर भी यह फैसला किया गया कि अल्बर्ट को वहीं भेजा जाए।

जिन दिनों अल्बर्ट घर पर था उन दिनों उसने कठिन विज्ञान विषयों पर लगातार चिंतन किया। मात्र सोलह वर्ष की आयु में उसने विद्युत्, चुंबकत्व जैसे विषयों के मध्य संबंध स्थापित करने का प्रयास किया। अल्बर्ट अदृश्य विषयों जैसे अंतरिक्ष, विद्युत्, चुंबकत्व के बारे में ज्यादा-से-ज्यादा जानकारी हासिल करना चाहता था। उसने इस संबंध में अपने मामा को भी पत्र लिखा। उसने चुंबकीय क्षेत्र, विद्युत् चुंबकीय सिद्धांत, लचीलेपन आदि पर अपने विचारों को कलमबद्ध भी किया।

सोलह वर्ष की आयु के किशोर के मस्तिष्क से निकले विचार अनोखे थे। पर उस समय उन्हें समझनेवाला कोई नहीं था। इन सब विचारों के बीच अल्बर्ट यह भी समझ रहा था कि उसके परिवार को उससे बहुत उम्मीदें हैं; पर उसका यह भी मानना था कि वह इलेक्ट्रिकल इंजीनियर कभी नहीं बन पाएगा।

ज्यूरिख में शिक्षा

सन् 1895 में अल्बर्ट ज्यूरिख पहुँचा। ज्यूरिख स्विट्जरलैंड की राजधानी थी। यह शहर विविधताओं से पूर्ण था। आल्पस की तलहटी में बसा यह शहर मध्य युग की कला व संस्कृति से प्रभावित था। वहाँ एक सुंदर झील थी। यह अनेक महापुरुषों जैसे लेनिन, रोजा लक्जमबर्ग आदि की कर्मस्थली भी रहा है।

प्रारंभिक दिनों में अल्बर्ट गुस्तव मायर के परिवार के साथ रहा। गुस्तव उसके पिता हरमन के पुराने मित्र थे और पहले उल्म में रहा करते थे। माँ पॉलीन की इच्छा थी कि अल्बर्ट का समय बरबाद न हो, इसलिए उन्होंने स्कूल के अधिकारियों से निवेदन किया कि अल्बर्ट की असाधारण प्रतिभा के मद्देनजर उसे जल्दी प्रवेश दिया जाए। उनका तर्क था कि बार-बार जगह बदलने के कारण अल्बर्ट की पढ़ाई प्रभावित हुई है।

कुछ दिनों बाद अल्बर्ट परीक्षा में बैठा, पर उसे सफलता नहीं मिली। जब इसका कारण जानना चहा तो पता चला कि अल्बर्ट ने गणित में तो असाधारण प्रदर्शन किया, पर आधुनिक भाषाओं व जीव विज्ञान में वह बहुत पीछे था। एक अन्य कारण यह भी माना गया कि अल्बर्ट ने ठीक ढंग से तैयारी भी नहीं की थी। मन-ही-मन अल्बर्ट तय कर चुका था कि व्यावहारिक क्षेत्र उसके लिए अनुकूल नहीं है।

स्थिति ऐसी बन गई थी कि घोड़े को खींचकर तालाब के किनारे तो ले आया गया था और घोड़े को पानी पीने की इच्छा बिलकुल नहीं थी। पर पिता के मित्र गुस्तव ने काफी प्रयास किए। पॉलीटेक्नीक स्कूल के प्रधानाचार्य भी अल्बर्ट के गणितीय ज्ञान से बहुत प्रभावित थे। अंततः यह निर्णय लिया गया कि पॉलीटेक्नीक में प्रवेश के लिए तैयारी कराने हेतु अल्बर्ट को अराऊ के एक स्कूल में भरती कराया जाए, जो लगभग 20 मील दूर पश्चिम में था।

अल्बर्ट को यहाँ कुछ चीजों को देखकर बड़ा आश्चर्य हुआ। स्विट्जरलैंड में हर व्यक्ति हथियार रखता था। सभी के घरों में दीवार पर बंदूक लटकी होती थी; पर यहाँ के लोग जर्मनों की तरह लड़ाकू प्रवृत्ति के नहीं थे। यहाँ पर प्रजातंत्र की भावना मजबूत थी। अल्बर्ट को एक और सुख था कि वह यहाँ पर अपने स्कूल के प्रधानाचार्य विंटेलर के परिवार के साथ ही रह रहा था।

विंटेलर का व्यवहार मित्रवत् था और वे उदार प्रवृत्ति के व्यक्ति थे। वे अपने साथी शिक्षकों व छात्रों के साथ हर विषय पर चर्चा कर लेते थे। अपने छात्रों व परिवार को साथ लेकर पास की पहाड़ियों पर सैर के लिए जाया करते थे। स्कूल में शिक्षण का तरीका विश्वविद्यालयों जैसा था। यहाँ अलग-अलग विषयों पर अलग-अलग कमरों में व्याख्यान होते थे।

अल्बर्ट को यहाँ का वातावरण बहुत अच्छा लगा। यहाँ ज्यादा डाँट-फटकार भी नहीं होती थी। खुले वातावरण में अब तक चुपचाप रहनेवाला अल्बर्ट ज्यादा खुलने लगा। एक बार 8,000 फीट ऊँची पहाड़ी पर चढ़ते समय वह फिसल गया,

पर उसके साथियों ने उसे बचा लिया और ज्यादा चोट नहीं आई। अराऊ में रहते हुए अल्बर्ट अकसर यहाँ के लोगों की जर्मनों से तुलना किया करता था। उसे यहाँ के लोग ज्यादा शांत और कम लालची लगते थे। उसे यह भी नहीं लगता था कि यहूदी होने के कारण वह अन्य लोगों से अलग है।

पर एक सत्य उसके साथ अवश्य जुड़ा था। जन्म के कारण उसकी नागरिकता जर्मन थी। जब वह इटली में मिलान आया तो उसने जर्मन नागरिकता त्यागने की इच्छा व्यक्त की, पर वह त्याग नहीं पाया। जब वह स्विट्जरलैंड आया तो यहाँ उसे बहुत अच्छा लगा और उसने सोचा कि उसे अब यहीं का हो जाना चाहिए। सन् 1895 के क्रिसमस अवकाश पर वह अपने माता-पिता के पास मिलान लौटा तो उसने अपनी दृढ़ इच्छा व्यक्त की कि वह जर्मन नागरिक कहलाना पसंद नहीं करता है। सन् 1896 में जब वह वापस अराऊ पहुँचा तो उसने जर्मन नागरिकता त्यागने के लिए आवेदन भेज दिया। वह इसके लिए इतना बेताब था कि नागरिकता छोड़ने के लिए उसने दो स्मरण-पत्र भी भेजे।

इस संदर्भ में एक विशेष बात यह भी थी कि उसके पास किसी अन्य देश की नागरिकता भी नहीं थी। पर उस समय इससे कोई परेशानी नहीं होती थी। उसके स्कूल आदि के कागजों में उसे जर्मन माता-पिता के पुत्र के रूप में दरशाया जाता था। उसके मन में स्विस नागरिकता पाने की इच्छा थी।

सन् 1896 के मध्य में अल्बर्ट फिर से पॉलीटेक्नीक स्कूल में प्रवेश हेतु परीक्षा में बैठा और इस बार वह उत्तीर्ण हो गया। परिणाम निकलने के पश्चात् वह अपने माता-पिता से मिलने इटली पहुँचा।

29 अक्तूबर, 1896 को अल्बर्ट ज्यूरिख लौट आया और उसने चार वर्षीय पाठ्यक्रम में अध्ययन प्रारंभ कर दिया। यहाँ पर उसे नए-नए साथी मिले। ये लोग छोटे-बड़े परिवारों के थे, विभिन्न आयु वर्गों के थे। ज्यादातर मित्र अल्बर्ट से आयु में बड़े थे। उनमें से कुछ अत्यंत दूर देशों जैसे सर्बिया व हंगरी से आए थे और उन्होंने प्रवेश हेतु आर्थिक संसाधन जुटाने के लिए लंबा संघर्ष किया था।

प्रारंभ में अल्बर्ट को अनेक प्रकार की छोटी-छोटी परेशानियों का सामना करना पड़ा। उसने कई बार अपना कमरा बदला। खाने के लिए भी उसे जगहें बदलनी पड़ीं। कभी रेस्तराँ में तो कभी कैफेटेरिया में खाना खाया। कभी वह बेकरी से पेस्ट्री लेकर गुजारा करता था और कभी अपनी स्विस मकान मालकिनों की दयालुता का लाभ उठाता था।

छुट्टियों में वह घूमने भी जाता था। उसने अनेक झीलों व पहाड़ियों की सैर की। कई बार वह अपनी बहन माजा से मिलने अराऊ भी जाता था, जहाँ वह पढ़ रही थी।

अल्बर्ट अपने पहनावे के प्रति लापरवाह था। उसकी आदतें अपारंपरिक थीं। वह भुलक्कड़ के रूप में प्रसिद्ध हो चुका था। वह जब भी अपने पुराने मित्रों से मिलने जाता था तो अपना कोई-न-कोई सामान वहाँ छोड़ आता था। अकसर लोग उसके पिता हरमन से शिकायत करते थे कि यह लड़का आगे चलकर क्या करेगा, क्योंकि उसे तो कुछ याद ही नहीं रहता है। कई बार उसके मित्र रात-बिरात उसकी मकान मालकिन को जगाकर अल्बर्ट की भूली हुई चीजें, जैसे—चाभियाँ आदि लौटाने आते थे।

अल्बर्ट सौंदर्य-प्रेमी व्यक्ति था। पहाड़ों के चारों ओर की हरियाली उसे बहुत भाती थी। झीलों में नाव खेते-खेते अकसर वह खो जाता था। कई बार हवा का तेज झोंका उसे जगाता और वह फिर चप्पू चलाने लगता था।

संगीत का ज्ञान तो उसे विरासत में ही मिला था। वह अकसर अपने स्विस मित्रों के माता-पिताओं को संगीत संध्या के लिए आमंत्रित करता था। वह उम्मीद करता था कि लोग उसके संगीत पर ध्यान दें। यदि वायलिन-वादन के दौरान श्रोता उसकी ओर ध्यान नहीं देते या महिलाएँ स्वेटर बुनने लगतीं तो वह वायलिन बजाना बंद कर देता था और वायलिन को अपने केस में वापस रख देता था।

उसे महिलाओं का सान्निध्य अच्छा लगता था। कई महिलाएँ भी उसे पसंद करती थीं। युवक अल्बर्ट अपने उड़ते काले बालों, चमकदार आँखों से लड़कियों को आकर्षित कर लेता था। वह लड़कियों की पार्टियों में भी शामिल होता था और वायलिन सुनाता था। वह लड़कियों के हॉस्टल भी जाता था और उनके पियानो-वादन का आनंद लेता था। लड़कियाँ उससे तरह-तरह की राय लेती थीं। अल्बर्ट के फूले-फूले गाल और गोल ठोड़ी लड़कियों को बहुत आकर्षित करती थी।

किशोरावस्था में ही अल्बर्ट के मन में इस भौतिक संसार के बारे में ज्यादा-से-ज्यादा जानने-समझने की भूख जाग्रत् हो गई थी। वह बाहरी संसार के बारे में भी जानना चाहता था और तरह-तरह के भौतिक तथ्य एकत्रित करके उनका गणितीय विश्लेषण करना चाहता था। दूसरी ओर आंतरिक संसार के बारे में भी जानना चाहता था। अध्यात्म के हर पहलू का वह विश्लेषण करना चाहता था। वह तत्कालीन मान्यताओं को अधिकतम चुनौती देने की तैयारी कर रहा था। पर इसके

लिए परंपरागत तरीकों में उसे विश्वास नहीं था। वह किसी भी चीज का विश्लेषण करने के लिए उस विषय के साहित्य में ज्यादा नहीं डूबता था। अपना चार वर्षीय पाठ्यक्रम उसे एक प्रकार की बाधा लग रहा था, क्योंकि इसके लिए उसे काफी समय देना पड़ रहा था।

उसके मन में गणितीय भौतिकी का शिक्षक बनने की इच्छा जाग चुकी थी और इसके लिए वह गणित व प्राकृतिक विज्ञानों का ज्यादा-से-ज्यादा अध्ययन कर रहा था। वह एक साथ छह प्रोफेसरों की देखरेख में अध्ययन कर रहा था और कैलकुलस, ज्यामिति, खगोलशास्त्र, खगोल भौतिकी, बैलास्टिक्स एवं भूगर्भशास्त्र का अध्ययन कर रहा था। उसे बैंकिंग, स्टॉक मार्केट, स्विस राजनीति, दर्शन, साहित्य का भी अध्ययन करना पड़ रहा था। पर अधिक ध्यान वह गणित पर ही दे रहा था और उसके बाद प्राकृतिक विज्ञान पर। उसका अनुमान था कि गणित अत्यंत विस्तृत विषय है; उसके एक भाग के अध्ययन में ही उसका सारा जीवन निकल जाएगा। उसने भौतिकी के मौलिक सिद्धांतों का विश्लेषण गणितीय पद्धतियों से करना प्रारंभ कर दिया।

वह भौतिकी की प्रयोगशाला में भी बहुत से काम कर लेता था। उसके प्रयोग करने का तरीका अनोखा था और इस चक्कर में एक बार उसका हाथ गंभीर रूप से जख्मी हो गया था। वह अपने अनोखे उद्‌देश्यों के लिए उपकरण बनाने का स्वयं प्रयास करता था। एक बार उसने पृथ्वी के घूमने की सही-सही जाँच के लिए उपकरण बनाने का भी प्रयास किया।

छात्र के रूप में अल्बर्ट आइंस्टाइन की चार वर्ष की अवधि (1896-1900) अनेक प्रकार की घटनाओं से पूर्ण रही। उसे परीक्षा पद्धति में अधिक विश्वास नहीं था; पर उसने अंतिम परीक्षा पास कर ही ली और अगस्त 1900 में स्नातक की उपाधि भी प्राप्त कर ली। उसने 6.00 में से 4.91 अंक प्राप्त किए।

□

बेरोजगारी खत्म

स्नातक की उपाधि प्राप्त करने के पश्चात् अल्बर्ट चाहता था कि उसे उसी पॉलीटेक्नीक स्कूल में भौतिकी विभाग में पढ़ाने के लिए अवसर मिले। वह छोटे-से-छोटे दर्जे का शिक्षक बनने के लिए भी तैयार था।

पर अल्बर्ट को अवसर नहीं मिला। उसके अन्य साथी अच्छे व्यवसायों में चले गए थे। अल्बर्ट निराश अवश्य था, पर उसका आत्मसम्मान जाग्रत् था। वह अपने प्रभावशाली मामा की सहायता भी लेना नहीं चाहता था और स्वयं अपने पैरों पर खड़ा होना चाहता था।

बेरोजगार अल्बर्ट आइंस्टाइन अपने माता-पिता के पास लौट आया। घर आकर उसने ज्यूरिख स्थित गणित के अपने शिक्षक को पत्र लिखा और निवेदन किया कि वे उसे सहायक के रूप में कार्य करने का अवसर दें। साथ ही उसने यह भी लिख दिया कि वैसे पढ़ाई के दौरान उसने सैद्धांतिक भौतिकी पर अधिक ध्यान दिया था। स्पष्ट है, अल्बर्ट को अवसर नहीं मिल पाया।

बाद में अल्बर्ट ज्यूरिख लौट आया और उसने खगोलशास्त्र व खगोल भौतिकी के अपने प्रोफेसर के मातहत अस्थायी पद पर कार्य आरंभ किया। ये प्रोफेसर स्विस फेडरल वेधशाला के निदेशक पद पर नियुक्त हो चुके थे।

अब अल्बर्ट आइंस्टाइन ने स्विट्जरलैंड की नागरिकता प्राप्त करने का प्रयास तेज किया। यह इच्छा उसके मन में सालों पूर्व जग गई थी। अपने छात्र जीवन में ही उसने इस उद्देश्य के लिए प्रति माह 20 फ्रांक बचाने प्रारंभ कर दिए थे। इसका एक कारण यह था कि स्विट्जरलैंड के लोग अपने आप में मस्त रहते हैं और वहाँ निजी जीवन का सम्मान होता है।

सन् 1900 पूरा होते-होते अल्बर्ट के पास नागरिकता पाने के लिए सभी चीजें—आवश्यक धनराशि, रिहाइश संबंधी योग्यता तथा रोजगार—उपलब्ध हो चुकी थीं। 19 अक्तूबर, 1899 को अल्बर्ट आइंस्टाइन ने नागरिकता के लिए

औपचारिक आवेदन स्विस अधिकारियों को भेजा। उसके साथ चरित्र प्रमाण-पत्र तथा स्विट्जरलैंड में लगातार तीन वर्ष से रहने का प्रमाण-पत्र भी संलग्न था। 4 जुलाई, 1900 को उसके पिता हरमन आइंस्टाइन ने भी उसके आवेदन के समर्थन में लिखित वक्तव्य दे दिया। 21 फरवरी, 1901 को उसे स्विट्जरलैंड में नागरिक अधिकार मिल गए।

स्विट्जरलैंड में हर नवयुवक को सेना में अनिवार्य सेवा करनी होती है। इसी के अंतर्गत सन् 1901 में अल्बर्ट आइंस्टाइन को भी स्विस सेना अधिकारियों के समक्ष पेश होना पड़ा। पर संयोग से भरती अधिकारियों ने उसके चपटे-सपाट तलवों तथा अन्य शारीरिक कारणों से सेना में प्रवेश नहीं दिया। इससे अल्बर्ट को बहुत बुरा लगा और निराशा भी हुई। पर पूर्ण स्विस नागरिकता पाकर उसे गौरव महसूस हुआ। इसका एक कारण यह भी था कि इससे उसके स्थायी रोजगार पाने के अवसर बढ़ गए। बतौर जर्मन यहूदी उसके पास जर्मनी में अवसर बहुत कम थे।

इसके अलावा उसे स्विट्जरलैंड से लगाव भी हो गया था। उसे यहाँ के लोगों में ज्यादा मानवता दिखाई देती थी। उसे सैनिक शासन से घृणा थी और नागरिक शासन प्रिय लगता था। स्विट्जरलैंड के लोग उसे ज्यादा सहिष्णु लगते थे। वहाँ दैनिक जीवन में व्यवधान न के बराबर थे। बाद में अपने अच्छे गुणों के कारण ही स्विट्जरलैंड के बैंकों में दुनिया भर का पैसा जमा होने लगा।

पर अल्बर्ट आइंस्टाइन को स्थायी नौकरी मिलने के आसार दूर-दूर तक दिखाई नहीं दे रहे थे। इसी बीच एक बार वह अपने माता-पिता के पास मिलान होकर भी आ गया। उसने एक जर्मन रसायनशास्त्री को पत्र लिखा, जिसने उत्प्रेरकों के क्षेत्र में नवीनतम अनुसंधान किया था। पत्र में उसने निवेदन किया था कि उसे प्रयोगशाला में नौकरी दी जाए, ताकि वह कार्य के साथ आगे की पढ़ाई भी कर सके। पर उसे कोई उत्तर नहीं मिला। अल्बर्ट ने एक पत्र अपने पिता की ओर से भी डलवाया, पर उसका भी कोई असर नहीं हुआ।

इसके बाद अल्बर्ट ने हॉलैंड के एक भौतिकशास्त्री को पत्र लिखा। इस बार उसने टिकट लगा हुआ जवाबी कार्ड भी भेजा था। पत्र में उसने अपनी शैक्षिक योग्यता के विवरण के अलावा अपना एक लेख भी भेजा। पत्र भेजने के साथ ही अल्बर्ट ने हॉलैंड के विश्वविद्यालय में काम करने का सपना देखना प्रारंभ कर दिया; पर सपना टूट गया, क्योंकि डच भौतिकशास्त्री कैमरलिंग ओन्स ने जवाबी कार्ड का भी उपयोग नहीं किया।

पर तभी एक सुखद परिवर्तन हुआ। विंटेर्थर के एक तकनीकी स्कूल में दो महीने के लिए गणित पढ़ाने के लिए एक शिक्षक की आवश्यकता थी, क्योंकि

नियमित अध्यापक को नियमों के अनुसार निश्चित अवधि तक सेना में कार्य करना था। अल्बर्ट आइंस्टाइन को ज्यों ही मालूम हुआ, उसने अपने पुराने शिक्षक को इस बारे में पत्र लिखा। 13 मई को लिखे इस पत्र में उसने अपने प्रोफेसर से अपने पक्ष में संस्तुति माँगी।

इस बार उसे निराश नहीं होना पड़ा और 15 मई से 15 जुलाई तक उसे उस स्कूल में गणित पढ़ाने का दायित्व मिल गया। इन दो महीनों में कोई खास घटना नहीं हुई और ज्यों ही नियमित प्रोफेसर लौट आए, अल्बर्ट को पुनः नौकरी की तलाश में जुटना पड़ा।

तभी उसे ज्ञात हुआ कि एक आवासीय विद्यालय में एक शिक्षक की आवश्यकता है। यह विद्यालय स्विट्जरलैंड की सीमा पर स्थित एक शहर में था। अखबार में इस रिक्त पद का विज्ञापन पढ़कर अल्बर्ट ने आवेदन किया और साथ ही अपने एक पुराने सहपाठी से सिफारिश भी लगवाई। सिफारिश कारगर रही और अल्बर्ट को कुछ महीनों के लिए ही सही, रोजगार मिल गया।

पर यह काम भी रोजमर्रा जैसा ही था। यहाँ पर भी सख्त अनुशासन था। अल्बर्ट को यह नहीं भाया और कुछ महीने बाद फिर से उसे बेरोजगार हो जाना पड़ा। उसने वह शहर भी छोड़ दिया।

पर इस बेरोजगारी व छोटे-मोटे रोजगारों के दौर में अल्बर्ट आइंस्टाइन ने गैसों के गतिज सिद्धांत पर अपनी थीसिस तैयार कर ली थी और उसने पी-एच.डी. हेतु उसे ज्यूरिख विश्वविद्यालय को भी भेज दिया।

इसी बीच उसने स्विस पेटेंट कार्यालय में वर्ग-2 के एक पद के लिए आवेदन भी कर दिया। 11 दिसंबर, 1901 को भेजे इस आवेदन में उसने अपनी शिक्षा व छोटे-मोटे पदों पर किए अस्थायी कार्यों का उल्लेख किया। उसने अपने आवेदन में यह उल्लेख भी किया कि हालाँकि वह एक जर्मन माता-पिता की संतान है, पर सोलह वर्ष की आयु से वह लगातार स्विट्जरलैंड में रह रहा है। उसने स्विस नागरिकता प्राप्त करने का भी उल्लेख किया।

स्विस पेटेंट कार्यालय की स्थापना सन् 1888 में हुई थी और यह सरकारी कार्यालय अभी तक अपने पहले निदेशक की ही देखरेख में चल रहा था। ये निदेशक महोदय, जो हॉलर के नाम से जाने जाते थे, पेशे से इंजीनियर थे और उनकी गिनती जाने-माने सफल इंजीनियरों में होती थी। उन्होंने सन् 1870 व 80 के दशकों में स्विट्जरलैंड में रेल लाइनें बिछाने में महत्त्वपूर्ण योगदान किया था। पहाड़ों पर रेल लाइनें बिछानेवाले हॉलर स्विस पेटेंट कार्यालय को अपने ही ढंग से चलाते थे, पर उनका स्वभाव मित्रवत् था।

दिसंबर 1901 में भेजे आवेदन के बाद अल्बर्ट को कई महीनों तक इंतजार करना पड़ा और तब जाकर उसे साक्षात्कार के लिए बुलाया गया। दो घंटे का साक्षात्कार हुआ, जिसमें नए पेटेंटों के बारे में साहित्य व जानकारियाँ रखी गईं, जिनके बारे में अल्बर्ट को अपनी राय तत्काल देनी थीं। इस दौरान यह भी प्रकट हो गया कि अल्बर्ट के पास तकनीकी ज्ञान नहीं के बराबर है।

पर हॉलर उससे प्रभावित हुए और उन्होंने द्वितीय श्रेणी के तकनीकी विशेषज्ञ के स्थान पर तृतीय श्रेणी के तकनीकी विशेषज्ञ के रूप में अल्बर्ट आइंस्टाइन को नियुक्त किया। उसका वार्षिक वेतन 3,500 फ्रांक निर्धारित कर दिया गया।

मोटे तौर पर उसके चयन का कारण था—उसका गणितीय ज्ञान और उसके अंदर छिपी विलक्षण प्रतिभा, जिसे हॉलर पहचान चुके थे। पर साक्षात्कार के दौरान यह भी लगा कि अल्बर्ट कुछ ढीले हैं।

इसके साथ ही अल्बर्ट के बेरोजगारी के दिन समाप्त हो गए और नियुक्ति-पत्र मिलने के एक सप्ताह के अंदर ही जून 1902 में उसने इस स्थायी पद पर कार्य करना आरंभ कर दिया।

नया शहर

अब अल्बर्ट नए पद पर नए शहर में रहने लगा। यह शहर ज्यूरिख से भिन्न था। इसके तीन ओर नदियाँ बहती थीं। यहाँ पर प्रौद्योगिकी व उद्योग का प्रभाव कम था और कला की ओर झुकाव ज्यादा था। यहाँ पर लोग पर्यटन के लिए अधिक आते थे।

अल्बर्ट को एक अपार्टमेंट में पीछे का कमरा रहने के लिए मिला। उस समय स्विस पेटेंट कार्यालय वहाँ के फेडरल टेलीग्राफ ऑफिस के ऊपरी तल पर स्थित था। 23 जून, 1902 को अल्बर्ट पहली बार कार्यालय गया।

नियुक्ति की शर्तों में यह भी लिखा गया था कि उसकी सेवा अस्थायी है और कार्य की जाँच के बाद स्थायी कर दी जाएगी। अल्बर्ट को अपनी योग्यता प्रमाणित करने में लंबा समय लगा और 5 सितंबर, 1904 को हॉलर ने फेडरल काउंसिल को अपनी संस्तुति में लिखा कि अल्बर्ट उपयोगी अधिकारी सिद्ध हो रहा है तथा उसका वार्षिक वेतन 3,500 से बढ़ाकर 3,900 फ्रांक वार्षिक कर दिया जाना चाहिए। पर उसका दर्जा श्रेणी तीन का ही रहा, क्योंकि हॉलर की राय में अल्बर्ट का यांत्रिक अभियांत्रिकी के बारे में ज्ञान अपरिपक्व ही था।

□

पेटेंट कार्यालय की सेवा

अल्बर्ट ने अब कुशलतापूर्वक से पेटेंट आवेदनों का विश्लेषण करना प्रारंभ कर दिया था। निदेशक हॉलर उससे काफ़ी संतुष्ट थे। इसी बीच अल्बर्ट को ज्यूरिख विश्वविद्यालय से पी-एच.डी. की डिग्री मिल गई थी। हॉलर को लग रहा था कि अल्बर्ट आइंस्टाइन अब इस पेटेंट कार्यालय में टिकेगा नहीं। परंतु वे उसे खोना भी नहीं चाहते थे।

इसके साथ ही अब आइंस्टाइन की कद्र होने लगी थी। सन् 1905 में आइंस्टाइन ने ज्यूरिख विश्वविद्यालय में 21 पृष्ठ का एक पेपर पढ़ा था, जिसमें अणुओं के माप के संबंध में नई-नई व्याख्याएँ व परिभाषाएँ उन्होंने लोगों के सामने रखी थीं। अब प्रोफेसर उनके गणितीय ज्ञान का लोहा मानने लगे थे।

अब आइंस्टाइन शिक्षण के क्षेत्र में और अच्छे अवसर की तलाश में थे। उन्होंने जगह-जगह आवेदन करना प्रारंभ कर दिया था और इस बात को कार्यालय से छुपाया नहीं था। सन् 1906 तक वे तीन शोधपत्र जारी कर चुके थे। इनमें से एक पर सोलह वर्ष बाद उन्हें नोबेल पुरस्कार मिला और एक में सापेक्षता के विशिष्ट सिद्धांत की रूपरेखा थी, जिसने उनका नाम इतिहास की पुस्तक में दर्ज करा दिया था।

पर इस दौरान उनका जीवन सादगीपूर्ण ही था। वे आरंभ में एक छोटे कमरे में रहते थे। वहाँ से वे रोज पैदल चलकर अपने कार्यालय आया करते थे। उनके मित्र भी गिने-चुने ही थे। ज्यों-ज्यों उनके शोधपत्र प्रकाश में आने लगे, उनसे ईर्ष्या करनेवालों की संख्या बढ़ने लगी।

आरंभ में कार्यालय में उनका कार्य बँधा-बँधाया ही था। सन् 1908 तक सिर्फ उन्हीं आविष्कारों को पेटेंट प्रदान किया जाता था जिन्हें मॉडल के रूप में प्रस्तुत किया जा सकता था। क्योंकि मॉडल को समझना आसान होता था। उसका किस

तरह उपयोग हो सकता है, इसपर विवाद भी नहीं हो पाता था। उस समय पेटेंट आमतौर पर घरेलू व अन्य उपयोग की वस्तुओं के लिए दिया जाता था। यह काम आइंस्टाइन जैसे प्रतिभावान् व्यक्ति के लिए अत्यधिक सरल था। आइंस्टाइन को कई बार आविष्कारकों के पेटेंट आवेदनों को दोबारा इस तरह लिखना होता था, ताकि उससे कानूनी संरक्षण मिल सके। प्रारंभ में तो उन्हें केवल पेटेंट आवेदकों के तकनीकी विनिर्देश ही पढ़ने होते थे और साथ में लगे नक्शों आदि को समझना होता था।

शुरू के दिनों में वे अपने कार्यालय के लंबे लेकिन सँकरे कक्ष में बैठा करते थे। उनके आस-पास अनेक तकनीकी अधिकारी बैठकर अपना कार्य करते थे। वहाँ पर कैमरा, टाइपराइटर व अन्य तमाम उपकरण भी पड़े रहते थे।

पर इन सबके बीच भी आइंस्टाइन सोचने-समझने का समय निकाल ही लेते थे। उनकी तुलना भारत के कबीर व रैदास जैसे विद्वानों से की जा सकती है, जो कपड़ा बुनते या जूता गाँठते समय ऊँची-ऊँची ज्ञानपूर्ण बातें सोचते रहते थे। पेटेंट कार्यालय में लिखा-पढ़ी के दौरान वे प्रकृति के नियमों पर गंभीर चिंतन करते रहते थे।

आइंस्टाइन का हर कार्य विचित्रतापूर्ण था। उनके पहले शोधपत्र ने ही उन्हें विश्व स्तर की ख्याति दिलवाई थी, पर उसका उनके विश्व प्रसिद्ध सिद्धांत 'सापेक्षता के सिद्धांत' से कोई संबंध नहीं था। यह शोधपत्र उन बलों के बारे में था जो तरल पदार्थों के अणुओं को बाँधे रखते हैं। इस शोधपत्र ने वैज्ञानिकों को नए सिरे से सोचने पर मजबूर कर दिया, जो अभी तक डॉल्टन के परमाणु सिद्धांत को ही अंतिम मानते थे।

अपने जीवन के तीसरे दशक के आरंभ में ही आइंस्टाइन ने वैज्ञानिक जगत् में भूचाल मचा दिया था। सन् 1901 से 1904 की अवधि में उनके पाँच शोधपत्र प्रकाशित हुए। सन् 1905 में उनका छठा शोधपत्र भी लोगों के सामने आया। एक ओर दुनिया उनसे बेहद प्रभावित थी और दूसरी ओर आइंस्टाइन अपने कार्य से संतुष्ट नहीं थे। अपने पहले दो शोधपत्रों को वे नौसिखिया प्रयास मानते थे। पर वे इनके आधार पर लगातार सोचते रहे। वे गैसों के अणुओं के परस्पर आकर्षण बल के बारे में सोचते रहे। वे यह कल्पना भी करते रहे कि किस प्रकार तरल व गैसों के परमाणु विचरण करते हैं।

इसके साथ ही आइंस्टाइन के साथ अनेक युवा छात्र जुड़ गए, जो लंबे समय तक एक मित्र के रूप में उनके साथ रहे। इसी बीच आइंस्टाइन ने एक निजी ट्यूटर

के रूप में भौतिकी पढ़ाना भी आरंभ कर दिया। इसके लिए उन्होंने सन् 1902 में एक अखबार में विज्ञापन भी दिया। वे छात्रों को विज्ञान एवं व्याकरण से लेकर ज्यामिति तक अनेक विषय पढ़ाते थे।

रविवार के दिन वे लंबी सैर पर जाते थे। दूर झील तक की अपनी यात्रा में वे अपने हमसफर शिष्य के साथ किसी भी वैज्ञानिक विषय पर लंबी चर्चा करते थे। 176 सेंटीमीटर कद के अल्बर्ट आइंस्टाइन अपनी भूरी आँखों एवं विचित्र नाक की सहायता से लोगों को आकर्षित करने लगे थे।

उनकी आवाज भी बड़ी मोहक थी। वे सामूहिक चर्चा के दौरान लोगों को अपनी बातों के आकर्षण में बाँधे रखते थे।

□

पहला विवाह

जनवरी 1903 में अल्बर्ट आइंस्टाइन का विवाह मिलेवा मेरिक नामक युवती से हो गया। मिलेवा एक किसान की बेटी थी। ऐसा भी कहा जाता है कि पढ़ाई के दौरान ही अल्बर्ट की सगाई मिलेवा से हो गई थी। शायद शादी में विलंब इसलिए भी हुआ होगा, क्योंकि सन् 1902 में उनके पिता हरमन आइंस्टाइन का देहांत हुआ था। अल्बर्ट मृत्यु-शय्या पर पड़े अपने पिता से मिलने गया था। वहाँ से लौटने के बाद ही अल्बर्ट ने कुछ महीने पश्चात् विवाह कर लिया।

उनकी पत्नी मिलेवा आकर्षक युवती नहीं थी। उसके नाक-नक्श, चेहरे आदि में कोई खास बात नहीं थी। उसकी बातचीत व व्यवहार के बारे में भी प्रतिकूल टिप्पणियाँ सुनने को मिलती थीं। पर उसकी आवाज मधुर थी।

लोग अकसर कह बैठते थे कि आखिर अल्बर्ट ने क्या देखकर मिलेवा से शादी की? यह भी कहा जाता है कि अल्बर्ट के माता-पिता इस विवाह के खिलाफ थे। अल्बर्ट आइंस्टाइन से मिलेवा की खटपट भी होती थी, लेकिन आइंस्टाइन ने इसका कभी और कहीं पर भी उल्लेख नहीं किया। वे व्यक्तिगत जीवन में पूर्ण गोपनीयता के पक्षधर थे। एक बार न्यूटन पर व्याख्यान देते हुए उन्होंने कहा था कि निजी जीवन तीन सौ साल बाद भी निजी व गोपनीय ही होना चाहिए।

पर इस विवाह से आइंस्टाइन को एक प्रकार का सुकून भी मिला। उन्हें घरेलू कामकाज व जिम्मेदारियों से मुक्ति मिल गई। अपनी पत्नी के बारे में समय-समय पर उन्होंने जो टिप्पणियाँ की थीं उनमें से एक में उन्होंने कहा था कि वह हमेशा धूल, गंदगी, मकड़ी के जाले साफ करने में जुटी रहती थी।

अनेक लोग आइंस्टाइन से सवाल भी करते थे कि आखिर उन्होंने क्या देखकर मिलेवा से विवाह किया? यह सवाल इसलिए भी उठता था, क्योंकि आइंस्टाइन परिवार इस विवाह के सख्त खिलाफ था। लेकिन लोगों को इन अटकलों का स्पष्ट

उत्तर कभी नहीं मिल पाया। कुछ लोगों ने यहाँ तक कहा कि इस अनमेल विवाह का लाभ ही हुआ, क्योंकि आइंस्टाइन पूरी तरह से सैद्धांतिक भौतिकी में डूब गए। परिवार से उनका नाता औपचारिक ही रहा।

विवाह की वर्षगांठें आती रहीं और हर नई वर्षगाँठ पर उनके पत्नी से संबंध पिछली वर्षगाँठ की अपेक्षा खराब होते रहे। उनका एक छात्र एक बार उनसे मिलने आया और उसने देखा कि उनके मोजे गंदे हैं। उन्होंने दाढ़ी भी नहीं बनाई थी वगैरह-वगैरह। इन घटनाओं से उनके संघर्षपूर्ण वैवाहिक जीवन का आभास होता है।

विवाह के बाद आइंस्टाइन दंपती हनीमून पर नहीं जा पाए थे। सिर्फ एक छोटी सी पार्टी एक स्थानीय रेस्तराँ में हुई थी। विवाह के बाद पति-पत्नी एक छोटे से अपार्टमेंट में रहने लगे थे। भुलक्कड़ प्रोफेसर कभी चाभियाँ भूल जाते थे तो कभी कुछ और।

6 जनवरी, 1904 को आइंस्टाइन दंपती के विवाह की पहली वर्षगाँठ थी। उससे कुछ दिनों पूर्व ही मिलेवा ने पहले पुत्र हांस अल्बर्ट को जन्म दिया था।

कुल मिलाकर आइंस्टाइन का सन् 1903 से 1905 का समय उथल-पुथल भरा रहा। पर इसी अवधि में उन्होंने अपने सापेक्षता सिद्धांत को अंतिम रूप दिया था।

□

खोज का सिलसिला

मार्च 1905 में आइंस्टाइन मात्र छब्बीस वर्ष के थे। अब तक उनके कई शोधपत्र आ चुके थे, पर उनकी कोई खास पहचान नहीं बन पाई थी। इसी दौरान ज्यूरिख विश्वविद्यालय में एक व्याख्यान में अल्बर्ट आइंस्टाइन ने अपने अब तक के काम के बारे में बताया। उन्होंने छह शोधपत्रों का सार भी प्रस्तुत किया। स्नातक उपाधि ग्रहण करने के पश्चात् जो कुछ भी शोध कार्य उन्होंने किया था, वह इन शोधपत्रों में समाहित था।

हालाँकि इनमें काफी ज्ञान छिपा पड़ा था, पर लोग उनके सिद्धांतों को गंभीरता से नहीं ले रहे थे। वे उन्हें ऐसे व्यक्ति के रूप में ज्यादा स्वीकार करते थे, जो एक प्रोफेसर बनना चाहता था, पर पेटेंट ऑफिस का क्लर्क बनकर रह गया।

उनपर अविश्वास के और भी कई कारण थे। लोगों को लगता था कि आइंस्टाइन के पास पढ़ने व करने के लिए है ही क्या? किसी विश्वविद्यालय से उनका कोई विशेष संबंध नहीं है। पेटेंट दफ्तर के पुस्तकालय में इंजीनिरिंग की तो तमाम किताबें थीं, पर भौतिकी की नहीं के बराबर। आइंस्टाइन सिर्फ भौतिकी संबंधी कुछ जर्मन पत्रिकाएँ ही पढ़ पाते थे। वे किसी ऐसे समूह के सदस्य भी नहीं थे, जिसमें उच्च कोटि की बौद्धिक व वैज्ञानिक चर्चाएँ होती थीं।

पर इन सबके बावजूद आइंस्टाइन ने दुनिया के सामने जो नए सिद्धांत रखे, वे अनोखे थे। वे अलग-अलग विषयों पर थे और उन विषयों पर दुनिया की मान्यता अब तक अलग प्रकार की थी। निश्चय ही लोगों के लिए इन नए सिद्धांतों पर विश्वास करना कठिन था।

जैसे प्राचीनकाल से यूनानी यह मानते रहे कि प्रकाश दरअसल अति सूक्ष्म कणों का एक समूह है, जो सीधी रेखा में चलता है। इसके कण तीव्रता से चलते हैं और किसी दर्पण से टकराकर परावर्तित होते हैं।

सत्रहवीं शताब्दी में न्यूटन ने इस धारणा का खंडन किया। उन्होंने बताया कि प्रकाश कणों का समूह नहीं वरन् तरंगें हैं जो लगातार चलती हैं। हालाँकि इस नए सिद्धांत के बारे में सवाल उठता था कि ये तरंगें अंतरिक्ष में कैसे चलती होंगी, क्योंकि वहाँ पर कोई माध्यम नहीं है। लेकिन फिर भी लगभग ढाई शताब्दियों तक यह सिद्धांत माना जाता रहा।

उन्नीसवीं सदी के अंतिम दौर में फ्रैस्नेल, मैक्सवेल जैसे वैज्ञानिकों ने प्रकाश पर गहराई से अनुसंधान किया। इसके साथ ही प्रकाश की प्रकृति पर तीव्र बहस आरंभ हो गई। अनेक सिद्धांत सामने आए, लेकिन उन पर आधारित गणितीय समीकरण प्रायोगिक परिणामों पर खरे नहीं उतरे। उस समय तक दिखने वाले प्रकाश के अलावा अनेक प्रकार के विकिरणों, जैसे एक्स-रे, गामा किरणों, पराबैंगनी किरणों आदि की जानकारी मिल चुकी थी। जे.जे. थॉमसन इलेक्ट्रॉन की भी पहचान कर चुके थे।

ऐसे में आइंस्टाइन ने अपना नया सिद्धांत सामने रखा और कहा कि प्रकाश फोटॉनों अर्थात् गुच्छों के रूप में आगे बढ़ता है। उन्होंने इसका गणितीय सूत्र भी रखा $h\upsilon$ = ऊर्जा, जिसमें h प्लैंक कांस्टेंट के नाम से जाना जाता है और υ प्रकाश की फ्रीक्वेंसी है।

इस सिद्धांत से वैज्ञानिकों में खलबली मच गई। प्लैंक जैसे वरिष्ठ वैज्ञानिकों ने इस नए सिद्धांत को मानने से इनकार कर दिया।

आइंस्टाइन के अन्य सिद्धांत भी क्रांतिकारी थे। अणुओं की गति संबंधी नई-नई बातें उन्होंने दुनिया के समक्ष रखीं। वैज्ञानिक भौंचक होकर उनपर अपने विचार व्यक्त करने ही वाले थे कि आइंस्टाइन ने अपना अनोखा व अभूतपूर्व सिद्धांत अर्थात् 'सापेक्षता का सिद्धांत' दुनिया के समक्ष रख दिया।

सन् 1905 की गरमियों में आइंस्टाइन ने इस सिद्धांत की रूपरेखा प्रस्तुत की। इस सिद्धांत को अब तक का सबसे क्रांतिकारी सिद्धांत माना जाता है। इससे पूर्व न्यूटन का गुरुत्वाकर्षण सिद्धांत, चार्ल्स डार्विन का उत्पत्ति सिद्धांत सबसे अधिक क्रांतिकारी माने जाते थे। उनके साथ अनेक कथाएँ भी जुड़ी थीं, जैसे—न्यूटन के सिर पर सेब गिरना आदि। उपर्युक्त सिद्धांतों ने दुनिया के अस्तित्व व विकास की एक परिकल्पना भी सामने रखी।

□

सफलता का पहला स्वाद

छब्बीस वर्ष की आयु तक अर्थात् सन् 1905 तक अल्बर्ट आइंस्टाइन हर क्षेत्र में पिछड़े ही रहे थे। कक्षा में बुद्धू छात्र माने जाते थे। पढ़ाई में अपेक्षित सफलता नहीं पा सके। काफी धक्के खाकर नौकरी पाई और वह भी इच्छाओं के अनुरूप नहीं थी। पर सन् 1905 से उन्हें सफलता का स्वाद मिलने लगा। उनके पाँच शोधपत्रों ने यह जता दिया कि उनमें असाधारण प्रतिभा छिपी पड़ी है। यहीं से उनका अंतरराष्ट्रीय विज्ञान समाज में प्रवेश हुआ।

जिस पत्रिका में आइंस्टाइन का शोधपत्र छपा था, उसके संपादक विल्हेम वाइन उससे काफी प्रभावित हुए। पोलैंड के एक प्रोफेसर विट्कोवस्की ने उनका शोधपत्र पढ़ा तो वे इतने प्रभावित हुए कि उन्होंने अल्बर्ट को दूसरा कोपरनिकस घोषित कर दिया। इसके साथ ही अल्बर्ट आइंस्टाइन के सहयोगियों की संख्या बढ़ने लगी।

साथ ही उनका सापेक्षता का सिद्धांत भी लोगों के गले उतरने लगा। जिस प्रकार चूने के पत्थर पर जब वर्षा का जल पड़ता है तो उसका एक हिस्सा भाप बनकर ऊपर उड़ जाता है और कुछ हिस्सा ही पत्थर को गीला कर पाता है, उसी प्रकार आइंस्टाइन के सिद्धांत धीरे-धीरे वैज्ञानिक जगत् को प्रभावित करने लगे। कुछ लोगों ने उनके सिद्धांत को चुनौतियाँ भी दीं और उसे पूरी तरह से खारिज भी किया। दूसरी ओर अनेक वैज्ञानिकों ने इसके आधार पर व्यावहारिक शोध भी किए तथा शोध परिणामों को सैद्धांतिक गणना से प्राप्त परिणामों से मिलाया। आइंस्टाइन के सूत्रों से प्राप्त परिणाम प्रायोगिक परिणामों से मेल नहीं खाए। विवाद खड़ा हो गया। उस समय की प्रौद्योगिकी इस प्रकार के सटीक प्रयोगों को करने में सक्षम नहीं थी। इस कारण विचित्र स्थिति उत्पन्न हो गई थी और एक पक्ष दूसरे पक्ष को गलत साबित करने की स्थिति में भी नहीं था।

लोग आइंस्टाइन से इन सवालों का उत्तर चाहते थे। उनके पास तरह-तरह के पत्र आते थे और ऐसा ही एक पत्र सन् 1906 में उनके पेटेंट कार्यालय के पते से आया, जिसमें भेजनेवाले ने आइंस्टाइन से मिलने की इच्छा व्यक्त की थी। वह पत्र लेखक 'लावे' बाद में मिला भी और लगभग दो घंटे तक उनके साथ रहा। दोनों के बीच गहन और गंभीर चर्चा हुई।

बातचीत इतनी गंभीर थी कि दोनों कब कार्यालय से उठकर आइंस्टाइन के घर आ गए, पता ही नहीं चला। लावे ने बातचीत के दौरान आइंस्टाइन द्वारा दिया सिगार पिया, जिसका स्वाद उसे बहुत खराब लगा था; पर बातचीत में कोई विघ्न उत्पन्न नहीं हुआ। इससे जाहिर होता है कि लोगों के मन में सापेक्षता के सिद्धांत के बारे में जानने की कितनी उत्कंठा थी!

उस समय लोग इस सिद्धांत की सहायता से इस नैसर्गिक संसार को समझने का प्रयास कर रहे थे। अनेक शोधछात्र अपने शोधपत्रों व शोधग्रंथों में इस सिद्धांत का उल्लेख करते थे। परीक्षक कई बार सहमत नहीं होते थे, पर असहमति भी नहीं जता पाते थे और राय देते थे कि छात्र आइंस्टाइन से इस विषय पर सीधी चर्चा कर लें। इस प्रकार के अनेक पत्र आते थे और छात्र सीधे भी उनसे मिलने आ जाते थे। सन् 1907 में लॉब नामक छात्र के साथ ऐसा ही हुआ और वह जब आइंस्टाइन से चर्चा हेतु आया तो उसकी चर्चा दिनों नहीं, हफ्तों तक चलती रही। इस चर्चा से विद्युत् चुंबकत्व संबंधी तीन संयुक्त शोधकार्य संपन्न हुए, जो लॉब व आइंस्टाइन की संयुक्त उपलब्धि के रूप में जाने गए। लोग यह देखकर आश्चर्यचकित थे कि पेटेंट कार्यालय का यह मामूली अधिकारी विभिन्न विषयों पर किस प्रकार का अखंड ज्ञान रखता है।

आइंस्टाइन के साथ मिलकर किए गए कार्य से लॉब को काफी लाभ हुआ और उसे लीनार्ड के सहायक के रूप में कार्य करने का अवसर मिल गया। लॉब व आइंस्टाइन के मध्य पत्राचार जारी रहा। जब लॉब ने लीनार्ड के कामकाज के तरीकों पर नाखुशी व परेशानी व्यक्त की तब आइंस्टाइन ने उन्हें धैर्य रखने की सलाह दी और कहा कि साथ काम करने से नाम व पैसा दोनों प्राप्त होगा, क्योंकि लीनार्ड ने मौलिक कार्य किया है। पर लॉब के लिए यह ज्यादा दिन तक संभव न हो सका।

आरंभ में जब आइंस्टाइन शिक्षण क्षेत्र में जाना चाहते थे तब उन्हें किसी ने अवसर नहीं दिया था। सन् 1907 में जाकर प्रो. क्लेनर ने उन्हें अपने सहायक के रूप में रखने की इच्छा व्यक्त की। पर उस समय शिक्षण के अनुभव के बिना प्रोफेसर नियुक्त करने की परंपरा नहीं थी।

क्लेनर उन्हें अपने साथ रखने हेतु कितने इच्छुक थे, इसका अंदाज इस बात से लग जाता है कि उन्होंने आइंस्टाइन को ऐसे पद पर बर्न विश्वविद्यालय में आने की सलाह दी, जिस पर रहकर वे अपने पेटेंट कार्यालय का दायित्व भी निभा सकते थे।

दूसरी ओर आइंस्टाइन भी शिक्षण क्षेत्र में आने के लिए आतुर थे। उन्होंने सैद्धांतिक भौतिकी विभाग में कार्य करने के लिए आवेदन किया और आवेदन के साथ अपने शोधपत्र की प्रतियाँ भी लगाईं। उन्होंने यह दावा भी किया कि वे छात्रों में भौतिकी के प्रति इस तरह रुचि जगाएँगे कि उनका एक व्याख्यान दो सामान्य व्याख्यानों के समतुल्य होगा।

पर समय से पहले और भाग्य से ज्यादा कभी नहीं मिलता है। आइंस्टाइन का आवेदन रद्द हो गया। इसके कई कारण बताए गए। सन् 1908-09 की सर्दियों में बर्न में आइंस्टाइन को विकिरण सिद्धांत पढ़ाने का अवसर मिल ही गया। रो-पीटकर हुई शुरुआत भी रोने लायक ही थी। पहले बैच में मात्र चार छात्र थे और अगले बैच में घटकर एक छात्र ही रह गया। आइंस्टाइन उस अकेले छात्र को अपने कमरे में ही पढ़ाते रहे। अंशकालिक शिक्षण कुल मिलाकर असफल ही रहा।

पर इस दौरान उनका शोध कार्य जारी रहा। इसी बीच उन्हें हरमन मिंकोवस्की के साथ शोधकार्य करने का अवसर मिला। मिंकोवस्की का जन्म रूस में हुआ था और एक समय में उन्होंने अल्बर्ट को पढ़ाया भी था। उस समय उन्हें अल्बर्ट एक आलसी छात्र लगता था, जो गणित में बिलकुल परिश्रम नहीं करता था।

मिंकोवस्की का गणित में कोई जवाब नहीं था। उन्होंने अनेक गणितीय समीकरण तैयार किए और अल्बर्ट आइंस्टाइन के सापेक्षता के सिद्धांत को सशक्त बनाया। उन दोनों का साथ आगे भी चलता, पर सन् 1908 के अंत में मिंकोवस्की बीमार पड़े और 12 जनवरी, 1909 को मात्र चौवालीस वर्ष की आयु में उनका देहांत हो गया। मरते समय उन्हें इस बात का दुःख था कि सापेक्षता सिद्धांत के विकास के दौर में उन्हें दुनिया छोड़नी पड़ रही है और वे इसे पूर्ण रूप में उपयोग होते हुए नहीं देख पाएँगे।

लंबे इंतजार के पश्चात् सन् 1909 में अल्बर्ट आइंस्टाइन को शिक्षण के क्षेत्र में प्रवेश मिला। यह साल प्रारंभ से ही उनके लिए शुभ रहा और इस साल के प्रारंभ में ही उन्हें जेनेवा आने का निमंत्रण मिला था, जहाँ पर इसकी स्थापना की 350वीं वर्षगाँठ मनाई जा रही थी। यहाँ आइंस्टाइन को मानद डॉक्टरेट की उपाधि प्रदान करने का प्रस्ताव भी किया गया था।

जुलाई 1909 के प्रारंभ में आइंस्टाइन जेनेवा पहुँचे, जहाँ उन्हें मैडम क्यूरी के साथ सम्मानित किया गया। अन्य सम्मानित जनों में विल्हेम ऑस्टवाइल्ड भी थे, जिन्हें कुछ महीनों पश्चात् ही रसायनशास्त्र में नोबेल पुरस्कार से सम्मानित किया गया था। उन्होंने उत्प्रेरकों पर अभूतपूर्व कार्य किया था।

सफलता का दौर पूरे साल जारी रहा। जेनेवा से लौटने पर आइंस्टाइन से मिलने बर्लिन से एक भौतिकशास्त्री रुडॉल्फ लाडेनबर्ग आए। चर्चा के बाद यह तय हुआ कि अल्बर्ट आइंस्टाइन सितंबर 1909 में साल्जबर्ग जाएँगे, जहाँ वे अपना व्याख्यान देंगे।

साल्जबर्ग में उन्हें बड़े-बड़े विद्वानों के समक्ष बोलने का अवसर मिला। वहाँ पर प्लैंक, वीन, रुबेंस, सोमरफील्ड जैसे विद्वान् थे। जहाँ अल्बर्ट इन विद्वानों से प्रभावित थे वहीं उन्होंने इन विद्वानों को भी प्रभावित किया। अपनी तीसवीं वर्षगाँठ से पूर्व ही आइंस्टाइन ने अपने ऊपर लगा बुद्धू का लेबल उतार दिया था। उन्होंने अपने कार्यों से वैज्ञानिक जगत् में हलचल मचा दी थी।

साल्जबर्ग में व्याख्यान देने के बाद आइंस्टाइन ने पास के मनोरम स्थान में अवकाश का आनंद लिया और फिर बर्न लौट आए। इस संक्षिप्त अवकाश ने उनपर नया असर डाला था। उन्होंने ठान लिया था कि अब वे पेटेंट दफ्तर का लिखा-पढ़ीवाला काम नहीं करेंगे तथा पूर्णकालिक शिक्षक का दायित्व सँभालेंगे।

उधर सन् 1908 में ज्यूरिख विश्वविद्यालय सैद्धांतिक भौतिकी विभाग में एक पद की स्थापना हुई थी। प्रोफेसर क्लेनर ने मन बना लिया था कि इस पद पर आइंस्टाइन को ही नियुक्त किया जाए; पर यह इतना आसान नहीं था। आइंस्टाइन मन-ही-मन यहाँ के बजाय अपने शिक्षण संस्थान ई.टी.एच., जहाँ से उन्होंने स्नातक की उपाधि प्राप्त की थी, में पढ़ाना चाहते थे।

उधर एक दूसरा घटनाक्रम चल पड़ा। आइंस्टाइन का एक सहपाठी था फ्रेडरिक एडलर, जिसके पिता विक्टर एडलर ने ऑस्ट्रिया में समाजवादी प्रजातांत्रिक पार्टी की स्थापना की थी। विक्टर ने अपने बेटे को राजनीति से पीछा छुड़ाने के लिए भौतिकी के अध्ययन हेतु स्विट्जरलैंड भेजा। पर राजनीति यहाँ भी चली आई। ज्यूरिख विश्वविद्यालय के बोर्ड के अधिकांश सदस्य समाजवादी थे। चयन पर इसका प्रभाव पड़ा और वह नवनिर्मित पद एडलर को दे दिया गया।

आइंस्टाइन इससे विचलित नहीं हुए। उधर एडलर को पता चला कि आइंस्टाइन को यह पद दिया जा रहा था और वे इसे स्वीकार भी कर लेते, तो उसने बोर्ड को बड़े

स्पष्ट शब्दों में कह दिया, ''इस विश्वविद्यालय को आइंस्टाइन जैसे लोगों की जरूरत है और मेरे जैसा व्यक्ति आइंस्टाइन का पासंग भी नहीं है। आइंस्टाइन के आने से इस विश्वविद्यालय का स्तर बहुत बढ़ जाएगा।''

एडलर ने ऐसा ही पत्र अपने पिता को वियना लिख भेजा। उसी वर्ष 28 नवंबर को उन्होंने पुन: क्लेनर से निवेदन किया कि आइंस्टाइन को ही नियुक्त किया जाए।

उधर आइंस्टाइन शिक्षण क्षेत्र में दूसरी नौकरी की तलाश कर रहे थे। उन्होंने एक तकनीकी कॉलेज में नौकरी के लिए आवेदन किया। उन्होंने एक जगह गणित के अध्यापक के रूप में पढ़ाने की भी पेशकश की। नौकरी की तलाश के संबंध में एवं प्रयास के बारे में वे अपने मित्र लॉब को भी लिखते रहे।

उधर एडलर की ईमानदारी रंग लाई। सन् 1909 के आरंभ में क्लेनर ने आइंस्टाइन को ज्यूरिख बुलाया। हालाँकि दिक्कतें समाप्त नहीं हुई थीं, पर इस बार नियुक्ति की संभावनाएँ ज्यादा थीं। अप्रैल में नियुक्तियों की जो पहली सूची आई, उसमें आइंस्टाइन का नाम नहीं था।

पर धीरे-धीरे अनिश्चितता के बादल छँट गए और अल्बर्ट आइंस्टाइन का अंतत: शिक्षण क्षेत्र में पूर्णकालिक प्रवेश हो गया।

6 जुलाई, 1909 को आइंस्टाइन ने स्विस सरकार के न्याय विभाग को (जिसके मातहत पेटेंट विभाग था) अपना त्यागपत्र भेज दिया। निदेशक हालर, जो अब आइंस्टाइन से अत्यधिक प्रभावित थे, को गहरा झटका लगा। पहले-पहल उन्होंने इस्तीफा मंजूर करने से इनकार कर दिया, पर जब उन्होंने महसूस किया कि अल्बर्ट आइंस्टाइन वास्तव में जाना चाहते हैं तो उन्होंने भरे मन सें लिखा कि उनके जाने से विभाग को नुकसान होगा। पर आइंस्टाइन की शिक्षण व वैज्ञानिक अनुसंधान में गहरी रुचि है, अत: मैंने उन्हें रोकने का प्रयास करना उचित नहीं समझा।

अभी भी डॉ. अल्बर्ट आइंस्टाइन को एसोसिएट प्रोफेसर का ही दर्जा मिला था। उनका वार्षिक वेतन मात्र 4,500 फ्रांक था। यह वेतन ज्यूरिख में रहने तथा बढ़े खर्चों को पूरा करने के लिए अपर्याप्त था। पेटेंट दफ्तर में भी उन्हें इतना ही वेतन मिलता था।

आइंस्टाइन की शिक्षण क्षेत्र में आने की ललक इतनी ज्यादा थी कि अक्तूबर 1909 में वे ज्यूरिख आ गए। आने की खुशी इतनी ज्यादा थी कि वे अपने निवास बदलने की सूचना पुलिस व जिला अधिकारियों को देना भूल गए। यह सूचना दो दिन बाद भेजी गई।

□

प्रगति की नई राह

ज्यूरिख आकर अल्बर्ट आइंस्टाइन अपनी पत्नी व बच्चे के साथ एक अपार्टमेंट में रहने लगे। जुलाई 1910 में उनके दूसरे बेटे एडवर्ड का जन्म हुआ। इसी साल उनके वार्षिक वेतन में 1000 फ्रांक की वृद्धि हुई, जो उन्हें व्याख्यान शुल्क के रूप में दी जाने लगी।

संयोग से फ्रेडरिक एडलर भी उसी अपार्टमेंट में रहता था और आइंस्टाइन के साथ उसके अच्छे संबंध थे। दोनों आपस में मिलते-जुलते रहते थे। आइंस्टाइन बतौर शिक्षक लोकप्रिय होते जा रहे थे। वे नई शैली से पढ़ाते थे और पढ़ाई के दौरान हास्य-व्यंग्य का भी प्रयोग करते थे। व्याख्यानों के बीच वे अपने छात्र जीवन के प्रसंग, म्यूनिख की घटनाओं आदि का भी उल्लेख कर देते थे।

वे गति शास्त्र, थर्मोडायनामिक्स, ताप का गतिज सिद्धांत, विद्युत्, चुंबकत्व आदि पर व्याख्यान देते थे। अध्यापन के दौरान वे स्पष्ट व संक्षिप्त वाक्य ही बोलते थे और लिखित नोट का प्रयोग कम ही करते थे। बीच-बीच में छोड़े उनके चुटकुले प्रासंगिक होते थे। वे छात्रों को भरपूर समय देते थे। यदि उनकी समझ में न आ रहा हो तो बार-बार समझाते थे। छात्रों को तनावमुक्त व आनंदित देखकर उन्हें बड़ा सुख मिलता था।

जटिल गणितीय समीकरणों के प्रस्तुत करने से पूर्व वे हँसी-हँसी में छात्रों को इसके बारे में आगाह कर देते थे। वे अपने छात्रों से मित्रता भी गाँठ लेते थे। वे उनके साथ चाय पीने कैफेटेरिया चले जाते थे, जो उस समय सामान्य बात नहीं थी। चाय-कॉफी के दौरान वे ब्रह्मांड की गंभीर चर्चा कर डालते थे।

आइंस्टाइन जब स्विट्जरलैंड आए थे तब मात्र साढ़े सोलह वर्ष के थे। ज्यूरिख विश्वविद्यालय में जब वे आए तो स्विट्जरलैंड निवास के लगभग पंद्रह वर्ष

पूरे कर चुके थे। उन्हें यह देश प्यारा लगता था। उन्हें यहाँ की प्रजातांत्रिक व्यवस्था अनुकूल लगती थी।

उनकी निजी जरूरतें थीं—पेन, पेंसिल, कागज, पाइप, शांति देनेवाला वायलिन, पास की झील, जिसमें वे नौका विहार करते थे। ये सब उन्हें स्विट्ज़रलैंड में उपलब्ध थे। इसके अलावा और ज्यादा की चाहत उन्हें नहीं थी।

सन् 1911 के आरंभ में विश्वविद्यालय में अफवाह फैली कि आइंस्टाइन प्राग जाने वाले हैं। सभी लोग विचलित हो गए। स्विट्ज़रलैंड को उनसे बड़ी आशाएँ हो चली थीं। फ्रेडरिक एडलर, जिसने आइंस्टाइन के लिए पद छोड़ा था, वह भी परेशान हो गया। वह उसी विश्वविद्यालय में अन्य पद पर था। उसने इस संबंध में अपने पिता को भी पत्र लिखा।

आरंभ में आइंस्टाइन ने इस विषय पर कोई टिप्पणी नहीं की। एक महीने बाद ही उन्होंने अपनी चुप्पी तोड़ते हुए बताया कि प्राग स्थित जर्मन विश्वविद्यालय ने उन्हें सेवा का प्रस्ताव भेजा है। मन-ही-मन आइंस्टाइन वहाँ जाने के इच्छुक थे; पर इसके कारण विचित्र थे। यह शहर अत्यंत सुंदर था। यहाँ पर बड़े-बड़े महल थे, आलीशान शाही उद्यान थे, ऊँचे-ऊँचे सुसज्जित गिरजाघर थे। इनके अलावा इस शहर के साथ टायको ब्राहे जैसे खगोलशास्त्री की यादें भी जुड़ी थीं, जिनके यहाँ केपलर ने काम किया था और फिर दुनिया को खगोल पिंडों की गति के नियम समझाए थे।

पर शायद आइंस्टाइन को यह ज्ञात नहीं था कि प्राग में स्थानीय जनता और जर्मन शासकों के बीच खींचतान चल रही है। यहाँ पर दो विश्वविद्यालय थे, जिनमें से एक जर्मन विश्वविद्यालय कहलाता था और दूसरा चेक। दोनों की स्थापना सन् 1888 में हुई थी। यहाँ पर यहूदियों की भी बड़ी आबादी थी, जिसका वहाँ की राजनीतिक स्थिति में अपना अलग ही हस्तक्षेप था।

संयोग से प्राग में नियुक्ति के लिए दो नामों की संस्तुति की गई थी। अंत में वहाँ के शिक्षा मंत्रालय ने आइंस्टाइन को चुना, जिसका प्रमुख कारण था कि वहाँ पर विद्वानों को लग रहा था कि यदि आइंस्टाइन का सापेक्षता सिद्धांत सच साबित हो गया तो वे दूसरे कोपरनिकस साबित होंगे। इसके अलावा आइंस्टाइन के शोधपत्र भी वहाँ अधिक प्रभावी समझे गए।

लेकिन तभी दूसरे उम्मीदवार जॉमान ने धमाका कर दिया। उन्होंने कहा कि अगर आइंस्टाइन को पहला विकल्प चुना गया है तो उन्हें इस नियुक्ति से कोई एतराज नहीं है। इस प्रकार आइंस्टाइन का रास्ता और भी साफ हो गया।

लेकिन इसके साथ ही एक बाधा खड़ी हो गई। वहाँ के सम्राट् के पास विश्वविद्यालय में नियुक्ति के संबंध में वीटो पावर था। वे अपनी अंतिम स्वीकृति मान्यता प्राप्त चर्च की सहमति से ही देते थे। उधर आइंस्टाइन वैसे तो यहूदी थे, पर व्यावहारिक रूप से किसी पूजा-स्थल में कभी नहीं जाते थे और न ही ईश्वर में आस्था रखते थे।

इस तरह नियुक्ति की दौड़ में काफी आगे रहकर भी आइंस्टाइन अंततः पिछड़ गए। इसका उन्हें दुःख भी हुआ। इसका प्रमुख कारण यह था कि उन्हें लगा कि उनके इन विचारों का उनकी भविष्य की नियुक्तियों पर भी असर पड़ेगा। एक और कारण यह भी था कि ज्यूरिख में वे अभी भी एसोसिएट प्रोफेसर ही थे और उनका वेतन प्राग की अपेक्षा काफी कम था। ज्यूरिख में वे तेल के लैंप की रोशनी में अध्ययन व अनुसंधान करते थे, जबकि प्राग में बिजली आ चुकी थी।

पर आइंस्टाइन का भाग्य अब जाग चुका था और प्राग में शिक्षा मंत्रालय से बातचीत करके अंततः मार्च 1911 में उन्हें नियुक्ति मिल गई। यहाँ उन्हें नई तकनीकें व अन्य सुविधाएँ मिलीं। वेतन के रूप में आमदनी बढ़ जाने पर उन्होंने पहली बार घरेलू कार्य के लिए आया रखी। उनके साथ ज्यूरिख में कार्य कर रहे सहायक लुडविग हॉफ ने उनकी बड़ी सहायता की।

यहाँ उन्हें कुछ विचित्रताएँ भी देखने को मिलीं। यहूदियों की यहाँ पर संख्या काफी थी, पर वे बँटे हुए थे। धीरे-धीरे उनकी अनेक लोगों से मित्रता हो गई। एक विचित्रता यह भी थी कि वे जन्म से जर्मन थे। उन्होंने स्वेच्छा से स्विस नागरिकता ग्रहण की थी और अब फिर जर्मन विश्वविद्यालय में पढ़ाने के लिए आए थे। हालाँकि उनकी इच्छा नहीं थी, पर अब उन पर ऑस्ट्रो-हंगेरियन नागरिकता लेने के लिए दबाव पड़ रहा था। यह समस्या उनके लिए किसी भी भौतिकी संबंधी समस्या से अधिक जटिल थी। इसी बीच उन्होंने वहाँ के यहूदी समुदाय की सदस्यता स्वेच्छा से हासिल कर ली।

यहाँ पर उनके मित्रों में फ्रेंज काफ्का, ह्यूगो बर्गमैन, मैक्स ब्रोड आदि थे। ये सभी बर्था फांटा के निवास पर नियमित रूप से इकट्ठा होते थे। उनके मित्रों में अनेक कलाकार व बुद्धिजीवी भी थे। कुछ लोग वहाँ के यहूदियों को संगठित करने का भी प्रयास कर रहे थे।

यहाँ आकर आइंस्टाइन ने टाइको ब्राहे व केपलर के काम पर आगे शोध प्रारंभ किया। उन्होंने यह भी पाया कि केपलर अपना अनुसंधान किसी निश्चित लक्ष्य को

लेकर नहीं करता था। उसके मन में अनेक विचार उमड़ते थे और दूर-दूर तक सोचते थे। आइंस्टाइन केपलर के तरीके से काफी प्रभावित हुए।

प्राग में रहते हुए एक और बात सामने आई। अब यहाँ आइंस्टाइन अपने आपको यहूदी मानने लगे। शायद यह उनके यहूदी मित्रों का प्रभाव था। उन्होंने यहूदियों के इतिहास की विस्तृत जानकारी प्राप्त की तथा विभिन्न क्षेत्रों में प्रसिद्ध यहूदियों के कृतित्व का भी अध्ययन किया। इससे उन्हें गर्व की अनुभूति हुई।

प्राग निवास के दौरान आइंस्टाइन का गुरुत्वाकर्षण पर अनुसंधान भी जारी रहा और चूँकि अब तक उनकी ख्याति भी बढ़ चुकी थी, अत: उन्हें जगह-जगह से व्याख्यान देने हेतु आमंत्रण भी मिल रहे थे। 30 अक्तूबर से 3 नवंबर, 1911 तक ब्रुसेल्स में हुई कांग्रेस में उन्होंने व्याख्यान दिया। इस कांग्रेस को बेल्जियम के एक रसायनशास्त्री अर्नेस्ट सॉल्वे ने आयोजित किया था। इसके लिए उन्हें प्रेरणा वाल्थर नेर्स्ट ने दी थी, जिनका जर्मन वैज्ञानिक समुदाय में बड़ा नाम था। सॉल्वे ने अपनी सोडा प्रक्रिया को पेटेंट कराया था और उसकी कंपनियाँ पूरे विश्व को इसकी आपूर्ति कर रही थीं। वह अपने अर्जित धन का एक भाग विज्ञान की प्रगति के लिए खर्च करना चाहता था।

उपर्युक्त कांग्रेस में जाने-माने वैज्ञानिक आए और उन्होंने अपने शोधपत्र पढ़े। आइंस्टाइन ने यहाँ न सिर्फ अपना शोधपत्र पढ़ा वरन् प्लैंक, नेर्स्ट, लॉरेंज आदि विद्वानों से चर्चा भी की। उनकी मुलाकात मैडम क्यूरी से भी हुई, जो उस समय ख्याति के शिखर पर थीं। वे अर्नेस्ट रदरफोर्ड से भी मिले। वहाँ पर आइंस्टाइन को उनकी गणनाओं व रदरफोर्ड को उनके प्रयोगों के लिए विशेष ख्याति मिली। यहाँ पर वे लिंडरमैन से भी मिले, जो उस समय मात्र पच्चीस वर्ष के थे और बाद में उन्होंने दूसरे विश्वयुद्ध में ब्रिटेन के लिए युद्ध संबंधी वैज्ञानिक कार्य करके यश कमाया।

इस कांग्रेस में विकिरण व क्वांटा पर विस्तृत चर्चा हुई। आइंस्टाइन ने कम तापमान पर विशिष्ट ताप संबंधी विसंगतियों पर चर्चा की। मैडम क्यूरी ने आइंस्टाइन के स्पष्ट विचारों व उन्हें रखने के तरीकों की भूरि-भूरि प्रशंसा की। कांग्रेस में भाग ले रहे अन्य वैज्ञानिकों की भी ऐसी ही राय थी।

इसी बीच आइंस्टाइन के मन में प्राग छोड़ने का विचार उमड़ने लगा। इसका एक कारण मिलेवा भी थी। मिलेवा ने स्विट्जरलैंड छोड़ने में भी महत्त्वपूर्ण भूमिका निभाई थी। उसने प्राग में भी ऐसा ही कुछ आरंभ कर दिया था। उसे प्राग में रहना असहज लग रहा था। हालाँकि वह यूगोस्लाविया मूल की थी और पढ़ाई के लिए स्विट्जरलैंड गई थी, पर उसका मन एक जगह नहीं लग पाता था।

प्रारंभ में आइंस्टाइन ने प्राग छोड़ने के मुद्दे पर ध्यान नहीं दिया। उन्हें यहाँ का पुस्तकालय बहुत भा गया था। इसी बीच उनके पुराने शिक्षण संस्थान ई.टी.एच. में गणित के प्रोफेसर पद का सृजन हुआ।

अब आइंस्टाइन के पास उनके नाम की सिफारिश करनेवालों की लंबी सूची थी। मैडम क्यूरी ने पेरिस से उनके पक्ष में पत्र लिखा। इसी आशय के पत्र अनेक ख्याति-प्राप्त वैज्ञानिकों ने लिखे। आइंस्टाइन की स्वयं की भी इच्छा थी कि वे वहीं पर पढ़ाएँ जहाँ वे पढ़े थे।

अंततः अगस्त 1912 में वे प्राग से स्विट्जरलैंड वापस आ गए। ई.टी.एच. में उनकी नियुक्ति दस वर्षों के लिए की गई थी। इस बार उन्होंने ज्यूरिख में नया निवास चुना। कुल मिलाकर यह उनका वहाँ का पाँचवाँ निवास था।

सन् 1912 के अंत में आइंस्टाइन हर सप्ताहांत में एक सेमीनार आयोजित करते थे और उसमें वे अपने नए शोधकार्य के बारे में बतलाते थे। हालाँकि इस शिक्षण संस्थान का वातावरण उनके लिए जाना-माना था, पर अब आइंस्टाइन की वहाँ पर धाक जम चुकी थी। न सिर्फ संस्थान के वरन् दूर-दूर से विश्वविद्यालयों के प्रोफेसर व छात्र उन्हें सुनने के लिए आते थे। वहाँ इतनी भीड़ हो जाती थी कि बैठने के लिए जगह कम पड़ती थी।

किंतु आइंस्टाइन इससे अप्रभावित रहते हुए व्याख्यान देते रहते और जब समाप्त करते तो अनेक जिज्ञासु प्रश्न पूछते-पूछते उनके साथ हो लेते थे। अनेक छात्र अपने प्रश्न उनके सामने रखते और उत्तर नोटबुक में दर्ज करते जाते थे। सर्दियों के दिनों में कई बार देखा गया कि छात्रों की नोटबुक पर ऊपर से गिरनेवाली बर्फ पड़ती और उनकी सारी मेहनत पर पानी फिर जाता, पर न आइंस्टाइन विचलित होते और न ही उनके छात्र व अन्य श्रोता।

अब आइंस्टाइन के पास बड़े-बड़े विद्वानों का आना-जाना लगा रहता था। मैडम क्यूरी अपनी दोनों बेटियों के साथ आई थीं। वे भौतिकी व रासायनिकी दोनों में पारंगत थीं। उनके साथ आइंस्टाइन की रेडियोधर्मिता पर लंबी चर्चा हुई थी।

आइंस्टाइन इंजीनियरिंग के प्रोफेसरों से भी गंभीर चर्चा करते थे। किसी जमाने में उनके पिता उन्हें इंजीनियर बनाना चाहते थे, पर वे बन नहीं सके। अब इंजीनियरिंग के प्रोफेसर उनसे नई बात सीखने की फिराक में रहते थे, ताकि वे कोई नया काम कर सकें।

धीरे-धीरे आइंस्टाइन की दर्शन के क्षेत्र में रुचि बढ़ती गई। उनके व्याख्यानों में अब दार्शनिक पुट आने लगा था। अब वे पूरे ब्रह्मांड के बारे में सोचने लगे थे।

गुरुत्वाकर्षण के बारे में उनका सिद्धांत परिपक्व होता जा रहा था। वे अपने सिद्धांतों को दूसरे सिद्धांतों के साथ लगातार जोड़ने में लगे हुए थे।

वह समय भी ऐसा था जब नील्स बोर, प्लैंक, रदरफोर्ड जैसे वैज्ञानिक भौतिकी में नए-नए सिद्धांत आगे ला रहे थे। ये लोग परमाणु व उसकी नाभि को अलग-अलग दृष्टि से देख रहे थे। ये सभी वैज्ञानिक समय-समय पर आपस में मिलकर चर्चा करते थे और अपना काम आगे बढ़ाते थे। हालाँकि ये वैज्ञानिक अलग-अलग देशों के थे और उस समय जबकि यूरोप के राजनेता भावी विश्वयुद्ध की तैयारी में थे, लेकिन ये वैज्ञानिक अपनी अलग ही दुनिया में थे और बढ़ रहे राजनीतिक विद्वेष से बेखबर थे। हालाँकि उस समय तक नोबेल पुरस्कारों की परंपरा आरंभ हो चुकी थी और उनका महत्त्व भी बढ़ चुका था, पर उनमें कोई प्रतिद्वंद्विता नहीं थी।

आइंस्टाइन अपने नए गुरुत्वाकर्षण सिद्धांत की प्रायोगिक जाँच करना चाहते थे। इसके लिए उन्हें सूर्यग्रहण के अवसर की तलाश थी। सन् 1914 की गरमियों में सूर्यग्रहण पड़ने वाला था और इसके मद्देनजर यह तय किया गया कि इसे दक्षिणी रूस में किसी उपयुक्त स्थान से देखा जाए। इसके लिए एक दल गठित किया गया, जिसमें प्रसिद्ध खगोलशास्त्री थे। उस समय जर्मनी भावी विश्वयुद्ध की तैयारी में जुटा था और बर्लिन के अधिकारियों की इस प्रकार के सैद्धांतिक भौतिकी के प्रयोगों में बिलकुल दिलचस्पी नहीं थी। पर उन्होंने वैज्ञानिक दल को अपने खर्चे पर रूस जाने की इजाजत दे दी।

किंतु अभी धन की समस्या बनी हुई थी। इसको जुटाने के अनेक प्रयास हुए। गरीब वैज्ञानिकों के लिए इतनी बड़ी राशि जुटाना आसान नहीं था। तभी जर्मनों ने अचानक इस अभियान में दिलचस्पी लेना आरंभ किया। शायद उन्हें आइंस्टाइन में बड़ी संभावनाएँ दिखलाई दी होंगी। अब बर्लिन में नौकरी के लिए उन्हें प्रस्ताव भेजा गया। बर्लिन के अधिकारियों को यह भी लग रहा था कि डॉ. आइंस्टाइन मूल से जर्मन हैं, अत: उन्हें जर्मनी में ही रखना बेहतर होगा। उन्होंने इसके लिए लगभग दुगुने वेतन का प्रस्ताव किया।

7 दिसंबर, 1913 को आइंस्टाइन ने बर्लिन आकर अनुसंधान करने का प्रस्ताव स्वीकार कर लिया। 6 अप्रैल, 1914 को आइंस्टाइन अपनी पत्नी मिलेवा तथा दोनों बेटों के साथ बर्लिन आ गए। कैसा संयोग था! जर्मनी में जनमे आइंस्टाइन ने सत्रह वर्ष पूर्व स्वेच्छा से जर्मन नागरिकता त्याग दी थी। एक किशोर के रूप में जो माहौल उन्हें बिलकुल नहीं भाता था, अब उसी में उन्हें आगे संभावनाएँ दिखाई दे रही थीं।

नागरिकता का सवाल फिर खड़ा हो रहा था। पर पर्शियन विज्ञान अकादमी की सदस्यता उन्हें मिल चुकी थी और इस कारण उन्हें पर्शिया की नागरिकता मिल चुकी थी। मन-ही-मन आइंस्टाइन स्विस नागरिकता छोड़ना नहीं चाहते थे और जर्मन नागरिकता ग्रहण करने से बच रहे थे। इसी बीच जर्मनी में नागरिकता संबंधी नया कानून आया, जिसके अंतर्गत प्रावधान था कि यदि कोई विदेशी सरकारी सेवा में चुन लिया जाता है तो उसे जर्मन नागरिकता स्वत: मिल जाएगी।

बर्लिन आकर आइंस्टाइन किराए के एक फ्लैट में रहने लगे। 2 जुलाई, 1914 को उन्होंने अकादमी में पहला व्याख्यान दिया। वे हर दिन प्रात: अकादमी के कार्यालय जाते थे, जो एक सरकारी पुस्तकालय में स्थित था। जब अधिकारियों ने उनसे उनकी कार्य संबंधी जरूरतों के बारे में पूछा तो उन्होंने मात्र कागज व पेंसिल की माँग की। साथ ही उन्होंने स्वतंत्र चिंतन के लिए समय देने की इच्छा व्यक्त की और यह भी कहा कि वे दूसरों के कामों में दखल भी नहीं देना चाहते हैं।

अब तक वे विज्ञान व दर्शन का संश्लेषण करने का प्रयास कर रहे थे। उन्होंने देखा कि विज्ञान में राजनीति व सत्ता का दखल भी बेतहाशा बढ़ रहा है। उस समय यूरोप का राजनीतिक संतुलन दोलायमान था। आइंस्टाइन सहित तमाम लोग शांति की कामना कर रहे थे।

उधर आइंस्टाइन के परिवार की शांति भंग होने के कगार पर पहुँच चुकी थी। पत्नी मिलेवा को आरंभ से ही तरह-तरह की शिकायतें थीं। जब आइंस्टाइन स्विट्जरलैंड में थे तब मिलेवा को उनके मित्रों से चिढ़ थी। बाद में और शिकायतें जुड़ती चली गईं। सन् 1914 की गरमियों में मिलेवा अपने दोनों बेटों के साथ स्विट्जरलैंड वापस चली गई।

एक अगस्त, 1914 को जर्मनी ने रूस के खिलाफ युद्ध की घोषणा कर दी। दो दिन बाद जर्मनी ने फ्रांस से भी जंग का ऐलान कर दिया। जर्मन सेना ने जैसे ही बेल्जियम में प्रवेश किया, ब्रिटेन ने 4 अगस्त को जर्मनी के विरुद्ध युद्ध की घोषणा कर दी।

ऐसे माहौल में आइंस्टाइन का अपने सिद्धांत के सत्यापन की जाँच करने के लिए रूस जाने का सपना चूर-चूर हो गया। जो खगोलशास्त्री आरंभिक तैयारी के लिए रूस जा चुके थे, वे वहाँ बंदी बना लिये गए तथा उनके उपकरण जब्त कर लिये गए। ग्रहण देखने के लिए गए ये वैज्ञानिक दूर स्थित कारागृह में बंद हो गए।

वरिष्ठ रूसी अधिकारियों के साथ लंबी बातचीत के पश्चात् उन्हें छोड़ा गया और 2 सितंबर को वे वापस आ पाए। वे सभी अलग-अलग जगहों के थे, पर

विश्वयुद्ध के दौरान बर्लिन में फँसे रहे। उन्हें वहाँ की वेधशाला में अंशकालिक नौकरी मिल गई और वे आइंस्टाइन के शोधकार्य में सहायता करते रहे। आइंस्टाइन के सिद्धांत के सत्यापन की योजना धरी-की-धरी रह गई।

युद्ध के कारण पत्नी मिलेवा बच्चों समेत स्विट्जरलैंड में ही रहती रही और इधर आइंस्टाइन बर्लिन में। शायद दोनों को एक-दूसरे की परवाह नहीं थी। आइंस्टाइन अपनी छुट्टियाँ अपने मित्र प्रोफेसरों के साथ बिताते थे। क्रिसमस भी उन्होंने ऐसे ही मनाया। अब वायलिन ही उनका हमसफर था। आइंस्टाइन के मित्रों को उनकी पारिवारिक स्थिति से सहानुभूति थी। पर वे यह भी देखते थे कि अब आइंस्टाइन ज्यादा शांति के साथ अनुसंधान कर रहे थे।

आइंस्टाइन को अपने दोनों बेटों से बहुत प्यार था। सन् 1914 के क्रिसमस पर उन्हें दोनों की बहुत याद आई। उस समय उनका एक बेटा दस वर्ष का था और दूसरा चार वर्ष का। वे चाहते थे कि विश्व के हालात व पारिवारिक हालात का बच्चों की परवरिश पर असर न पड़े और उन्हें किसी किस्म की दिक्कत न महसूस हो। पर युद्धरत जर्मनी और युद्ध में निष्पक्ष स्विट्जरलैंड के बीच संपर्क टूटा हुआ था।

कुल मिलाकर प्रथम विश्वयुद्ध ने आइंस्टाइन पर बहुमुखी प्रभाव डाला। उनके वैज्ञानिक चिंतन पर प्रभाव पड़ा। उनका पारिवारिक जीवन छिन्न-भिन्न होने के कगार पर आ गया। अब तक वे यह मानते थे कि वैज्ञानिक कार्य समाज से कटकर किया जाता है। उसमें बुद्धिमत्ता और ईमानदारी ही पर्याप्त है; पर युद्ध के दौरान उन्होंने अलग ही स्थिति देखी।

वैसे भी वैज्ञानिक न तो समाज से दूर रह पाते हैं और न ही सत्ता से। न्यूटन ब्रिटिश नौसेनाध्यक्ष के प्रमुख सलाहकार थे। माइकेल फैराडे, देवार जैसे वैज्ञानिक राजनेताओं व सामाजिक कार्यों से अलग नहीं रह पाए। अल्फ्रेड नोबेल द्वारा आविष्कृत डायनामाइट का राजनेताओं ने बहुतायत से प्रयोग किया था।

आइंस्टाइन को लग रहा था कि चूँकि उनका क्षेत्र सैद्धांतिक भौतिकी है, अतः वे राजनीति व राजसत्ता से दूर रहेंगे। वे इस बात से अविचलित थे कि जिस पद पर वे नियुक्त हैं, उसपर पहले काम करनेवाले हॉफ अब जर्मनी के लिए युद्धक सामग्री तैयार करने में जुटे हैं। उनका पुराना सहायक लुडविग जंगी हवाई जहाज तैयार करने के अनुसंधान में जुटा है। उनके अनेक मित्र व पूर्व सहयोगी युद्ध संबंधी कार्यों में जुटे थे तथा समय-समय पर अपनी प्रगति का विवरण भेजते थे। कोई थल सेना की सेवा कर रहा था तो कोई वायु सेना की। आइंस्टाइन ने जिस छात्र को गणित पढ़ाया था वह यूरोप के पूर्वी मोरचे पर सेना के युद्ध संबंधी गणितीय कार्यों को

अंजाम दे रहा था। रसायनशास्त्री बमों के लिए रसायन तैयार कर रहे थे, खगोलशास्त्री तरह-तरह के आँकड़े जुटा रहे थे।

कोई भी वैज्ञानिक देश का नागरिक पहले होता है। उसके अंदर भी उतनी ही देशभक्ति होती है जितनी औरों के अंदर। यही कारण था कि जब फ्रिट्ज हेबर नामक वैज्ञानिक को शारीरिक पैमानों के आधार पर सेना में भरती नहीं किया गया तो वे निराश हो गए और घोर अवसाद के शिकार हो गए।

बाद में जब सेना को कम तापमान पर कार्य करनेवाले गैसोलीन की जरूरत पड़ी; क्योंकि उन्हें रूसी मोरचे पर बर्फीले वातावरण में युद्ध करना था तो हेबर को तलाशा गया। अपनी माँग सुनकर हेबर का सारा अवसाद रफू-चक्कर हो गया। वे खुशी-खुशी जर्मन सेना की वरदी पहनकर अपनी पत्नी के समक्ष गए और गर्व से कहा, 'वैज्ञानिक शांतिकाल में पूरी दुनिया के लिए होता है, पर युद्धकाल में वह अपने देश का होता है।'

हेबर ने अमोनिया तैयार करने की क्रांतिकारी विधि तैयार की, जिसकी सहायता से विस्फोटकों और उर्वरकों का भंडारण सरल हो गया। यह विधि जर्मनों के लिए युद्ध में बड़ी सहायक सिद्ध हुई।

हालाँकि वे प्रोफेसर थे और बाद में उन्हें अपने कार्य के लिए नोबेल पुरस्कार भी मिला; पर युद्ध के दौरान जब उन्हें आरंभ में कमीशन नहीं मिला तो उनको भारी दुःख हुआ। बाद में उन्हें कैप्टेन का दर्जा दिया गया था। उन्होंने स्वयं तो सेना के लिए अनुसंधान किया ही, दूसरे वैज्ञानिकों को भी इसके लिए प्रेरित किया। जब गैस मास्क पर अनुसंधान प्रारंभ हुआ तो उन्होंने अपने हिचकिचाते वैज्ञानिक साथी को प्रेरित भी किया और सार्जेंट की तरह आदेश भी दिया। हेबर ने उस दल में भी काम किया जिसने जर्मन सेना के लिए क्लोरीनयुक्त गैस हथियार तैयार किए थे। सन् 1917 में हेबर ने जर्मन सेना को मस्टर्ड गैस हथियार का तोहफा दिया।

वैज्ञानिकों द्वारा दिखाए जा रहे देश-प्रेम के माहौल में आइंस्टाइन दुविधा में थे। हालाँकि वे जर्मनी में ही जनमे थे, पर उन्हें यहाँ की जमीन व माहौल से वैसा लगाव नहीं था। उन्हें दिखाई दे रहा था कि युद्ध के माहौल में वैज्ञानिक और सामान्य जन सभी एक सुर में देशहित में बोल रहे हैं और पुराने मतभेद भुला चुके हैं।

वे ऐसे वैज्ञानिकों को तलाश रहे थे, जो युद्ध का विरोध कर रहे थे या कम-से-कम तटस्थ थे। उन्हें दिख रहा था कि मैडम क्यूरी रेडक्रॉस की एंबुलेंस खुद चलाकर ले जा रही थीं और घायल फौजियों की सेवा कर रही थीं। पर इससे उन्हें मामूली तसल्ली ही हुई।

किशोरावस्था से ही वैज्ञानिक बनने का सपना देखनेवाले और वैज्ञानिक का दर्जा पाने के लिए अथक संघर्ष करनेवाले आइंस्टाइन को धीरे-धीरे पूर्ण निराशा होने लगी। उन्होंने जान लिया कि जर्मनी तो आक्रामक है ही, वे मित्र राष्ट्र भी कम नहीं हैं और दोनों ही पक्षों ने विज्ञान को युद्ध लड़नेवालों की वेश्या बना दिया है।

एक ओर बर्लिन में पूरा-का-पूरा वैज्ञानिक समाज युद्ध सेवा के जरिए देश-प्रेम का उदाहरण प्रस्तुत कर रहा था, वहीं आइंस्टाइन अंतरराष्ट्रीयवाद, समाजवाद आदि की ओर उन्मुख हो रहे थे। उन्हें इस बात से कोई मतलब नहीं था कि उस समय सत्तासीन क्या चाह रहे हैं।

उनके विचारों को जानने के बावजूद उनके अनेक वैज्ञानिक मित्रों ने उन्हें युद्धकालीन सेवा की ओर खींचने का प्रयास किया। लियोपोल्ड कोपेल ने उन्हें युद्ध संबंधी अनुसंधान के लिए अनुदान भी दिलवाया; पर ये प्रयास आइंस्टाइन के विचारों को हिला नहीं सके। वे जर्मनी को आक्रामक मानते रहे। उनके मन में युद्ध-विरोधी विचार गहरे बैठ गए। वे उन वैज्ञानिकों के विचारों से सहमत नहीं थे जो यह मानते थे कि अगर जर्मनी पहले विश्वयुद्ध में आक्रामक रुख नहीं अपनाता तो संसार से जर्मन संस्कृति समूल नष्ट हो जाती।

उधर आइंस्टाइन दूसरे मोरचे पर भी संघर्ष कर रहे थे। उनकी पत्नी जर्मनी से दूर स्विट्जरलैंड में थीं और सिर्फ पत्रों के जरिए ही उनसे संपर्क हो पा रहा था। युद्ध के माहौल में कोई मोरचा फतह कर रहा था और कोई पीछे हट रहा था। आइंस्टाइन को लग रहा था कि पारिवारिक जीवन के मोरचे पर उनकी पराजय निश्चित है। फिर भी वे यूरोप में मची मार-काट के खिलाफ जनमत तैयार करने के लिए प्रयत्नशील थे।

19 अगस्त, 1914 को उन्होंने जर्मनी के बाहर हॉलैंड में रह रहे दो वैज्ञानिकों एरेनफेस्ट तथा लॉरेंज को पत्र लिखा, जिसमें यूरोप में चल रहे पाशविकता के तांडव की भर्त्सना की गई थी। उसमें यह संकल्प भी व्यक्त किया गया था कि तमाम दबावों के बावजूद वे विश्व शांति के लिए प्रयास करते रहेंगे।

16 नवंबर, 1914 को आइंस्टाइन एक राजनीतिक दल के सदस्य बने, जिसका उद्‌देश्य शांति स्थापित करना था। इसके एक संस्थापक सदस्य ह्यूगो साइमन विश्वयुद्ध के बाद में मंत्री भी बने। इन लोगों का उद्‌देश्य था—भविष्य में अंतरराष्ट्रीय स्तर पर ऐसे प्रयास करना, ताकि युद्ध की संभावना उत्पन्न ही न हो। आइंस्टाइन इस दल के अन्य सदस्यों की अपेक्षा अधिक मुखर थे। वे यहाँ तक कह रहे थे कि यदि शांति प्रयासों के अंतर्गत जर्मनी को हार का भी सामना करना पड़े तो कोई बात नहीं।

जब आइंस्टाइन ने प्रख्यात लेखक व दार्शनिक रोम्याँ रोलाँ के शांति प्रयासों के बारे में जाना तो उन्होंने मार्च 1915 में उन्हें पत्र लिखा और फिर सितंबर 1915 में जर्मन सीमा पार करके उनसे मिलने चले गए। रोलाँ आइंस्टाइन से बहुत प्रभावित हुए और अपनी डायरी में उन्होंने आइंस्टाइन के बारे में विस्तार से लिखा।

आइंस्टाइन के युद्ध-विरोध का स्विट्जरलैंड में स्वागत हुआ। लोगों का यह भी कहना था कि यहूदी तो सारी दुनिया में पाए जाते हैं। वे किसी एक देश से बँधकर नहीं रहते, इस कारण आइंस्टाइन इस माहौल में भी विश्व शांति की बात इतने मुखर होकर कर रहे हैं।

आइंस्टाइन के लिए युद्ध-विरोध के अन्य कई कारण भी थे। वे न जर्मनी की जीत चाहते थे और न ही मित्र राष्ट्रों की। उन्हें इस बात का भी दुःख था कि उनके हेबर जैसे मित्र विनाशकारी जहरीली गैस के निर्माण में लगे हैं। जब जर्मनी ने यू बोट प्रकरण द्वारा अमेरिका को चुनौती दी तो आइंस्टाइन की चिंता और बढ़ गई और उन्हें लगा कि अब युद्ध और भी विस्तृत व भयानक रूप धारण कर लेगा।

आइंस्टाइन की स्विस नागरिकता भी बहाल थी और इस कारण उन्हें निष्पक्ष देशों की यात्रा करने की आजादी थी। इसका लाभ उठाते हुए वे सन् 1916 में ईस्टर के अवसर पर अपनी पत्नी के पास ज्यूरिख हो आए थे।

सन् 1916 में वे लॉरेंज के आधिकारिक आमंत्रण पर हॉलैंड गए। वहाँ पर उन्हें बड़ा सुकून महसूस हुआ। सिगार के कश लेते हुए आइंस्टाइन व लॉरेंज के बीच गुरुत्वाकर्षण क्षेत्र में प्रकाश के मुड़ने पर लंबी चर्चा हुई। लॉरेंज ने इस विषय पर एक के बाद एक प्रश्न किए और सिगार के धुएँ के बीच आइंस्टाइन प्रश्नों का उत्तर निकालते रहे। कुछ उत्तर तो उन्होंने सरलता से दे दिए, पर कुछ में उन्हें कठिनाई हुई। बीच-बीच में वे कागज पर कुछ बातें व गणितीय सूत्र भी नोट भी करते रहे।

जब आइंस्टाइन वापस बर्लिन लौट आए तो उन्हें उनके पुराने मित्र एडलर मिले, जो उन्हीं की तरह युद्ध-विरोधी थे। एडलर ने सन् 1912 में स्विट्जरलैंड छोड़ दिया था और ऑस्ट्रिया चले गए थे। उनका राजनीति से पुराना लगाव था और जब वहाँ की सरकार ने संसद् का अधिवेशन बुलाने से इनकार कर दिया तो एडलर को बहुत क्रोध आया और उन्होंने एक होटल में घुसकर प्रधानमंत्री को गोली मार दी।

हत्या का अभियोग लगाकर एडलर पर मुकदमा चला। इस दौरान उन्हें जेल में रखा गया। जेल में एडलर ने आइंस्टाइन के सापेक्षता के सिद्धांत पर एक शोध ग्रंथ लिख डाला। उस समय यह सिद्धांत और इस पर लिखा गया शोध ग्रंथ इतना

अटपटा लगता था कि लोगों को लग रहा था कि एडलर मानसिक रूप से विक्षिप्त हो चला है। एडलर के पिता व परिवारजनों ने इस सापेक्षता सिद्धांत पर आधारित शोध ग्रंथ के आधार पर यह साबित करने की कोशिश की कि एडलर वास्तव में पागल हो गया है और उसे सजा न दी जाए।

एडलर को फाँसी की सजा सुनाई गई; पर किन्हीं कारणों से उसकी सजा में रियायत कर दी गई और उसे मात्र आठ महीने के कारावास का दंड दिया गया। किसी भी प्रधानमंत्री की हत्या का यह सबसे कम दंड था। एडलर को एक किले में बंदी के रूप में रखा गया, जहाँ वह वैज्ञानिक अध्ययन करता रहा। आइंस्टाइन से उसका पत्र-व्यवहार अंत तक जारी रहा।

□

कठिनाइयों का दौर

वैज्ञानिक प्रगति व युद्ध-विरोध के बीच आइंस्टाइन को कठिनाइयों के एक कठिन दौर का सामना करना पड़ा। आइंस्टाइन का परिवार विखंडन के कगार पर था। सन् 1916 के ईस्टर के अवसर पर जब आइंस्टाइन अपनी पत्नी मिलेवा से मिलने गए तो दोनों के बीच तनाव चरम सीमा पर पहुँच गया था। दोनों के बीच इतना झगड़ा हुआ कि यह फैसला भी हो गया कि वे एक-दूसरे की शक्ल कभी नहीं देखेंगे।

इतना ही नहीं, बेटे हांस ने भी पिता अल्बर्ट आइंस्टाइन को पत्र लिखना बंद कर दिया। इसी बीच समाचार आया कि मिलेवा बीमार है; पर आइंस्टाइन मिलेवा के पास जाने की हिम्मत नहीं जुटा पाए। उन्हें यह भी लग रहा था कि उनके बेटे यह सोचेंगे कि पिता बहुत लापरवाह है। उनके मन में तरह-तरह की भावनाएँ उमड़ती रहीं और उन्होंने उन्हें अपने मित्र बेसो को लिखे पत्रों में उड़ेल दिया।

इसी-बीच अल्बर्ट आइंस्टाइन स्वयं नर्वस ब्रेकडाउन के शिकार हो गए। उन्हें पेट का भी भयंकर रोग हो गया था। शायद उसका एक कारण यह था कि वे एकाकी जीवन बिता रहे थे और खान-पान में लापरवाही हुई होगी।

उनके एक मित्र ने उन्हें अपने परिचित की पत्नी को दिखाया, जो डॉक्टर थीं। गहन जाँच के पश्चात् यह साबित हो गया कि वे कैंसर के शिकार नहीं हैं, लेकिन पेट में रोग काफी बढ़ गया है। डॉक्टर का यह भी मानना था कि वैज्ञानिक कार्य, विशेष रूप से सापेक्षता संबंधी सिद्धांत, के विकास के लिए आइंस्टाइन ने अपने मस्तिष्क का एक सीमा से अधिक उपयोग किया है। यही नहीं, युद्ध की विभीषिका ने भी उनके दिलोदिमाग पर गहरा असर डाला है और इन सबका असर सीधा पेट पर पड़ा है।

अब आइंस्टाइन विचित्र हरकतें करने लगे थे। उनके मस्तिष्क ने कभी किसी सीमा का पालन नहीं किया था और वे ब्रह्मांड के बारे में दूर-दूर तक सोचते रहते थे। अब उनके शरीर ने भी सीमाओं का पालन करना छोड़ दिया। वे तब तक सोते रहते थे जब तक उन्हें जगाया नहीं जाता था और तब तक जागते रहते थे जब तक उन्हें सुलाया नहीं जाता था। जब तक उन्हें खाने को नहीं दिया जाता था तब तक वे भूखे ही रहते थे और जब खाना दिया जाता था तो वे तब तक खाते चले जाते थे जब तक उन्हें रोका नहीं जाता था।

उधर जर्मनी युद्ध के मोरचे पर पिछड़ रहा था और इधर आइंस्टाइन स्वास्थ्य के मोरचे पर। मात्र दो महीने की बीमारी में आइंस्टाइन का वजन तेईस-चौबीस किलो कम हो गया था। उनकी समस्त गतिविधियाँ अस्त-व्यस्त हो चली थीं।

युद्ध के उस माहौल में हर तरफ अफरा-तफरी मची थी, फिर भी आइंस्टाइन के अनेक मित्रों ने उनकी सेवा की। अनेक लोग उनसे मिलने आते रहे। उनकी एक महिला मित्र, जो उन्हें देखने आई थीं, ने एक बार उनसे पूछा कि क्या उन्हें मृत्यु से डर लग रहा है? आइंस्टाइन ने दार्शनिक अंदाज में उत्तर दिया, 'मैं अपने आपको सभी के जीवन का अंग मानता हूँ और मैं तो असंख्य मानवों की धारा का एक मामूली हिस्सा हूँ, जिसके खत्म होने का मुझे कोई डर नहीं है।'

ऐसे हालात में भी आइंस्टाइन ने एक-दो पत्र लिखे और उनके मित्र यह देखकर चकित थे कि वे अपनी पत्नी व बच्चों के लिए बिलकुल चिंतित नहीं हैं। इसी बीच आइंस्टाइन को एक और आघात सहना पड़ा। उनकी माता उनके पास बर्लिन में अपने अंतिम कुछ महीने बिताने आई थीं। जब वे चल बसीं तो आइंस्टाइन फूट-फूटकर रोए। लोगों को इसपर आश्चर्य भी हुआ, क्योंकि उन्हें लगता था कि आइंस्टाइन को दुनियादारी से ज्यादा लगाव नहीं है और वे विज्ञान के प्रति ही समर्पित हैं। पर शायद यह अच्छा ही हुआ, क्योंकि इससे आइंस्टाइन का मन जो विज्ञान व युद्ध के तले दबा हुआ था, काफी हलका हो गया।

इस बीमारी का एक सुखद पहलू भी था। उनकी एक मौसेरी बहन थी एल्सा। दोनों एक-दूसरे से पहले से ही परिचित थे। एल्सा विवाह के पश्चात् दो पुत्रियों की माँ बनी। वह देखने में भी सुंदर व आकर्षक थी। दुर्भाग्यवश एल्सा जल्दी ही विधवा हो गई।

लेकिन एल्सा व मिलेवा में काफी अंतर था। मिलेवा को विज्ञान में बहुत रुचि थी। वह जागरूक भी थी और बहुत कुछ जानना चाहती थी। दूसरी ओर एल्सा

सीधी-सादी थी और उसे अत्यंत सीमित ज्ञान था। उसकी इच्छाएँ भी सीमित थीं, पर वह गृह-कार्यों में दक्ष थी।

अब तक आइंस्टाइन विज्ञान, राजनीति, शांति प्रयासों में पूरी तरह रम चुके थे। वे इन्हीं में खोए रहते थे। विधवा एल्सा को इन तीनों से कोई मतलब नहीं था। बीमारी के दौरान एल्सा ने अल्बर्ट आइंस्टाइन की भरपूर देखभाल की।

सन् 1917 में आइंस्टाइन बीमारी के बाद स्वास्थ्य-लाभ के लिए स्विट्जरलैंड चले गए। युद्ध के वातावरण से दूर वहाँ उन्हें अनोखी शांति का अनुभव हुआ।

हालाँकि सन् 1916 के बाद आइंस्टाइन पत्नी मिलेवा से दोबारा नहीं मिले थे, पर वे अपने पारिवारिक दायित्वों को निभाते रहे। उन्हें वार्षिक 13000 मार्क वेतन मिलता था, जिसमें से 7000 मार्क वे नियमित रूप से अपनी पत्नी व बच्चों के लिए भेज देते थे। जब तक उनकी माता जिंदा रहीं तब तक वे उन्हें भी 600 मार्क भेजते थे। शेष आमदनी में वे एक प्रोफेसर का जीवन-स्तर बनाए नहीं रख पाते थे और बमुश्किल गुजारा करते थे।

उधर विश्वयुद्ध समाप्त हुआ और इधर आइंस्टाइन का मिलेवा के साथ वैवाहिक जीवन। सन् 1918 की गरमियों में आइंस्टाइन ने बेसो के माध्यम से संदेश भेजा कि यदि मिलेवा तलाक के लिए राजी हो तो वे उसके व बच्चों के खर्च की व्यवस्था करते रहेंगे। इसी दौरान आइंस्टाइन को नोबेल पुरस्कार मिलने की चर्चा भी चल पड़ी। लगभग निश्चित हो गया कि पुरस्कार राशि, जो उस समय 30,000 स्विस क्रोनर थी, के ब्याज से परिवार का खर्च चल जाएगा।

जुलाई 1918 में तलाक के कागजात तैयार हुए। अल्बर्ट व मिलेवा बर्लिन की अदालत में पेश हुए। अब तक आइंस्टाइन के वैज्ञानिक कार्यों की चर्चा होती थी, पर अब मित्र-मंडली उनके तलाक पर चर्चा कर रही थी। तभी आइंस्टाइन को उनके डच मित्रों के माध्यम से ज्ञात हुआ कि ब्रिटिश वैज्ञानिक सन् 1919 में पड़नेवाले सूर्यग्रहण के अवसर पर उनके सिद्धांत की प्रायोगिक जाँच करने जा रहे हैं।

वह समय घटनाओं व खबरों से परिपूर्ण था। संयुक्त राज्य अमेरिका के युद्ध में आ जाने से मित्र राष्ट्रों का पलड़ा भारी हो गया था। चार सालों में पहली बार पश्चिम में जर्मन मोरचा चरमराने लगा। ब्रिटेन ने जर्मनी के सहयोगी टर्की पर निर्णायक विजय प्राप्त कर ली। इधर जर्मनी में सत्ता परिवर्तन भी हो गया। जर्मनी में आंतरिक कानून-व्यवस्था की स्थिति बिगड़ने लगी।

आइंस्टाइन के जो वैज्ञानिक साथी युद्ध संबंधी वैज्ञानिक कार्यों में जुटे थे, वे एक-एक कर वापस आने लगे। उनमें से कई तो मामूली पद और मामूली वेतन पर

काम करने के लिए मजबूर हो गए। उधर आइंस्टाइन की ख्याति अब दूर-दूर तक फैलने लगी। एडिंग्टन सहित तमाम ब्रिटिश वैज्ञानिक 29 मई, 1919 को पड़नेवाले सूर्यग्रहण के अवसर पर आइंस्टाइन के सापेक्षता के सिद्धांत की प्रायोगिक जाँच करने की तैयारी कर रहे थे। ब्रह्मांड के बारे में 'आइंस्टाइन-परिकल्पना' पूरे विश्व में पढ़ी जा रही थी। ब्रह्मांड की उत्पत्ति, विकास व भविष्य पर बहस जोरों से आरंभ हो चुकी थी।

□

जर्मनी की पहली हार के बाद

जर्मनी में जनमे आइंस्टाइन अकसर अपने जन्म की बात भूल जाते थे और जब किसी विषय पर चर्चा आरंभ होती थी तो उनका लहजा ऐसा होता था मानो वे पूरे संसार के हों।

प्रथम विश्वयुद्ध के दौरान आइंस्टाइन जैसे कुछ लोगों को छोड़कर जर्मनी में रह रहे सभी लोग देश के लिए मर मिटने के लिए तैयार थे और युद्ध के कारण उत्पन्न कष्टों को खुशी-खुशी झेल रहे थे। युद्ध के दौरान जर्मनी ने जगह-जगह तरह-तरह के अत्याचार किए, पर जर्मन नागरिक उन्हें अत्याचार नहीं मान रहे थे।

नवंबर 1918 की हार के पश्चात् जर्मनी 1919 में भुखमरी के कगार पर पहुँच गया। दूसरी ओर आइंस्टाइन, जो युद्ध के दौरान मित्र राष्ट्रों से सहानुभूति रखते थे, अब निराश हो गए। उन्हें लगा कि जीत के नशे में मित्र राष्ट्र भी वैसा ही व्यवहार कर रहे हैं।

इसी वर्ष के अंत में आइंस्टाइन को ज्यूरिख जाने का अवसर मिला, जहाँ उन्होंने विश्वविद्यालय व ई.टी.एच. में व्याख्यान दिए। जनवरी 1919 में वे बर्लिन लौट आए।

14 फरवरी, 1919 को आइंस्टाइन का मिलेवा से तलाक मंजूर हो गया। आइंस्टाइन पहले ही वचन दे चुके थे कि जब नोबेल पुरस्कार मिलेगा तो वे उसे मिलेवा को दे देंगे। नोबेल पुरस्कार तीन साल बाद आया और पुरस्कार राशि स्वीडन से बर्लिन आई तथा फिर वहाँ से ज्यूरिख पहुँची। उस समय विदेशी मुद्रा नियमों के कारण तथा राशि के कमजोर प्रबंधन के कारण काफी पैसा इधर-उधर हो गया और शेष राशि से मिलेवा को एक आलीशान मकान ज्यूरिखबर्ग में मिला।

एक अन्य विशेष बात यह रही कि आइंस्टाइन दंपती जब तक संबद्ध रहे, आपस में लड़ते रहे, पर जब अलग हुए तो उनके बीच की कड़वाहट उड़न-छू हो गई। तलाक के पश्चात् भी मिलेवा ने अपने आपको 'मिलेवा आइंस्टाइन' कहलाना

जारी रखा। उसने अल्बर्ट को यह राय भी दी कि वे दूसरी शादी कर लें। उसे अल्बर्ट के एल्सा के साथ बढ़ रहे संबंधों की भी जानकारी थी।

तलाक के बाद मिलेवा लगभग पच्चीस वर्ष जीवित रही। वह ज्यादातर बीमार ही रही और छोटे बेटे की समस्याओं से भी जूझती रही।

इधर 2 जून, 1919 को अल्बर्ट आइंस्टाइन ने एल्सा से विवाह कर लिया। बर्लिन की विवाह अदालत में हुए इस विवाह के पश्चात् नवदंपती ज्यूरिख गए। वहाँ पर उन्होंने मिलेवा से दोनों बच्चों के भविष्य की योजना पर चर्चा की। 25 जून को वे बर्लिन आए, पर 28 जून को फिर स्विट्जरलैंड चले गए, जहाँ वे तीन मास तक रहे। 21 सितंबर, 1919 को वे वापस बर्लिन लौट आए।

जब आइंस्टाइन वापस जर्मनी आए तो पूरे जर्मनी में यहूदीवाद फैल रहा था। यहूदियों का एक दल उनसे मिला और उसने अल्बर्ट आइंस्टाइन को यह अहसास करा दिया कि वे यहूदी हैं।

दूसरी ओर जर्मनी में विश्वयुद्ध के दौरान जर्मनों द्वारा बेल्जियम व फ्रांस में किए गए अत्याचारों की भी चर्चा जोरों पर थी। अनेक जगहों पर मुकदमे भी चल रहे थे। आइंस्टाइन की समझ अंतरराष्ट्रीय राजनीति के बारे में अत्यंत कम थी और वे अकसर दो टूक बात कर देते थे, जो जर्मन मूल के लोगों को बुरी तरह अखर जाती थी।

प्रथम विश्वयुद्ध के बाद अल्बर्ट आइंस्टाइन का समय विज्ञान व विज्ञानेतर कार्यों में बराबर–बराबर बँट रहा था। वे वैज्ञानिक सम्मेलनों में खुलकर भाग ले रहे थे और उनके वैज्ञानिक सिद्धांत, जैसे प्रकाश के नियम, गुरुत्वाकर्षण के नियम, सापेक्षता सिद्धांत आदि लोगों की समझ में आने लगे थे। इन पर जब वे व्याख्यान देते थे तो लोग पूरी रुचि व तन्मयता से सुनते थे। पर राजनीतिक मामलों में वे पूरी तरह भ्रमित थे। उन्हें खुद समझ में नहीं आ रहा था कि वे क्या कहें और किसके पक्ष में कहें। विश्वयुद्ध में जीत के बाद मित्र राष्ट्रों का रवैया जर्मनों जैसा ही था। अब अंतरराष्ट्रीय मंचों पर जर्मन विद्वानों का बहिष्कार होने लगा। हेसेन्बर्ग, बोर्न, प्लैंक और आइंस्टाइन जैसे विद्वानों को सम्मेलनों में आमंत्रित किए जाने का तीव्र विरोध होने लगा। हालाँकि यह भी चर्चा होने लगी कि इनके बिना भौतिकी से संबंधित विषयों पर सम्मेलन निरर्थक साबित होंगे। यह उम्मीद की जा रही थी कि समय के साथ कड़वाहट कम होगी, पर वह बढ़ती ही जा रही थी। विश्वयुद्ध के दौरान हुए अत्याचारों के मामले तेजी से प्रकाश में आ रहे थे। जाँच आयोगों की रिपोर्टें प्रकाशित हो रही थीं और पुराने जख्म नासूर बनते जा रहे थे।

एक अच्छी बात यह थी कि अब अनेक सुविख्यात विश्वविद्यालय आइंस्टाइन को अपने यहाँ काम करने के आकर्षक प्रस्ताव दे रहे थे। उधर बर्लिन स्थित आइंस्टाइन के मित्र उन्हें बर्लिन में ही रहने की सलाह दे रहे थे। प्लैंक ने उन्हें स्पष्ट राय दी कि वे बर्लिन छोड़कर स्विट्जरलैंड या किसी अन्य देश में न.जाएँ।

उधर ब्रिटेन में एडिंग्टन ने आइंस्टाइन के सिद्धांतों के आधार पर प्रयोग जारी रखा। सूर्यग्रहण के दौरान हुए अध्ययनों पर विस्तृत चर्चा जारी रही। रॉयल सोसाइटी व रॉयल खगोलीय सोसाइटियों के फैलो गंभीर मंथन के लिए 6 नवंबर, 1919 को एकत्रित हुए। सभास्थल पर वैज्ञानिकों का भारी जमघट था तथा जे.जे. थॉमसन इसकी अध्यक्षता कर रहे थे। अनेक भौतिकशास्त्री, गणितज्ञ, खगोल विज्ञानी वहाँ मौजूद थे। सभी के मस्तिष्क में अनेक सवाल उमड़ रहे थे कि अब तक जिन प्राकृतिक तथ्यों व सिद्धांतों को वे आँख मूँदकर मानते रहे थे, उन पर और अधिक अनुसंधान की आवश्यकता है।

इलेक्ट्रॉन की खोज करनेवाले जे.जे. थॉमसन अपने अध्यक्षीय अभिभाषण के लिए उठे और उन्होंने कहा कि गुरुत्वाकर्षण के बारे में आइंस्टाइन का नवीनतम सिद्धांत अब तक की महानतम वैज्ञानिक उपलब्धियों में से एक है। उस सम्मेलन में सूर्यग्रहण के अवसर पर खींचे गए फोटोग्राफ प्रस्तुत किए गए और प्रायोगिक पुष्टि की गई। लगभग ढाई सौ वर्षों से चले आ रहे न्यूटन के सिद्धांत में तब्दीली की बात मंजूर हो गई।

अब क्या था! वैज्ञानिक लेखकों को लिखने के लिए प्रचुर मसाला मिल गया था। 7 नवंबर, 1919 को जब आइंस्टाइन सवेरे सोकर उठे तो दुनिया बदल चुकी थी। वे अखबारों की हेडलाइन में थे। 'द टाइम्स', 'नेचर' आदि में उनके सिद्धांत के बारे में लंबे-लंबे लेख लिखे गए थे।

उस दिन उनके घर पर पत्रकारों का पूरे दिन ताँता लगा रहा। वैज्ञानिक तथ्यों के साथ-साथ अन्य तथ्यों के बारे में भी सवाल उठ रहे थे। पत्रकारों ने उनके युद्ध संबंधी विचार भी लिये। इस तथ्य को भी प्रमुखता से प्रकाशित किया गया कि जर्मनी में जनमे वैज्ञानिक के सिद्धांतों का प्रायोगिक सत्यापन ब्रिटिश वैज्ञानिकों ने किया और उससे पक्षपात का तो सवाल ही नहीं उठता। एक और खास बात यह थी कि उनके जो फोटोग्राफ उस दिन लिये गए, वे अच्छे दामों पर बिके और उनसे प्राप्त आय का एक भाग भुखमरी के शिकार बच्चों की सहायता पर खर्च किया गया।

ऐसे माहौल में भी अनेक वैज्ञानिक ऐसे थे जो आइंस्टाइन के सिद्धांतों पर शंका कर रहे थे। सर ओलिवर लॉज उनमें से एक थे। अनेक लोगों के मस्तिष्क में अरस्तू,

यूक्लिड, न्यूटन इस कदर छाए हुए थे कि वे नए सिद्धांत को मानने के लिए तैयार ही नहीं थे। कुछ लोग यह सोच रहे थे कि अब तक के सिद्धांतों के आधार पर ब्रह्मांड की संरचना की कल्पना की जाती थी। अब इस नए सिद्धांत के आधार पर संरचना कैसी होगी। वैज्ञानिकों के सामने एक जटिल समस्या उठ खड़ी हुई थी।

उधर आइंस्टाइन के जीवन में विडंबनाओं का ताँता लगा ही हुआ था। उनके काम ने पहले दौर में अंग्रेज वैज्ञानिकों को यह भूलने पर मजबूर कर दिया था कि वे जर्मनी में जनमे हैं, पर उनकी स्मृति में यह बात गहरी दबी हुई थी और जब रॉयल खगोलीय सोसाइटी का स्वर्णपदक आइंस्टाइन को प्रदान करने की बात उठी तो यह बात फिर से उभर आई। प्रारंभ में सोसाइटी का बहुमत आइंस्टाइन के पक्ष में था। आइंस्टाइन इंग्लैंड जाने की तैयारी करने लगे, पर तभी एडिंग्टन का पत्र आया, जिसमें क्षमा-याचना की गई थी। सोसाइटी की जर्मन विरोधी लॉबी अंतिम दौर में अति सक्रिय हो उठी और आइंस्टाइन को स्वर्णपदक से सम्मानित किए जाने का प्रस्ताव ठंडे बस्ते में डाल दिया गया। विरोध कितना तीव्र रहा होगा, इसका अनुमान इस बात से लगाया जा सकता है कि उस वर्ष सोसाइटी का स्वर्णपदक किसी को नहीं मिला।

आइंस्टाइन के पास पत्रों, प्रश्न भरे पत्रों, निमंत्रणों, चुनौतियों का अंबार लगने लगा था। आइंस्टाइन का डाकिया भी परेशान हो गया था और उसे रोज पत्रों का एक गट्ठर लेकर आना पड़ता था। अखबारों की कतरनों का अंबार लग गया था। अंतरराष्ट्रीय विज्ञान जगत् में उनकी ख्याति बढ़ती चली जा रही थी और एक लेखक मॉज्कोवस्की ने आइंस्टाइन के संबंध में एक पांडुलिपि ऐसी तैयार की कि विवाद खड़ा हो गया और आइंस्टाइन की मित्र-मंडली ने उसके प्रकाशन पर रोक लगा दी। इस पुस्तक में विज्ञान के बारे में विकृत विचार व्यक्त किए गए थे।

अब तक आइंस्टाइन धन की कमी से हमेशा परेशान रहते थे, पर अब प्रतिष्ठित पत्रिकाएँ उनके सापेक्षता के सिद्धांत पर आठ-दस पृष्ठ के लेख के लिए हजारों डॉलर देने को तैयार थीं। लोग इस उड़ते बालोंवाले वैज्ञानिक को प्रत्यक्ष देखना भी चाहते थे। अतः उनकी फोटो लगभग हर पत्रिका के कवर पृष्ठ पर होती थी।

एक विशेष बात यह थी कि लगभग पाँच वर्ष तक चले प्रथम विश्वयुद्ध में लोग हत्याओं व विनाश की खबरें पढ़ते आ रहे थे। उन्हें खाइयों, बमों, सामूहिक हत्याकांड की खबरों से घृणा हो चली थी। लोग युद्ध को भूलकर शांति की तलाश में थे। ऐसे में आइंस्टाइन की अद्भुत खोज, विपरीत खेमों के वैज्ञानिकों द्वारा उसकी स्वीकृति, खोज का अद्भुत वर्णन, जिसमें सूर्यग्रहण के अवसर पर प्रकाश की

किरणों को मुड़ते हुए दिखाया गया था, आदि ऐसी चीजें थीं जिन्होंने लोगों के घायल दिलोदिमाग पर मलहम लगाने का काम किया।

जर्मनी के बाहर से फूलों की वर्षा हो रही थी, पर जर्मनी में प्रतिक्रिया मिली-जुली थी। प्लैंक, सोमरफील्ड, हेबर, नेर्स्ट जैसे वैज्ञानिक आइंस्टाइन की योग्यता से प्रभावित थे, पर राजनेताओं सहित अनेक ऐसे लोगों की बड़ी संख्या भी थी, जो ईर्ष्या से भरे हुए थे। उन्हें एक यहूदी की अंतरराष्ट्रीय स्तर की ख्याति पच नहीं पा रही थी।

उनके पैतृक नगर उल्म में तो लोग उन पर गर्व कर रहे थे। आमतौर पर लोगों का मानना था कि उनके शहर में जनमे अल्बर्ट ने भौतिकी में धमाका कर दिया है। वहाँ की परिषद् ने एक प्रस्ताव पारित करके उन्हें बधाई भेजी, जिसे आइंस्टाइन ने स्वीकार किया। जब दो वर्ष बाद आइंस्टाइन को नोबेल पुरस्कार घोषित हुआ तो उल्म की स्थानीय शहर परिषद् ने एक सड़क का नाम उनके नाम पर रखने का प्रस्ताव किया; हालाँकि यह सड़क शहर के बाहरी इलाके में स्थित थी तथा वह इलाका गरीब व पिछड़ा हुआ था। इस शहर के लोग उन्हें शहर का बेटा मानते रहे और सन् 1949 में उन्हें फिर से शहर का सम्मानित नागरिक बनने का प्रस्ताव भेजा गया, आइंस्टाइन ने इसे स्वीकार नहीं किया।

उधर जर्मनी के बाहर से उनके लिए सम्मानों का ताँता जारी था। एक के बाद एक बधाई के तार आ रहे थे। उन्हें अति विशिष्ट प्रोफेसर के पद पर नियुक्ति का प्रस्ताव भी आया, जिसमें वार्षिक वेतन 2000 गिल्डर देने की पेशकश की गई थी। यह नियुक्ति तीन वर्ष के लिए थी और इसमें साल में एक या दो बार ही विश्वविद्यालय जाना था। इससे उनके बर्लिन में चल रहे कार्य में व्यवधान भी नहीं पड़ना था। इत्तफाक से यह प्रस्ताव वहाँ से आया था जहाँ बीस वर्ष पहले आइंस्टाइन के नौकरी के आवेदन को रद्द कर दिया गया था।

आइंस्टाइन नील्स बोह्र से मिले, जिन्होंने कोपेनहेगन में सैद्धांतिक भौतिकी संस्थान की स्थापना की थी। वे प्लैंक के अनुरोध पर व्याख्यान देने भी गए। दोनों में अनेक असमानताएँ थीं। प्लैंक काफी अच्छे लिबास में थे। वे बुजुर्ग लग रहे थे, जबकि आइंस्टाइन के बाल काले थे और ढीले-ढाले कपड़ों में थे।

बोह्र आइंस्टाइन से खासे प्रभावित हुए। दोनों के मध्य लंबी वैज्ञानिक चर्चाएँ हुईं। बोह्र ने व्याख्यान के लिए अनेक जगहों पर आइंस्टाइन के नाम का प्रस्ताव किया।

उधर जर्मनी में संविधान बदल रहा था। 1 जुलाई, 1920 को आइंस्टाइन को नए संविधान की शपथ लेनी पड़ी। साढ़े आठ महीने बाद 15 मार्च, 1921 को उन्होंने पर्शियन संविधान की शपथ ली। थोपी गई जर्मन नागरिकता से वे अकसर दु:खी रहते और कह बैठते कि मैं तो युवावस्था से ही जर्मन राजनीति से चिढ़ता था। मैं तो सारे विश्व का होकर रहना चाहता हूँ।

उधर जर्मनी का एक बड़ा हिस्सा आइंस्टाइन से घृणा करने लगा था। इसका एक कारण आइंस्टाइन की स्पष्टवादिता थी। वे साफ कहते थे कि विश्वयुद्ध में जो जीते उन्होंने इसके लिए भारी कीमत दी। वहाँ पर भी अराजकता मची हुई है और लोगों को चाहिए कि वे वैज्ञानिक प्रगति का उपयोग पुनर्निर्माण के लिए करें। जर्मनी में लोग हार के कारण खार खाए बैठे थे और देशभक्ति की भावना उन्हें दोबारा लड़ने और जीतने के लिए प्रेरित कर रही थी। वे शांतिवादियों और विश्व बंधुत्व की बात करनेवालों पर विश्वास करने के लिए बिलकुल तैयार नहीं थे। उन्हीं दिनों एक मार्च आयोजित हुआ था, जिसमें भाग लेनेवालों ने स्वास्तिक चिह्न को उलटे रूप में अपने हेलमेट पर लगा रखा था। यह स्वास्तिक चिह्न भारत में पवित्र माना जाता है।

जर्मनों के मन में मित्र राष्ट्रों की सेना द्वारा किए गए अत्याचार की यादें ताजा थीं। उन्हें यह भी याद था कि नेर्स्ट व हेबर जैसे वैज्ञानिक देश के हित में युद्ध में कूद पड़े थे, जबकि आइंस्टाइन पूरे विश्वयुद्ध के दौरान प्रयोगशाला में बैठकर सैद्धांतिक भौतिकी संबंधी अनुसंधान कर रहे थे। आज वे ख्याति पाकर बड़ी-बड़ी बातें कर रहे हैं।

जाहिर है, आइंस्टाइन के विरोध के सुर गति पकड़ने लगे। हालात भी तेजी से बदल रहे थे। आइंस्टाइन भी खुलकर स्थानीय गतिविधियों का विरोध अपने पत्रों में कर रहे थे और जर्मनी में सत्ता संघर्ष भी बढ़ता जा रहा था। इसी माहौल में आइंस्टाइन-विरोध आंदोलन भी आरंभ हो गया।

विरोध का तरीका अनेक प्रकार का था। उनके व्यक्तित्व पर भी प्रहार किया जा रहा था और उनके सापेक्षता सिद्धांत पर भी। यहूदी होने के कारण उनसे घृणा करनेवालों की भी बड़ी संख्या थी। विरोध में विचित्र तर्क दिए जा रहे थे। एक ने कह दिया कि यह सापेक्षता का सिद्धांत जर्मन मूल भावना के खिलाफ है। अनेक विश्वविद्यालय शिक्षक सापेक्षता के सिद्धांत को गलत तरीके से प्रस्तुत करके उसे बकवास बताने लगे। समय-समय पर ऐसे सम्मेलन होते, जिनमें वक्ता न सिर्फ सापेक्षता के सिद्धांत को गलत बताते वरन् उसे तोड़-मरोड़कर असंतुलित बताकर लोगों से अपील करते कि उसे न माना जाए।

मजे की बात यह थी कि आरंभिक दौर में आइंस्टाइन स्वयं इस प्रकार के सम्मेलनों में भाग लेते तथा वक्ताओं की खीझ का आनंद लेते थे। वे बीच-बीच में ठहाका लगाकर हँसते और तालियाँ बजाते थे। सम्मेलन समाप्त होने पर वे आयोजकों को मनोरंजक कार्यक्रम प्रस्तुत करने के लिए धन्यवाद देते थे।

अपने आलोचकों की अवैज्ञानिक आपत्तियों का जवाब देने के लिए आइंस्टाइन ने एक अखबार के कॉलम का सहारा लिया, जो कि उस समय अनहोनी बात थी। उन्होंने सापेक्षता के सिद्धांत विरोधी कंपनी को संबोधित करते हुए उन आशंकाओं का उत्तर दिया जो उनके सिद्धांत के संबंध में व्यक्त की जा रही थीं। यह तरीका इस समय इतना विचित्र व खतरनाक माना जाता था कि उनके घनिष्ठ वैज्ञानिक मित्र भी सकते में आ गए। उन्हें महसूस हुआ कि आइंस्टाइन सचमुच बुरी तरह आहत हुए हैं।

अपने मित्रों की चिंता पर प्रतिक्रिया व्यक्त करते हुए आइंस्टाइन ने कहा कि मेरे लिए यह आवश्यक है, क्योंकि शहर का बच्चा-बच्चा मुझे मेरे फोटोग्राफ से जानता है तथा बर्लिन में बने रहने के लिए मेरे लिए यह अत्यावश्यक है।

इस तरह आइंस्टाइन पर दोतरफा दबाव पड़ने लगा। एक ओर उनके विरोधी उन्हें बर्लिन से भगाने की फिराक में थे और दूसरी ओर उनके विश्वविद्यालय के वैज्ञानिक मित्र उन्हें जर्मनी में ही रहते देखना चाहते थे। उधर ब्रिटिश विश्वविद्यालयों से भी उनके लिए निमंत्रण आ रहे थे।

इसी बीच इस विवाद की चर्चा जर्मनी के शिक्षामंत्री तक पहुँची। उन्होंने पत्र लिखकर उस स्थिति पर चिंता व्यक्त की। आइंस्टाइन ने उनके पत्र का समुचित उत्तर दिया, पर विवाद थमने का नाम ही नहीं ले रहा था। अब जब भी किसी सम्मेलन में आइंस्टाइन जाते तो उन्हें जोरदार टोका-टोकी का सामना करना पड़ता था।

इसी बीच आइंस्टाइन ने जर्मनी में उन लोगों के साथ उठना-बैठना आरंभ कर दिया, जो अगले संभावित युद्ध का मुखर विरोध कर रहे थे। उन्होंने मानवाधिकारों के पक्षधर एक जुलूस में भी भाग लिया, जिसमें पचास-साठ हजार लोगों ने सहभागिता की थी। जर्मनी में अनेक लोग गणतंत्र की स्थापना के लिए भी संगठित हो रहे थे। ऐसी परिस्थितियों में आइंस्टाइन ने फैसला कर लिया कि चाहे जो हो, वे जर्मनी में ही रहेंगे।

□

नोबेल पुरस्कार के बाद

जर्मनी में यहूदी-विरोध जोर पकड़ने लगा। आइंस्टाइन के पास विदेशों से आमंत्रण लगातार आ रहे थे और वे अनेक आमंत्रणों को स्वीकार करके विदेश यात्रा पर जा भी रहे थे। पर उन्हें अपना अत्यधिक प्रचार अच्छा नहीं लग रहा था। वे जहाँ भी व्याख्यान के लिए जाते, सुननेवालों की भारी भीड़ जुट जाती थी। प्राग, वियना जैसे शहरों में उनसे प्रश्न पूछनेवालों की लंबी कतार लग जाती थी। व्याख्यान के दौरान चित्रकार उनके चित्र बना देते थे। वियना में एक अंग्रेज चित्रकार ने उनका चित्र बनाया और उनसे निवेदन किया कि वे उसपर हस्ताक्षर कर दें, पर आइंस्टाइन को लगा कि उस चित्रकार ने उनकी तसवीर चीनियों जैसी बना दी है और उन्होंने हस्ताक्षर करने से इनकार कर दिया।

उनकी नई पत्नी एल्सा उनका पूरा ध्यान रखती थी। वह जानती थी कि उनके भुलक्कड़ वैज्ञानिक पति को कुछ याद नहीं रहता है, इसलिए वह जरूरत की सभी चीजों को कायदे से पैक करती थी। दूसरी ओर आइंस्टाइन हर बार कुछ-न-कुछ भूल ही आते थे।

जर्मनी में रहते हुए यहूदी-विरोध के वातावरण में आइंस्टाइन ने एक और अनोखा कार्य प्रारंभ किया। यहूदियों ने येरूशलम में हिब्रू विश्वविद्यालय का निर्माण आरंभ किया था। आइंस्टाइन ने उसके लिए धन जुटाने का बीड़ा उठा लिया। उन्होंने इसके लिए अमेरिका जाकर विशेष रूप से व्याख्यान देने का निश्चय किया, ताकि इससे जो आय हो उसे विश्वविद्यालय के निर्माण में खर्च किया जाए। फरवरी 1921 में इसके लिए उन्हें अमेरिका से निमंत्रण भी मिलने लगे।

इसके साथ ही एक समस्या भी उठ खड़ी हुई। आइंस्टाइन का अंग्रेजी ज्ञान अत्यल्प था। उन्हें फ्रेंच भी टूटी-फूटी ही आती थी। उन्होंने प्रस्ताव किया कि वे जर्मन में ही बोलेंगे; पर उनकी ख्याति इतनी बढ़ चुकी थी कि उनकी यह बात मान

ली गई और मार्च 1921 में वे अमेरिका रवाना हो गए। इसी बीच उन्हें इंग्लैंड से भी ऐसा ही निमंत्रण मिला।

लेकिन इस बीच एक परिवर्तन देखने को मिला। साक्षात्कारों के दौरान आइंस्टाइन सावधान रहने लगे। उन्होंने अमेरिका में यहूदी छात्रों को भी संबोधित किया और हिब्रू विश्वविद्यालय के बारे में विस्तार से बतलाया। उन्होंने जोर देकर कहा कि यह विश्वविद्यालय मात्र पसंद की नहीं वरन् आवश्यकता की वस्तु है।

आइंस्टाइन इंग्लैंड भी पूरे उत्साह के साथ गए और यह भूल गए थे कि उस देश में मुझे प्रतिष्ठित रॉयल खगोलीय सोसाइटी का मेडल देकर छीन लिया गया था। इंग्लैंड में भी वे जर्मन में ही बोले। लोगों ने उन्हें बड़े ध्यान से सुना और उन्हें इंग्लैंड में 'डॉक्टर ऑफ साइंस' की उपाधि से सम्मानित किया गया। विश्वयुद्ध के बाद के उस माहौल में यह बड़ी बात थी।

लंदन में उनके मेजबान हाल्डेन थे, जिन्हें जर्मनी में भी गहरी दिलचस्पी थी और आइंस्टाइन में भी। यहाँ आइंस्टाइन की मुलाकात ख्याति-प्राप्त वैज्ञानिकों एडिंग्टन, जे.जे. थॉमसन आदि से हुई। युद्ध के बाद के माहौल में आइंस्टाइन की यात्रा राजदूत की यात्रा जैसी थी। अनेक जगहों पर हाल्डेन ने आइंस्टाइन का परिचय कराते हुए कहा कि आज ब्रिटेन जर्मनी के प्रति आभार व्यक्त करता है कि उसने दुनिया को आइंस्टाइन जैसा वैज्ञानिक दिया। यह वैसा ही है जैसाकि जर्मनी अभी तक ब्रिटेन के प्रति आभार व्यक्त करता रहा कि न्यूटन का जन्म इंग्लैंड में हुआ था।

आरंभ में आशंका थी कि आइंस्टाइन के व्याख्यानों के बीच जर्मन मूल के कारण विरोध किया जाएगा, पर जब व्याख्यान सफल रहे तो दूरस्थ ऑस्ट्रेलिया के विश्वविद्यालयों से भी निमंत्रण आने लगे। जिन जगहों पर आइंस्टाइन गए, वहाँ के अखबारों ने उनके बारे में, उनके वैज्ञानिक सिद्धांतों के बारे में और उनके अन्य विचारों के बारे में विस्तार से छापा।

जब वे लौटकर जर्मनी आए तो ऐसे पहले जर्मन माने गए जिसने प्रथम विश्वयुद्ध के विजेता मित्र राष्ट्रों में जाकर अपना सिक्का जमाया। इस बीच जर्मनी में माहौल सुधारने के प्रयास भी चल रहे थे। 1 जुलाई, 1921 को आइंस्टाइन ने जर्मन रेडक्रॉस द्वारा आयोजित एक भोज में भाग लिया। उस अवसर पर उन्होंने अपने अमेरिका व ब्रिटेन प्रवास के दौरान वहाँ के वैज्ञानिकों के व्यवहार की चर्चा की।

इतने सारे सम्मानों को पाने के बाद भी आइंस्टाइन सामान्य लहजे से ही बातचीत करते थे। वे यह भूल जाते थे कि अब वे विश्वविख्यात व्यक्ति हैं और उनकी बात को न सिर्फ महत्त्व दिया जाएगा वरन् अलग-अलग तरीकों से प्रस्तुत भी

किया जाएगा। वे अब भी कई बार मजाकिया लहजे में ऐसी बातें कह जाते थे जिनका गलत अर्थ आसानी से लगाया जा सकता था। रेडक्रॉस के भोज में उन्होंने इंग्लैंड को जर्मन समर्थक तथा अमेरिका को जर्मन–विरोधी बता दिया। इस बात को 'न्यूयॉर्क टाइम्स' ने प्रकाशित भी कर दिया।

इसी तरह एक बार उन्होंने किसी संदर्भ में यह कह दिया कि अमेरिकी लोग महिलाओं के पालतू कुत्तों की तरह हैं, जो उनके लिए अनाप–शनाप पैसा अनाप–शनाप तरीकों से खर्च करते रहते हैं। उनका यह वक्तव्य भी 'न्यूयॉर्क टाइम्स' में छप गया। इस प्रकार की खबरों की चर्चा जोरों से उठी और अनेक लोग अब उन्हें अमेरिका विरोधी भी मानने लगे। आइंस्टाइन के मित्रों ने इसका खंडन छपवाने का भी प्रयास किया, पर उक्त संवाददाता ने एक बार फिर दृढ़तापूर्वक कह दिया कि जो पहले छपा था वही सही है।

इसके साथ ही विवाद और तीव्र हो गया। एक अखबार के संपादकीय में लिखा गया कि डॉ. आइंस्टाइन को कभी माफ नहीं किया जा सकता, क्योंकि उन्होंने अपने अमेरिकी मेजबानों का मजाक उड़ाया है। इन मेजबानों ने उन्हें महान् मानकर उनकी खातिरदारी की और सम्मान दिया, पर आइंस्टाइन तो एक क्षुद्र व्यक्ति निकले। ऐसे विख्यात वैज्ञानिक से यह अपेक्षा नहीं की जा सकती।

आइंस्टाइन को पता चल गया कि उनकी बातों को दूसरे अर्थ में लिया गया है। लेकिन अब देर हो चुकी थी। इस विवाद और अपने ऊपर लग रहे आक्षेपों का आइंस्टाइन ने बुरा नहीं माना और मित्र राष्ट्रों के साथ जर्मनी के वैज्ञानिक संबंधों के विकास के लिए उन्होंने प्रयास जारी रखे। सन् 1922 के आरंभ में वे फ्रांस गए। फ्रांस यात्रा का आमंत्रण उन्हें सन् 1913 में ही मिल गया था, पर विश्वयुद्ध के कारण वे नहीं जा पाए थे।

दोबारा निमंत्रण मिलने पर जब वे तैयार होने लगे तो अनेक आशंकाएँ व्यक्त की जाने लगीं। अनेक लोग कहने लगे कि फ्रांस में उनका जर्मन होने के कारण विरोध होगा; पर फ्रांस के मंत्री जो अच्छे गणितज्ञ भी थे, उन्हें बुलाने के पक्ष में थे। इधर जर्मन शासन में भी अनेक शक्तिशाली लोग आइंस्टाइन का मन–ही–मन सम्मान भी करते थे और समर्थन भी। इस कारण उनके फ्रांस जाने में कोई बाधा उत्पन्न नहीं हुई।

आइंस्टाइन फ्रांस यात्रा पूरी करके बेल्जियम भी गए। अब वे सिर्फ वैज्ञानिकों के लिए ही नहीं वरन् साहित्यकारों के लिए भी आकर्षण के केंद्र बन चुके थे। उनकी शक्ल–सूरत, कद–काठी का अब सुंदर व रोचक वर्णन किया जाने लगा था।

खगोलशास्त्री चार्ल्स नॉर्डमैन ने जब उनके साथ यात्रा की तो उनके अंदर का साहित्यकार उभरकर बाहर आ गया और उन्होंने आइंस्टाइन के चेहरे-मोहरों से लेकर कंधों तक का वर्णन कर डाला। आँखें, नाक, ठोड़ी आदि का वर्णन ऐसा किया मानो किसी फिल्मी कलाकार का वर्णन किसी फिल्मी पत्रिका के लिए किया जा रहा हो।

अब लोग आइंस्टाइन के दार्शनिक विचार भी सुनने लगे थे। आइंस्टाइन अपने सापेक्षता सिद्धांत को दर्शन से जोड़ने लगे थे और दार्शनिक तरीके से प्रस्तुत करने लगे थे। इन स्वागत-सत्कारों के बीच विरोध भी जारी था। उन दिनों प्रथम विश्वयुद्ध के पश्चात् लीग ऑफ नेशंस का गठन हो चुका था, जिसके तहत शांति प्रयास चल रहे थे। लेकिन जर्मनी उसका सदस्य नहीं बना था। फ्रांस यात्रा के दौरान आइंस्टाइन को इस कारण भी विरोध झेलना पड़ा था। इस कारण जब एक बार आइंस्टाइन व्याख्यान के लिए कक्ष में जब घुसे तो फ्रेंच अकादमी के तीस सदस्य बाहर चले गए।

आइंस्टाइन यात्रा के दौरान फ्रेंच मीडिया भी विभाजित रहा। फ्रांसीसियों को विश्वयुद्ध के दौरान ब्रिटेन की अपेक्षा ज्यादा नुकसान हुआ था और उसकी यादें अभी ताजा थीं। युद्ध में 13 लाख 50 हजार लोग या तो मारे गए थे या गायब थे। आइंस्टाइन को भी इस बात का अहसास था। अपनी फ्रांस यात्रा के अंतिम दिन वे युद्ध के उन मैदानों में भी गए। उन्होंने जर्मनों द्वारा किए गए आक्रमणों से प्रभावित इलाके भी देखे। उन्होंने देखा कि गाँव-के-गाँव तबाह व निर्जन हो गए हैं। जगह-जगह खाइयाँ खोदी गई हैं। पूरे-के-पूरे जंगल उड़ा दिए गए हैं।

आइंस्टाइन यह सब देखकर काँप उठे। उन्हें लगा कि जब युद्ध की विभीषिका का अब तक यह हाल है तो युद्ध के दौरान कैसी तबाही मची होगी! उन्हें लगा कि मीडिया में जैसा प्रचार अब तक हुआ है, युद्ध तो उससे कहीं ज्यादा विनाशकारी है।

एक जगह उन्होंने जहरीली गैस से नष्ट फार्मों व पेड़ों को देखा तो वे तड़प उठे, ''जर्मनी के सभी छात्रों को यहाँ लाकर दिखलाना चाहिए। जर्मनी ही क्यों, सारे संसार के छात्रों को यहाँ लाकर दिखाना चाहिए। लोगों के मन में युद्ध की दूसरी छवि बसी है। साहित्य व पुस्तकें युद्ध का वर्णन करने के लिए पर्याप्त नहीं हैं। बरबादी को देखकर ही युद्ध का कुछ, पर ज्यादा वास्तविक अनुमान लग सकता है।''

आइंस्टाइन ने अनेक युद्ध के मैदानों का दौरा किया और वहाँ हुई बरबादी का नजारा अपनी आँखों से देखा। उनके पास अपने अचंभे को व्यक्त करने के लिए शब्द नहीं थे। एक जगह वे दोपहर के भोजन के लिए रुके। भोजन करके जब वे उठे तो पास में बैठे दो फ्रेंच सैनिक अधिकारी, जो वरदी में थे, उठे और उन्होंने

आइंस्टाइन को सैल्यूट किया। वे काफी देर से आइंस्टाइन को देख रहे थे और पहचान चुके थे।

इसी बीच आइंस्टाइन के सापेक्षता सिद्धांत पर फ़िल्म भी बन चुकी थी। पर इससे पहले कि यह फिल्म सफल घोषित होती, आइंस्टाइन की एक टिप्पणी ने विवाद खड़ा कर दिया। उन्होंने कह दिया कि इस फिल्म के निर्माण में उनका कोई हाथ नहीं है और वे तो इसके शीर्षक से भी सहमत नहीं हैं। पर फिल्म आखिरकार सफल रही और अटलांटिक महासागर पार करके दूर-दूर के देशों में दिखलाई गई।

फ्रांस यात्रा के पश्चात् आइंस्टाइन के पास निमंत्रणों की बाढ़ आ गई। इधर ज्यूरिख से निमंत्रण आया और उधर जर्मनी में हालात बिगड़ने लगे। वाल्टर राथे उदारवादी नेता माने जाते थे और आइंस्टाइन के अच्छे शुभचिंतकों में से थे। 24 जून, 1922 को दक्षिणपंथी आतंकवादियों ने उनकी हत्या कर दी थी। वे यहूदी मूल के थे। इससे पहले एक अन्य यहूदी नेता को आक्रमणकारियों ने बुरी तरह घायल कर दिया था।

वाल्टर राथे कुछ मास पूर्व ही जर्मनी के विदेशमंत्री बने थे और मित्रता के बावजूद आइंस्टाइन ने उनके मंत्री बनने पर खेद व्यक्त किया था। शायद उन्हें राथे के भविष्य का अहसास हो चला था। राथे ने मंत्री बनते ही रूस के साथ कूटनीतिक संबंध बहाल कराने में सफलता हासिल की थी। दोनों के बीच आर्थिक सहयोग भी आरंभ हो गया था। यह सब अमेरिका, ब्रिटेन व फ्रांस की जानकारी के बिना हुआ था। अनेक लोगों को ऐसा लगने लगा था कि वर्तमान जर्मन प्रशासन विशेष रूप से यहूदी वामपंथ की ओर बढ़ रहे हैं। विभाजन की रेखाएँ स्पष्ट होती जा रही थीं।

राथे की हत्या ने इस विभाजन को और स्पष्ट कर दिया था। उनके अंतिम संस्कार के दिन राष्ट्रीय शोक की घोषणा की गई थी और सभी स्कूल, कॉलेज एवं विश्वविद्यालयों को बंद रखने का आदेश दिया गया था। पर कुछ लोगों ने जान-बूझकर अपनी गतिविधियाँ जारी रखीं। इस माहौल में एक चर्चा और चल पड़ी कि आइंस्टाइन भी यहूदी हैं और राथे के निकटतम रहे हैं। हत्यारों का अगला शिकार कहीं वे ही न बन जाएँ।

उपर्युक्त अफवाह निराधार नहीं थी। एक वर्ष पहले जब आइंस्टाइन अमेरिका गए थे और उन्होंने वहाँ असाधारण प्रसिद्धि पाई थी, तब बर्लिन में एक जर्मन युवक ने आइंस्टाइन की हत्या के लिए सुपारी ली थी। अनेक पढ़े-लिखे लोग, विश्वविद्यालय के प्रोफेसर भी आइंस्टाइन के साथ-साथ सभी यहूदियों से बुरी तरह चिढ़ते थे और खुलेआम कहते थे कि यदि इन लोगों को गोली मार दी जाए तो यह एक तरह की

देश-सेवा ही होगी। बाद में वह युवक पकड़ा गया था, पर दंडस्वरूप उसे मामूली जुर्माना ही हुआ था।

आइंस्टाइन को भी हालात का पूरा अहसास हो चला था। 4 जुलाई को उन्होंने मैडम क्यूरी को लिखे पत्र में इन परिस्थितियों का वर्णन किया था। अब उन्होंने व्याख्यानों के आमंत्रणों को भी अस्वीकार करना प्रारंभ कर दिया था। मैक्स प्लैंक को लिखे पत्र में उन्होंने जिक्र किया कि अब उनका बर्लिन में और अधिक रहना खतरे से खाली नहीं है। सार्वजनिक स्थलों पर उपस्थिति तो कहीं भी दुःखद घटना को जन्म दे सकती है।

पर ऐसे लोगों की भी कमी नहीं थी जो इन हालातों में भी उन्हें सार्वजनिक जीवन में बने रहने तथा स्वतंत्र रूप से गतिविधियाँ करने के लिए प्रेरित कर रहे थे। मैडम क्यूरी ने उन्हें पत्र लिखकर लीग कमीशन में बने रहने का अनुरोध किया। उन्होंने यह भी कहा कि ऐसा करके वे राथे की इच्छाओं का सम्मान करेंगे।

इसी बीच आइंस्टाइन को जोश भी आ रहा था। एक बार उन्होंने कहा कि अब एक यहूदी के लिए जर्मन समुदाय में या अंतरराष्ट्रीय समुदाय में बुद्धिजीवी के रूप में कार्य करना लगभग असंभव है, पर उत्तेजना की यह अवस्था मुझे भा रही है। अब मैं किसी भी परिस्थिति के लिए तैयार हूँ।

लोग अब भी उनपर व्याख्यानों के लिए जोर दे रहे थे। ज्यों ही चर्चा उठती कि आइंस्टाइन व्याख्यान देने आ रहे हैं, तो सापेक्षता-विरोधी दल भी सक्रिय हो उठता। परचे बँटने आरंभ हो जाते। कीचड़ भी उछलने लगता था।

ऐसे ही माहौल में सन् 1922 में उन्हें नोबेल पुरस्कार देने की घोषणा हुई। हालाँकि यह पुरस्कार उन्हें कई वर्ष पूर्व मिल जाना चाहिए था, पर इस पुरस्कार ने जर्मनी में उनके विरोध की आग में घी की बड़ी मात्रा डाल दी। विशेष बात यह भी थी कि उनका सापेक्षता सिद्धांत बहुचर्चित था, पर नोबेल पुरस्कार उनके प्रकाश संबंधी सिद्धांत 'फोटो इलेक्ट्रिक इफैक्ट' पर दिया गया था। आइंस्टाइन ने इसके जरिए प्रकाश के प्रभाव से इलेक्ट्रॉन के उत्सर्जन की प्रक्रिया को समझाया था। सन् 1920 के दशक के आरंभ में इस सिद्धांत का व्यावहारिक उपयोग भी होने लगा था।

नोबेल पुरस्कार की घोषणा की तीखी प्रतिक्रिया हुई। एक वैज्ञानिक ने स्वीडिश नोबेल अकादमी को पत्र लिखकर आरोप लगाया कि अकादमी आइंस्टाइन की प्रतिष्ठा अनावश्यक रूप से बढ़ा रही है, जबकि उनके सापेक्षता सिद्धांत में अनेक खामियाँ हैं।

दूसरी ओर स्टॉकहोम में जर्मन व स्विस, दोनों दूतावासों ने आइंस्टाइन को अपना नागरिक बताया। इसके साथ ही एक विवाद और खड़ा हो गया कि पुरस्कार ग्रहण करते समय समारोह में किस देश के राजदूत को साथ रहने का सम्मान हासिल होगा। इसके लिए आरोपों व प्रत्यारोपों का सिलसिला प्रारंभ हो गया। यह महत्त्वपूर्ण बात थी, क्योंकि नोबेल पुरस्कार वितरण समारोह में स्वीडन के राजा स्वयं राजकीय बुके प्रदान करते हैं।

दोनों ही देश आइंस्टाइन के अपने यहाँ निवास पर प्रकाश डालने लगे। खींचातानी बढ़ती रही। अंततः आइंस्टाइन पुरस्कार वितरण के दिन्न अर्थात् 11 दिसंबर, जो अल्फ्रेड नोबेल की पुण्यतिथि है, को यूरोप के बाहर रहे और स्वयं पुरस्कार नहीं ले सके। उनकी ओर से जर्मन राजदूत ने पुरस्कार ग्रहण किया और बर्लिन में आइंस्टाइन को सौंप दिया। यहाँ पर विशेष बात यह थी कि बर्लिन में स्विस राजदूत ने स्वयं उन्हें यह पुरस्कार सौंपा। आइंस्टाइन ने इसके लिए सहमति दे दी थी।

विडंबनाओं से पूर्ण माहौल में आइंस्टाइन की नागरिकता पर फिर से विवाद आरंभ हो गया। 13 जनवरी, 1923 को जर्मन विज्ञान मंत्री ने निर्देश जारी किया कि राजकीय सेवाओं में कार्यरत सभी व्यक्ति अनिवार्य रूप से जर्मन होंगे और इस नाते आइंस्टाइन सन् 1914 से ही जर्मन हैं।

उधर आइंस्टाइन इस तथ्य को मानने से कतराते रहे। इसपर 14 मई, 1923 को जर्मन मंत्री ने उन्हें कड़ा पत्र लिखा तथा सलाह दी कि यदि उनके मन में नागरिकता के विषय में कोई संदेह है तो वे संबंधित वरिष्ठ अधिकारी से मिलें। छह महीने बाद पत्रानुसार आइंस्टाइन ने मुलाकात भी की। मुलाकांत में उन्हें फिर स्पष्ट कर दिया गया कि वे जर्मन नागरिक ही हैं।

उधर आइंस्टाइन स्वयं पुरस्कार नहीं ले पाए और इधर पुरस्कार में मिली धनराशि सीधे मिलेवा को चली गई। पर साथ ही आइंस्टाइन की आर्थिक स्थिति सुदृढ़ होती गई। अब लोग न सिर्फ व्याख्यानों के लिए कतार में खड़े होते थे वरन् प्रकाशक उनकी रचनाओं के लिए मोटी रकम का प्रस्ताव लेकर आने लगे थे।

पर सीधे-सादे आइंस्टाइन को धोखा देनेवालों की भी कोई कमी नहीं थी। एक जापानी प्रकाशक ने उनकी बहुमूल्य शोध सामग्री सस्ते में हथिया ली। सुदूर चीन, जापान से आइंस्टाइन के लिए आमंत्रण आने लगे। उनके व्याख्यानों के लिए अच्छे अनुवादक ढूँढ़े जाते थे, जो स्थानीय जनता को उनके कार्यों के बारे में बतलाते थे।

आइंस्टाइन जापान से काफी प्रभावित थे। उन्हें वहाँ के लोग और उनका व्यवहार बहुत भाया। उन्हें जापान एक सुंदर व सुसंस्कृत देश लगा।

जापान से वापस आते हुए आइंस्टाइन फिलिस्तीन भी रुके, जहाँ पर हिब्रू विश्वविद्यालय का निर्माण पाँच वर्ष पूर्व प्रारंभ हो चुका था। उन्हें इससे बड़ा लगाव था। इसके बाद आइंस्टाइन पत्नी एल्सा के साथ स्पेन पहुँचे।

यहाँ पर स्थित विज्ञान अकादमी में उनके व्याख्यान को राजा अल्फोंस तेरहवें ने भी सुना। मैड्रिड विश्वविद्यालय के रैक्टर ने प्रस्ताव किया कि न सिर्फ अल्बर्ट आइंस्टाइन वरन् उनके बेटे को भी मानद डॉक्टरेट की उपाधि दी जाए। स्पेन के शिक्षा मंत्री ने आइंस्टाइन को एक मकान देने का प्रस्ताव किया। इसी दौरान उन्हें पता चला कि 20 मार्च को उल्म में नागरिक परिषद् ने एक और सड़क का नाम आइंस्टाइन के नाम पर रख दिया है।

विवादों से बचना आइंस्टाइन के भाग्य में था ही नहीं। मैड्रिड आने से पूर्व बार्सिलोना में आइंस्टाइन ने कामगारों की एक सभा को संबोधित किया था। ये कामगार सीधी लड़ाई के जरिए उद्योग पर हक जमाने के पक्ष में थे। आइंस्टाइन के व्याख्यान के कुछ अंश 'द टाइम्स' अखबार में छपे, जिनमें कहा गया था कि मैं भी क्रांतिकारी हूँ, पर मैं विज्ञान के क्षेत्र में क्रांति लाने का प्रयास कर रहा हूँ। उन्होंने आगे कहा कि आप लोग किसी विषय के सिर्फ बुरे पहलू पर नजर डालते हैं, अच्छे पर नहीं।

वैसे इस वक्तव्य में कोई गलत बात नहीं थी, पर वहाँ के वाम समर्थक अखबारों ने नमक-मिर्च लगाकर छापना आरंभ कर दिया। अंततः आइंस्टाइन को अपनी स्थिति स्पष्ट करनी पड़ी।

जब आइंस्टाइन वापस बर्लिन पहुँचे तो उन्हें समाचार मिला कि अगले सूर्यग्रहण में भी उनके सिद्धांत का सत्यापन हो चुका है और अब विवाद की गुंजाइश ही नहीं बची है। आइंस्टाइन के पक्षधर व विपक्षी दोनों ही गुटों के वैज्ञानिकों ने इसमें पूरी रुचि ली थी। अमेरिका से लेकर ऑस्ट्रेलिया तक प्रायोगिक परिणाम अखबारों में छपे। इस बार मौसम भी सुहावना था और बेहतर तसवीरें प्राप्त हुईं। 21 सितंबर, 1922 को 'द टाइम्स' ने विस्तृत रिपोर्ट प्रकाशित की। इसमें प्रकाश की किरणों को मुड़ते हुए दिखाया गया था।

जर्मनी आकर आइंस्टाइन ने सोचा कि अब बहुत लंबी यात्रा हो चुकी है, अब यहीं रहेंगे। वातावरण भी बेहतर लग रहा था। पर रूस से आमंत्रण आ गया था। 15 सितंबर, 1923 को अखबार में छपा कि आइंस्टाइन इस महीने रूस जाने वाले हैं।

रूस के नए साम्यवादी शासन के बारे में तरह-तरह की चर्चाएँ चल रही थीं। उन्हीं के साथ आइंस्टाइन की यात्रा के बारे में भी कहानियाँ गढ़ी जाने लगीं।

उधर जर्मन शासन के वामपंथियों से संबंधों पर चर्चा पहले से ही चल रही थी। जर्मनों को लग रहा था कि रूस यहूदियों को अपने प्रभाव में लेने का प्रयास कर रहा है। घृणा का वातावरण इतना बढ़ गया कि जब आइंस्टाइन अपने एक यहूदी मित्र के घर रात्रि भोजन के लिए गए तो उसने सलाह दी कि अब वे रात-बिरात न निकला करें, क्योंकि उनकी जान को जबरदस्त खतरा है। उनके अन्य मित्र प्लैंक आदि भी उनके बारे में चिंतित रहने लगे।

इसी बीच एक बार आइंस्टाइन हॉलैंड भी गए और नवंबर 1923 के अंत में लौटे। नोबेल पुरस्कार पाने के बाद उनके घर आने-जानेवालों का ताँता लगा रहता था। अनेक बड़े-बड़े लोग उनके यहाँ आते थे। उधर आइंस्टाइन अपनी पूरी सादगी से उनसे मिलते थे। उन्हें सम्मानित करने के प्रस्ताव पूर्व में जापान और पश्चिम में अमेरिका से आ रहे थे।

लेकिन आइंस्टाइन के मन में अलग ही सपना था। वे यहूदियों की मातृभूमि को आजाद कराना चाहते थे। यह स्थान उस समय फिलिस्तीन कहलाता था। वे नए यूरोप का निर्माण चाहते थे, जिसमें चारों ओर शांति हो। वे पूरे संसार को एक सूत्र में पिरोया हुआ देखना चाहते थे।

उनके मन में राजनीतिक आकांक्षाएँ थीं, पर उनके वैज्ञानिक मित्र रदरफोर्ड, मैडम क्यूरी आदि उन्हें वैज्ञानिक क्षेत्र में ही सीमित रखना चाहते थे।

उनके नाम का प्रयोग अनेक छोटे-बड़े कार्यों के लिए हो रहा था। उनके नाम पर धनवान् यहूदी भावी इजराइल के लिए बड़ी-बड़ी धनराशि दे देते थे। शांति बहाल करने के इच्छुक लोग उनका नाम अपने प्रयासों के लिए इस्तेमाल कर रहे थे।

हालाँकि आइंस्टाइन को पता था कि कट्टरपंथी लोग इन मुहिमों के विरोधी थे और इस कारण वे आइंस्टाइन का तरह-तरह से विरोध भी कर रहे थे, पर आइंस्टाइन को इसकी बिलकुल परवाह नहीं थी।

□

बदलते हालात

जर्मनी में हालात तेजी से बदल रहे थे। युद्ध के बाद आर्थिक स्थिति तेजी से बदली और अब पराकाष्ठा पर पहुँच चुकी थी। पूरे विश्व में मंदी का दौर चल रहा था और भुखमरी चारों ओर फैल रही थी।

बदलते हालात का अंदाजा इस बात से लगाया जा सकता है कि युद्ध से पूर्व बर्लिन के कैसर विल्हेम संस्थान में भौतिकी के प्रोफेसर का वेतन 75,000 मार्क था, जो 17,750 डॉलर के समतुल्य था। युद्ध के बाद घटते-घटते यह 22,000 मार्क तक पहुँच गया, जो 1,125 डॉलर के समतुल्य था। हर प्रोफेसर 20 प्रतिशत से कम वेतन पर कार्य करने के लिए मजबूर था।

धनाभाव के कारण वैज्ञानिक बैठकें कम ही आयोजित हो पा रही थीं। प्रोफेसरों के लिए अपने सहायकों को नियमित वेतन देना कठिन हो गया था। व्याख्यान होते भी थे तो लोग सुनने नहीं आ पाते थे, क्योंकि किराया-भाड़ा बढ़ चुका था। बुद्धि-जीवी समाज बुरी तरह त्रस्त था।

लेकिन आइंस्टाइन की स्थिति भिन्न थी। उनकी पुस्तकें धड़ाधड़ बिक रही थीं और रॉयल्टी की अच्छी रकम आ रही थी। उनके धनी उद्योगपति मित्र स्वेच्छा से उनके बैंक खाते में पैसा जमा कर जाते थे और उन्हें अपने सहायकों को अब वेतन देने में कोई कठिनाई नहीं होती थी। आइंस्टाइन अपने बर्लिन स्थित मकान में रहते थे, जो अच्छा, अपेक्षाकृत बड़ा व व्यवस्थित था। उनकी दूसरी पत्नी एल्सा ने उनका जीवन काफी व्यवस्थित कर दिया था। यही नहीं, उनकी सौतेली बेटी इल्से उनके सचिव के रूप में कार्य करने लगी थी।

आइंस्टाइन का ज्यादातर समय अपने अध्ययन कक्ष में ही बीतता था, जहाँ पर उनके सामने बस किताबें होती थीं। उस कमरे में एक गोल मेज होती थी और अलमारी में कागज, पेंसिल, नोट्स, परचे आदि होते थे।

आइंस्टाइन को सिगार पीने का शौक था, पर उनकी पत्नी इस शौक पर नियंत्रण रखने का प्रयास करती थी। इस कारण आइंस्टाइन एक किताब के खोल में सिगार बक्स छुपाकर रखते थे और उनके आने-जानेवाले मित्र इस सिगार बक्स में उनके लिए सिगार भर जाया करते थे। आइंस्टाइन का अध्ययन कक्ष गंदा ही पड़ा रहता था, क्योंकि किसी को भी उसकी सफाई करने की इजाजत नहीं थी। वे पत्नी एल्सा का भी वहाँ आना-जाना पसंद नहीं करते थे। उन्हें धूल व गंदगी बरदाश्त था, पर हस्तक्षेप बरदाश्त नहीं था। एक और विचित्र बात यह थी कि वे अपनी पत्नी को 'मेरी वृद्ध महिला' कहकर पुकारते थे।

आइंस्टाइन अपने प्रात:काल का समय इसी कक्ष में बिताते थे। कई बार शाम को जब उन्हें कहीं जाना नहीं होता था तब यहीं रहना पसंद करते थे। यहीं बैठकर वे लगातार सोचते रहते, लिखते रहते और गणना करते रहते थे। उनके मस्तिष्क में ग्रहों का परिभ्रमण, तारों से आनेवाले प्रकाश की गति, हीरों की चमक, हाइड्रोजन का हलकापन, रेडियम की अस्थिरता घूमती रहती थी। कभी वे तारों में बह रही विद्युत् के बारे में सोचते तो कभी लेड के भारीपन पर। पदार्थ, ऊर्जा, समय, शून्य आदि के संबंध में लाखों-करोड़ों विचार उनके अंदर उमड़ते रहते थे।

उनके सापेक्षता सिद्धांत पर आधारित पुस्तकों की संख्या बढ़ती जा रही थी। हर साल इस विषय पर सैकड़ों शोधपत्र, लेख आदि तैयार हो रहे थे। उनकी एक किताब के सिर्फ जर्मनी में चौदह संस्करण छपे और 65,000 प्रतियाँ बिक गईं। इसी के अंग्रेजी रूपांतर के मात्र उन्नीस महीनों में सात संस्करण छप गए।

धीरे-धीरे उनके सापेक्षता सिद्धांत के बारे में लोगों की सही समझ विकसित हो रही थी। सन् 1925 में बर्ट्रेंड रसेल नामक जाने-माने लेखक ने सापेक्षता के संबंध में प्राथमिक व मौलिक जानकारी देने हेतु एक पुस्तक लिख डाली। उद्देश्य यह था कि आम जनता को इस सिद्धांत के बारे में उचित जानकारी मिल जाए। आइंस्टाइन व रसेल में अनेक समानताएँ थीं, पर भिन्नताएँ भी कम नहीं थीं, लेकिन दोनों अच्छे मित्र थे।

अनेक लोग आइंस्टाइन की विचारधारा से सरोकार रखने लगे थे। आइंस्टाइन अपने समान विचारों के लोगों की विभिन्न तरीकों से मदद करते थे। वे उनके लिए समय भी देते थे और पैसा भी खर्च करते थे। एक बार एक विदेशी युवा छात्र रसायनशास्त्र के अध्ययन के लिए बोन आया, पर उसे प्रवेश नहीं मिला। नियमों के अनुसार वहाँ दोबारा आवेदन नहीं लिया जाता था। उस युवक ने आइंस्टाइन से

संपर्क किया। आइंस्टाइन ने अपने प्रभाव का उपयोग करके उसे दाखिला दिलवा दिया, जो उस समय असंभव माना जाता था।

इसी तरह उन्होंने पोलैंड के एक छात्र की मदद की। वह यहूदी भी था और उस समय पोलैंडवालों, विशेष रूप से यहूदियों, के लिए जर्मनी में माहौल प्रतिकूल था। उस छात्र ने डरते-डरते आइंस्टाइन के घर की घंटी बजा दी। उसे लग रहा था कि नामी-गिरामी भौतिकशास्त्री आइंस्टाइन पता नहीं उसके साथ कैसे पेश आएँगे। आइंस्टाइन उससे हँसकर मिले और उसे सिफारिशी थमा दिया, जो उसके काम आया।

पर आइंस्टाइन को सामाजिक समारोह बिलकुल नहीं भाते थे। जो भी व्यक्ति उन्हें आमंत्रित करने आता था, उससे वे अटपटे सवाल करते थे। उन्हें मुख्य अतिथि बनना, तमाम औपचारिकताएँ करना बहुत बुरा लगता था। वे समारोह के अनुकूल पोशाक धारण करने की परवाह नहीं करते थे। उन्हें खुला-खुला रहना पसंद था।

उद्योगपति आइंस्टाइन से अत्यंत प्रभावित थे। उन्हें लगता था कि यह भौतिक शास्त्री उनकी असाधारण मदद कर सकता है। आइंस्टाइन ने उद्योगपतियों के साथ संबंधों का इस्तेमाल भी किया। डॉ. बोश नामक एक उद्योगपति ने उनके कहने से एक संस्थान को अनुदान दिया, जिसने आइंस्टाइन के गुरुत्वाकर्षण संबंधी सिद्धांत की प्रायोगिक जाँच योजना चलाई। बाद में यहाँ एक वेधशाला भी बनी और उसमें सौर संरचना संबंधी अनुसंधान हुआ। इस संस्थान में 60 फीट की मीनार पर एक लंबी दूरबीन स्थापित की गई। इसके पास ही एक दूसरी अनोखी मीनार बनाई गई थी, जहाँ पर सूर्य की किरणें 90 डिग्री का कोण बनाते हुए मुड़ती थीं। इसकी डिजाइन लाजवाब थी और लोग इसे 'आइंस्टाइन टावर' के नाम से पुकारने लगे थे। इसकी संरचना देखकर लगता था कि डिजाइन करवानेवाले के मन में परमाणुओं की संरचना और गणितीय समीकरण भरे थे, जो मीनार के निर्माण के दौरान रेखांकित हो गए। आज भी लोग इसे देखने जाते हैं।

पर यह इमारत सभी लोगों को पसंद नहीं आई। अनेक लोगों को यह इमारत मिस्र के पिरामिड व न्यूयॉर्क की ऊँची इमारत का सम्मिश्रण लगी। इसे जर्मन परंपरा के विरुद्ध भी कहा गया। यहूदी-विरोध के दौरान इस पर अनेक टिप्पणियाँ की गईं।

अब आइंस्टाइन को पढ़ाने से लगभग मुक्ति मिल गई थी। उनका कार्यालय भी बड़ा हो गया था। हर बृहस्पतिवार को दोपहर बाद वे एक सेमिनार आयोजित करते थे, जिसमें वे बोलते भी थे और उच्च भौतिकी के छात्रों को सुनते भी थे। वे उनके विचारों व सुझावों को पूरा सम्मान देते थे। वे सेमिनार में पहली पंक्ति में बैठते थे और पाइप उनके हाथ में होता था। वे अन्य सेमिनारों में भी जाते थे और भौतिकी

संबंधी चर्चाओं में खुलकर भाग लेते थे। वे कई बार अपनी बात समझाने के लिए ब्लैक बोर्ड पर भी पहुँच जाते थे तथा पूरे आत्मविश्वास के साथ अपनी बात रखते थे।

वे एक साथ अनेक गतिविधियों का संचालन करते थे। विश्वविद्यालय संबंधी उन दायित्वों को निभाते थे जो उन्होंने स्वेच्छा से स्वीकार किए थे। पोस्टडैम वेधशाला में भी काम करते थे तथा कैसर विल्हेम संस्थान में भी काम करते थे। वे वैज्ञानिक गोष्ठियों में भी जाते थे तथा जाने-माने वैज्ञानिक जैसे नील्स बोहर आदि अकसर उनके मेहमान होते थे।

वे सामाजिक कार्यों के लिए भी दौरे करते थे। वायलिन हमेशा उनके साथ होता था। वे अकसर मैक्स प्लैंक के घर रात्रि के भोजन के लिए जाते थे और भोजन के बाद उनसे पियानो सुनते थे। उनके मित्रों में कलाकार, उद्योगपति, साहित्यकार सभी थे। उनके साथ बैठकर अच्छा भोजन करने और अच्छी शराब पीने में आनंद आता था। वे अकसर कहते थे कि प्रकृति ने हमें अनेक सुख दिए हैं और उन्हें नजरअंदाज नहीं करना चाहिए।

वे समय के पाबंद नहीं थे। जब भूख लगती तो खा लेते थे। जब थक जाते तो सो जाते थे। उनके भोजन कक्ष में एक मेज थी, जिस पर दूध, ब्रेड, चीज, फल आदि हमेशा रखे रहते थे। भौतिक सुखों वे से दूर रहते थे। उनके लिए पांडुलिपियाँ, वायलिन, बिस्तर, मेज, कुरसी आदि ही पर्याप्त थे।

उन्हें बच्चों का साथ बहुत पसंद था। वे अकसर मित्रों के छोटे-छोटे बच्चों के साथ दूर समुद्र-तट पर चले जाते थे और उन्हें वायलिन बजाकर सुनाते थे।

आइंस्टाइन बड़े लोगों से औपचारिक भेंट करने से कतराते थे। एक बार रानी विल्हेमिना युवराज व राजपरिवार के लोगों के साथ आईं और आइंस्टाइन से मिलने की इच्छा व्यक्त की। आइंस्टाइन ने बड़ी मुश्किल से औपचारिकता निभाई। वे वहाँ से बचकर निकल जाना चाहते थे, पर असफल रहे। रानी ने यह ताड़ लिया और इसका जिक्र भी सबके सामने कर दिया।

समय के साथ आइंस्टाइन यहूदियों के लिए ज्यादा समय देने लगे। उनका विशेष उद्देश्य था हिब्रू विश्वविद्यालय की स्थापना। पर सन् 1925 में इस कार्य में व्यवधान आ गया। इस वर्ष उन्हें व्याख्यान देने के लिए दक्षिण अमेरिका जाना पड़ा। इसकी खातिर उन्होंने अमेरिका स्थित कैलीफोर्निया इंस्टीट्यूट ऑफ टेक्नोलॉजी का आमंत्रण भी छोड़ दिया। उनके मित्रों का यह मानना था कि अगर वे यह आमंत्रण स्वीकार कर लेते तो जीवन के अंतिम दो दशक प्रिंसटन के बजाय वहीं बिताते।

वास्तव में सन् 1920 का दशक भौतिकी की दृष्टि से अत्यंत महत्त्वपूर्ण था। इसमें अनेक सिद्धांत विकसित, परिपक्व व प्रमाणित हुए। प्लैंक का क्वांटम सिद्धांत, आइंस्टाइन का फोटॉन संबंधी सिद्धांत, रदरफोर्ड का नाभिकीय सिद्धांत, बोहर का सिद्धांत वैज्ञानिक जगत् में छाते चले गए। पुरानी मान्यताएँ तेजी से बिखर रही थीं। आम छात्र ही नहीं, विशेषज्ञों को भी लग रहा था कि अब तक वे समझते थे कि वे बहुत कुछ जानते हैं, पर जो जानते थे वह सत्य नहीं निकला। पता नहीं आज जो उभरकर सामने आ रहा है वह सत्य होगा या नहीं!

पर श्रेष्ठ वैज्ञानिक कटिबद्ध थे। जे.जे. थॉमसन ने इलेक्ट्रॉन के अस्तित्व को इस कदर साबित कर दिया था मानो वह दिखाई दे रहा हो। दुनिया परमाणु युग से नाभिक युग में प्रवेश कर गई थी। शोधकर्ताओं के लिए डॉक्टरेट पाना आसान हो गया था, क्योंकि अब विषयों की भरमार थी। लेकिन आम छात्र ठगा हुआ सा महसूस कर रहा था।

भारतीय शोध छात्र से संपर्क

उधर सुदूर भारतवर्ष के ढाका विश्वविद्यालय में सत्येंद्रनाथ बोस नामक युवा वैज्ञानिक भौतिकी के क्षेत्र में असाधारण शोध कर रहे थे। उन्होंने सन् 1924 में एक शोध पत्र आइंस्टाइन को भेजा, जो प्लैंक के नियमों व प्रकाश के क्वांटम के संबंध में था। इसके अनुसार विकिरण को गैस के रूप में माना गया था, जिसमें फोटोन होते हैं।

आइंस्टाइन ने इस शोधपत्र को पढ़ा और इतने प्रभावित हो गए कि उन्होंने इसे स्वयं जर्मन में अनुवाद किया तथा एक जर्मन पत्रिका के संपादक को भेजा। यह शोधपत्र जुलाई 1924 में छप भी गया। वे बोस की सांख्यिकी संबंधी विधियों से अत्यंत प्रभावित हुए। उन्हें विश्वास हो गया था कि इन विधियों से परमाणु की विशेषताओं का अध्ययन और आसान हो जाएगा। आगे चलकर यह विधि 'बोस-आइंस्टाइन सांख्यिकी' कहलाई।

इसी तरह डी-ब्रोग्ली, श्रोडिंजर जैसे शोधार्थियों ने नए-नए सिद्धांतों को विकसित किया और जो समीकरण उन्होंने विकसित किए, वे आज भी प्रचलित हैं।

नाभिक युग के आगमन के संबंध में उस समय अनेक चुटकुले भी विकसित हो रहे थे। नए-नए सिद्धांत जटिलता उत्पन्न कर रहे थे। वैज्ञानिक एक-दूसरे के सिद्धांतों पर प्रहार भी कर रहे थे। कुछ हो रहे विकास से फूले नहीं समा रहे थे, पर ज्यादातर दुःखी थे।

ऐसें में आइंस्टाइन हास्य का ज्यादा सहारा ले रहे थे। उन्हें भौतिकीय सिद्धांतों में परिवर्तन ऐसा लग रहा था मानो कपड़ों के फैशन में परिवर्तन। अपने नए सूत्र $E = mc^2$ को वे रोचक तरीके से प्रस्तुत करते थे। वे ईश्वर के अस्तित्व के बारे में भी टिप्पणी करने से नहीं चूकते थे। उनके अनुसार ईश्वर ने विश्व को पासे फेंककर अर्थात् मनचाहे तरीके से नहीं रचा है। यदि यह मान भी लिया जाए कि संसार की रचना ईश्वर ने ही की थी तो भी उसने यह निश्चित प्राकृतिक सिद्धांतों के अंतर्गत ही की होगी।

उस समय जब वैज्ञानिक सिद्धांतों पर चर्चा होती थी तो वातावरण बड़ा नीरस हो जाता था। आइंस्टाइन नए-नए सिद्धांतों के बीच चुटकुले छोड़ देते थे। यदि किसी वैज्ञानिक के शोधपत्र के संबंध में विवाद हो जाता था या उस पर प्रहार होने लगता था तो वे उसके वैज्ञानिक पक्ष को छुए बिना हास्य का सहारा लेकर वातावरण को हलका करते और उक्त वैज्ञानिक को निराश न होने के लिए प्रेरित करते थे। युवा व उभरते वैज्ञानिक उनसे काफी प्रभावित थे।

आइंस्टाइन की खोज के बाद न्यूटन की खोज फीकी पड़ गई थी। पर आइंस्टाइन के मन में न्यूटन के प्रति असाधारण आदर था। जब इंग्लैंड में न्यूटन के सम्मान में समारोह आयोजित हुआ तो आइंस्टाइन ने उसमें संदेश भेजा।

इसके साथ इस दशक का एक तथ्य यह भी था कि आइंस्टाइन भौतिकी में समय कम दे रहे थे और यहूदीवाद, शांतिवाद, हिब्रू विश्वविद्यालय जैसे कार्यों में समय ज्यादा दे रहे थे। इसके अलावा वे ऐसी जनता, जो भौतिकी की विशेषज्ञ नहीं थी, को परमाणु की संरचना का ज्ञान देने का भी प्रयास कर रहे थे।

इसी बीच एक और घटना घटी। एक बार आइंस्टाइन व्याख्यान देकर वापस आ रहे थे। उनके पास उनका बड़ा व भारी सूटकेस था, पर उन्होंने उसके लिए कुली नहीं किया। उन दिनों बर्फ भी पड़ रही थी और रास्ता फिसलन भरा था। आइंस्टाइन अचानक फिसल पड़े। उन्हें अस्पताल ले जाया गया, जहाँ अनेक प्रकार से इलाज किया गया, पर सफलता नहीं मिली।

बाद में उन्हें डॉ. प्लैश के पास ले जाया गया, जो हंगरी मूल के थे तथा बर्लिन के जाने-माने चिकित्सक थे। चिकित्सा के अलावा उनकी रुचि थिएटर व कूटनीति में भी थी। उन्होंने आइंस्टाइन की गहन जाँच की और बताया कि उनके हृदय की दीवारों पर प्रदहन के लक्षण दिखाई दे रहे हैं। उन्होंने उनके नमक के सेवन पर प्रतिबंध लगा दिया और उनकी पत्नी एल्सा तथा दोनों पुत्रियों को निर्देश दिया कि आइंस्टाइन को दूर समुद्र के किनारे रिसॉर्ट में ले जाया जाए और पूर्ण विश्राम दिया जाए।

पर आइंस्टाइन ने डॉक्टर की एक भी सलाह नहीं मानी और गाहे-बगाहे नौकायन करते रहे। बाद में डॉ. प्लैश ने इस पर भी पूर्ण प्रतिबंध लगा दिया। धीरे-धीरे वे स्वस्थ होते चले गए।

लेकिन उनकी काम की आदत छूटी नहीं। उन्होंने निर्णय किया कि वे एक सचिव रखेंगे, ताकि उनका कुछ काम चलता रहे। सवाल यह उठा कि क्या इसके लिए अखबार में विज्ञापन दिया जाए? पर इससे एक खतरा था कि बहुत से प्रत्याशी आ जाएँगे और फिर उनके विश्राम में खलल पड़ेगा। अंततः एल्सा ने इसका एक समाधान निकाला और यहूदी अनाथालय की कार्यकारी सचिव से संपर्क किया। एल्सा खुद इस अनाथालय की अध्यक्षा थीं। अंततः सचिव की बहन हेलेन ड्यूकास इस काम के लिए मिलने आईं।

आरंभ में हेलेन को लगा कि यह उनके लिए कठिन है, क्योंकि उसका भौतिकी से कभी कोई संबंध नहीं रहा। आइंस्टाइन का काम उसकी समझ से बाहर था, पर समझाने-बुझाने पर वह सहमत हो गई।

आइंस्टाइन लेटे-लेटे बोलते रहते थे और हेलेन उसे टाइप करके भेजती रहती थीं। वह पत्राचार के अलावा अन्य कार्य भी सँभालती रही। हेलेन का आइंस्टाइन से संबंध इस कदर जुड़ा कि सत्ताईस साल बाद उनकी मृत्यु ही इसे तोड़ पाई।

हालात में तेजी से बदलाव होता जा रहा था। आइंस्टाइन के लिए सभी सम्मेलनों में भाग लेना शारीरिक दृष्टि से असंभव था और सुरक्षा की दृष्टि से खतरनाक भी। हेलेन को कई बार उनका विकल्प ढूँढ़ना होता था, ताकि आयोजक निराश न हों। जर्मनी युद्ध की ओर बढ़ रहा था। पूरा देश बेरोजगारी की भयंकर चपेट में आ गया था। उद्योगपति बढ़ते वामपंथ से आशंकित थे। यहूदियों का विरोध चरम सीमा पर था। देश में हिटलर की राजनीतिक पार्टी का वर्चस्व बढ़ता जा रहा था।

□

शांति प्रयास

बीमार आइंस्टाइन अपने पचासवें वर्ष में प्रवेश कर रहे थे। पर शांतिवादियों को उनकी कितनी जरूरत थी, इसका अनुमान इस बात से लगाया जा सकता है कि वे ग्रामोफोन पर उनका संदेश दर्ज करके सभाओं में सुनाते थे। उस समय उनके शांति संदेशों व विचारों पर आधारित पुस्तकें प्रकाशित हो चुकी थीं।

उधर शांतिवादियों की लोकप्रियता तेजी से बढ़ भी रही थी। विभिन्न देशों के लोग प्रथम विश्वयुद्ध के रक्तपात से अब तक आतंकित थे और अपने-अपने तरीके से शांति के प्रयास कर रहे थे। ऐसे माहौल में आइंस्टाइन की टिप्पणियों, साक्षात्कारों व लेखों आदि का तेजी से प्रचार-प्रसार किया जा रहा था।

उस समय तक लीग ऑफ नेशंस, जिसका गठन प्रथम विश्वयुद्ध के पश्चात् शांति बहाल करने के लिए किया गया था, निरर्थक हो चुकी थी। इससे आक्रामकों, विशेष रूप से हिटलर का हौसला बढ़ता जा रहा था।

पर शांति समर्थकों की भी कमी नहीं थी। जर्मनी में ही इनकी बड़ी संख्या नहीं थी, वरन् ये पूरे यूरोप में छाए हुए थे। प्रथम विश्वयुद्ध के बाद आइंस्टाइन सहित सभी को लीग से बहुत आशाएँ थीं। तब सन् 1922 में लीग के महासचिव सर एरिक ड्रमंड ने आइंस्टाइन को बौद्धिक सहयोग हेतु अंतरराष्ट्रीय समिति जो लीग के ही अंतर्गत गठित की गई थी, का सदस्य बनने के लिए आमंत्रित किया। कुछ हद तक यह समिति बाद में बने यूनेस्को की तरह थी और इसके गठन के पीछे अनेक विद्वान् व समझदार लोगों का हाथ था। उनकी योजना थी—विश्व की बड़ी-बड़ी सांस्कृतिक शक्तियों को एक मंच पर लाना।

आइंस्टाइन को सदस्यता देने के प्रश्न पर विवाद खड़ा हो गया। लोगों ने सवाल किया कि क्या आइंस्टाइन जर्मन संस्कृति का प्रतिनिधित्व करते हैं। उस

समय तक जर्मनी लीग का सदस्य बना भी नहीं था। बाद में उन्हें इस आधार पर सदस्यता प्रदान की गई कि वे जर्मन विज्ञान का प्रतिनिधित्व करते हैं। उस समय अनेक फ्रांसीसी अधिकारियों ने उनका प्रबल विरोध किया और कहा कि जर्मन मूल के व्यक्ति को इसमें नहीं रखना चाहिए। अनेक लोगों ने उनके जर्मन होने पर भी सवाल किया और कहा कि वे तो स्विस यहूदी हैं। लीग में विजेता मित्र राष्ट्रों का बोलबाला था। वे किसी ऐसे व्यक्ति को आगे आने देना नहीं चाहते थे जो निष्पक्ष और मुखर हो।

सबकुछ सुनने व जानने के बाद आइंस्टाइन ने मई 1922 में सदस्यता का आमंत्रण स्वीकार कर लिया। उन्होंने यह सूचना मैडम क्यूरी को भेजी, उनको भी सदस्य बनाया गया था। उनके अलावा लॉरेंज, गिलबर्ट मेरे जैसे बुद्धिजीवियों को भी सदस्य बनाया गया था। सभी के विचार आइंस्टाइन से मिलते थे।

उधर बर्लिन में यहूदियों को सलाह दी जा रही थी कि वे सक्रिय राजनीति से दूर रहें। जर्मनी की ओर से सदस्य बनने पर स्थानीय विरोध भी आरंभ हो गया था। आइंस्टाइन ने जुलाई 1922 में इस सदस्यता को त्यागने का फैसला किया और त्यागपत्र भेज दिया।

इससे मैडम क्यूरी सहित अनेक लोगों को घोर निराशा हुई। त्यागपत्र में आइंस्टाइन ने कोई कारण नहीं बतलाया था। उन्हें समझाने-बुझाने की कोशिशें नाकाम हुईं और अंततः त्यागपत्र स्वीकार कर लिया गया। उधर उनका स्थान लेने के लिए जर्मनी के ज्यादातर प्रोफेसरों ने मना कर दिया था, क्योंकि जर्मनी अभी तक लीग से बाहर था।

उधर स्थिति बिगड़ती जा रही थी। जर्मनी में मुद्रास्फीति की दर बेतहाशा बढ़ती जा रही थी। जर्मनी की वेमर सरकार ने सन् 1922 के अंत में पहले विश्वयुद्ध के हर्जाने की रकम भरने से इनकार कर दिया था और इस कारण फ्रांस ने जर्मनी के औद्योगिक क्षेत्र के एक हिस्से पर कब्जा करने की कोशिश की। इससे जर्मन राष्ट्रवादियों में रोष की लहर फैली। इस बार आइंस्टाइन ने अपने हमवतनों के सुर में सुर मिलाया।

उधर अनेक लोगों ने आइंस्टाइन को समिति में वापस लाने की तीव्र वकालत की। उन्हें लगा कि उनके बिना यह समिति निरर्थक है। एक बार फिर आइंस्टाइन को सदस्यता का आमंत्रण भेजा गया। पर साथ ही अनेक लोग आइंस्टाइन के अनिश्चित मूड के कारण आशंकित भी थे। उन्हें लगता था कि अल्बर्ट आइंस्टाइन को अनावश्यक महत्त्व दिया जा रहा है।

अंततः 25 जुलाई, 1924 को आइंस्टाइन का परिचय समिति की बैठक में नए सदस्य के रूप में कराया गया। आइंस्टाइन इस समिति की बैठकों में बीच-बीच में जाते रहे।

इस दौरान आइंस्टाइन लीक से हटकर सुझाव देते रहे। उनका मानना था कि वैज्ञानिक व कलाकार संकीर्ण राष्ट्रवाद में बँधकर रह जाते हैं, जबकि उनकी मुख्य जिम्मेदारी तो जनता के प्रति है। इसी बीच बौद्धिक सहयोग हेतु अंतरराष्ट्रीय संस्थान की स्थापना हुई और उसके लिए फ्रांस सरकार ने धन जुटाया। पेरिस में स्थापित इस संस्थान का प्रमुख कोई फ्रांसीसी ही होगा, यह भी निश्चित हो गया। आइंस्टाइन को इसपर संदेह हुआ। वे स्वयं इसका विरोध करना चाहते थे, पर उन्हें इस बीच दक्षिण अमेरिका जाना पड़ा। उन्होंने लॉरेंज पर दबाव डाला कि वे इसका विरोध करें, पर लॉरेंज ने उनकी बात नहीं मानी।

अंतरराष्ट्रीय समिति की बैठकों में आइंस्टाइन भाग लेते रहे। उन्होंने सुझाव दिया कि युद्ध के कारण यदि किसी वैज्ञानिक के वैज्ञानिक उपकरण या किताबें नष्ट हो गई हों तो उसे सहायता दी जानी चाहिए, ताकि वह अपना काम दोबारा प्रारंभ कर सके। समिति के पास धन की कोई व्यवस्था नहीं थी, पर अनेक वैज्ञानिकों ने इस बात पर संतोष व्यक्त किया कि आइंस्टाइन, लॉरेंज तथा मैडम क्यूरी जैसे वैज्ञानिक उनके बारे में सोच तो रहे हैं।

आइंस्टाइन अनेक उपसमितियों के भी सदस्य थे, जो विभिन्न विषयों की विषय-वस्तु तैयार कर रही थीं तथा प्रस्तावित मौसम संबंधी ब्यूरो पर कार्य कर रहीं थीं। उन्होंने रेडक्रॉस द्वारा दान किए जानेवाले धन के रूसी बुद्धिजीवियों को आवंटन पर भी अपनी सलाह दी तथा स्कूली शिक्षा के जरिए भावी शांति स्थापित करने के प्रयासों पर भी बल दिया।

पर कुल मिलाकर आइंस्टाइन समिति के कामकाज से संतुष्ट नहीं थे। उनकी सर्वाधिक रुचि थी उन गलतफहमियों और घृणा के कारणों को हटाना, जो न सिर्फ युद्ध की संभावनाओं को जन्म देती हैं वरन् उसे लोकप्रिय भी बना देती हैं। उनके अनुसार यदि लीग संसार में स्कूली शिक्षा के स्तर को बढ़ा देती है तो इससे बड़ी सेवा कोई नहीं हो सकती है। वे इस संबंध में अपनी राय इस प्रकार रखते थे, ताकि गणित व भौतिकी के बारे में न्यूनतम समझ रखनेवाले को भी उनकी बात समझ में आ जाए।

शिक्षा के प्रसार के क्षेत्र में उन्होंने एक अनोखा सुझाव दिया। उन्होंने कहा कि विश्व के श्रेष्ठ विचारकों के मध्य विचारों का आदान-प्रदान होता रहना चाहिए।

इसके लिए निश्चित विषय, जैसे इतिहास संबंधी मुद्दे भी लिये जाने चाहिए और इन विचारों के संग्रह का प्रकाशन भी होना चाहिए। पहला खंड 'ए लीग ऑफ माइंड' प्रकाशित भी हुआ। दूसरे खंड के लिए आइंस्टाइन के विचार भी माँगे गए।

आइंस्टाइन ने सहर्ष अपने विचार दिए। उनके सुझावों में से एक सुझाव था फ्रांस व जर्मनी की इतिहास की पुस्तकों की इस तरह समीक्षा, ताकि असत्य बातों को अलग किया जाए और दोनों देशों के लोगों के बीच दुश्मनी का भाव उत्पन्न करनेवाले तथ्यों को निकाल दिया जाए। उन्होंने बच्चों के मनोवैज्ञानिक विश्लेषण तथा उनके अंदर विश्व शांति के प्रति अनुराग व्यक्त करने पर काफी जोर दिया। उन्होंने उन भावनाओं के दमन का भी सुझाव दिया जो युद्ध की आधारशिला बनती हैं।

आइंस्टाइन ने फ्रायड के साथ लंबा पत्राचार किया। बाद में यह सारा पत्राचार 'कानून व हिंसा' तथा 'युद्ध क्यों' शीर्षक से प्रकाशित हुए। इनके संस्करण फ्रेंच व जर्मन दोनों में छपे, पर एक को जर्मनी में प्रतिबंधित कर दिया गया। उसका विज्ञापन तक छापने की अनुमति नहीं मिली।

उधर विश्व की स्थिति बिगड़ती जा रही थी। इसका एक कारण यह भी था कि शांतिवादी भी दिग्भ्रमित थे। आइंस्टाइन के समय-समय पर दिए गए वक्तव्य एक-दूसरे को काटते थे। सन् 1920 में आइंस्टाइन बिना शर्त शांति के समर्थक थे। बाद में उनके मस्तिष्क में शांति के लिए शर्तें उभरने लगीं। उन्हें लगने लगा कि हिटलर व मुसोलिनी जैसे तानाशाह हथियारों के प्रयोग द्वारा ही शांत किए जा सकते हैं। आरंभ में वे यह संदेश दे रहे थे कि किसी को भी किसी भी प्रकार की युद्ध सेवा में भाग नहीं लेना चाहिए तथा प्रत्यक्ष या अप्रत्यक्ष रूप से युद्ध संबंधी किसी भी गतिविधि को बढ़ावा नहीं देना चाहिए।

सन् 1926 में जर्मनी लीग का सदस्य बनाया गया। अब जर्मनी में लीग के साथ तालमेल बनाने हेतु राष्ट्रीय समिति का गठन किया गया। आइंस्टाइन को इसका भी सदस्य बनाया गया। आइंस्टाइन ने सांस्कृतिक रूप से अल्पसंख्यकों के सांस्कृतिक उत्पीड़न से संबंधित सवाल उठाए। उन्हें लग रहा था कि शिक्षा संबंधी प्रयास अभी अधूरे हैं और उन लोगों को समर्थन नहीं मिल पा रहा है जो बिना शर्त अंतरराष्ट्रीय शांति व्यवस्था के लिए कार्य कर रहे हैं।

फरवरी 1932 में जेनेवा में निरस्त्रीकरण सम्मेलन प्रारंभ हुआ। इसमें साठ देशों ने भाग लिया और जो देश लीग के औपचारिक सदस्य नहीं थे उन्हें भी भाग लेने की अनुमति दी गई थी। रूस और अमेरिका ने भी इसमें सहभागिता की थी।

हालाँकि इस प्रयास से कोई उम्मीद नहीं थी, पर फिर भी आइंस्टाइन ने इसका स्वागत किया।

इस सम्मेलन में महीनों खींचतान चलती रही। हथियारों के बदले हथियार के द्वारा संतुलन की वकालत की जाती रही। आइंस्टाइन यह सब देखकर दु:खी हो गए। उनका स्पष्ट मानना था कि सभी देशों को अपने-अपने हथियार ईमानदारी से तथा पूर्ण रूप से नष्ट कर देने चाहिए। उन्हें अपना भविष्य एक अंतरराष्ट्रीय संगठन के हवाले कर देना चाहिए।

22 मई, 1932 को आइंस्टाइन लंदन से जेनेवा रवाना हुए। उनके साथ प्रख्यात शांतिवादी लॉर्ड पोन्सोबी भी थे, जो इस सम्मेलन की अध्यक्षता कर रहे आर्थर हेंडरसन के अंतरंग मित्र थे।

जब 23 जनवरी, 1932 को प्रात: आइंस्टाइन लीग के कार्यालय में प्रवेश कर रहे थे तो जापानी व रूसी प्रतिनिधि गैलरी में खड़े विमानवाहकों की उपस्थिति व गतिविधि बढ़ाने पर बहस कर रहे थे। इसी तरह की चर्चा अमेरिकी व ब्रिटिश प्रतिनिधि भी कर रहे थे। पर आइंस्टाइन को देखकर सभी शांत हो गए। शायद उनके व्यक्तित्व से ऐसा विकिरण निकल रहा था, जो सभी को चकाचौंध किए दे रहा था। सभी लोग अपना कामकाज छोड़कर उनकी ओर टकटकी लगाकर देखने लगे।

उसी दिन दोपहर के बाद बर्जियस होटल में आइंस्टाइन की प्रेस कॉन्फ्रेंस हुई, जिसमें लगभग साठ संवाददाताओं ने भाग लिया। उनके शांति संबंधी विचारों को प्रमुखता से छापा गया। आइंस्टाइन ने स्पष्ट कहा, 'युद्ध के नियम कैसे भी बनाए जाएँ, युद्ध में मानवता का विनाश तो होगा ही, अत: यह आवश्यक है कि युद्ध का ही विनाश कर दिया जाए। लोगों को सेना में अपनी सेवा देना बंद कर देना चाहिए।'

अनेक लोगों को आइंस्टाइन का सुझाव अव्यावहारिक लगा। पर आइंस्टाइन अपनी बात पर दृढ़ रहे। उन्होंने स्पष्ट कहा कि युद्ध कुछ लोगों को आनंद का विषय (कॉमेडी) लगता है, पर यह दु:ख का विषय (ट्रेजेडी) है। हमें इसे हर हाल में रोकना होगा और इसके लिए हर तरीके अपनाने होंगे। युद्ध रोकने के लिए हथियारों का उत्पादन, उनका आयात-निर्यात सभी बंद कर देना होगा। सेना की नौकरी छोड़नी होगी। यदि दुनिया के कामगार युद्ध की तैयारी संबंधी कार्य बंद कर देंगे तो युद्ध की संभावना अपने आप समाप्त हो जाएगी।

यह कार्य सरकारें नहीं, लोग कर सकते हैं। सरकारों को तो पता ही नहीं होता कि लोग क्या चाहते हैं और उन्हें किन परिस्थितियों का सामना करना पड़ेगा। सरकारों में बैठे लोग हथियार निर्माताओं के पिट्ठू हैं।

अपनी बात रखते समय आइंस्टाइन बड़े उत्तेजित लग रहे थे। उधर सम्मेलन में भाग ले रहे राजनेता अपना अलग ही राग अलाप रहे थे। फ्रांस निरस्त्रीकरण से पूर्व सामान्य सुरक्षा की बात कर रहा था, जबकि जर्मनी के मन में ऐसे सम्मेलनों के बहिष्कार की भावना प्रबल हो रही थी।

□

यहूदी-प्रेम

आधुनिक यहूदी आंदोलन सन् 1897 में प्रारंभ हुआ था। धीरे-धीरे यह संसार के विभिन्न भागों में फैलने लगा। यहूदी पूरे संसार में फैले हुए थे। अलग-अलग जगहों पर उनकी शक्ति व स्थिति अलग-अलग थी। कुछ जगहों पर तो सत्ता अप्रत्यक्ष रूप से उन्हीं के पास थी, पर कुछ जगहों पर वे बहुत कमजोर थे और विभिन्न रूपों में सताए भी जाते थे।

सन् 1897 में बेसेल में संपन्न हुई यहूदी कांग्रेस में यह फैसला किया गया कि संसार की अन्य कौमों की तरह यहूदियों की भी एक मातृभूमि होनी चाहिए और तत्कालीन फिलिस्तीन का इलाका इसके लिए चुन लिया गया। इस आंदोलन के जनक थे थियोडोर हर्ल। सन् 1904 में हर्ल का देहांत हो गया। अब इस आंदोलन का केंद्र जर्मनी बन गया। पहले ये गतिविधियाँ कोलोन में चलती रहीं और फिर बर्लिन में जोर-शोर से चलने लगीं। यह मातृभूमि कहाँ हो, बीच-बीच में इस संबंध में भी विवाद खड़े हुए। ब्रिटिश सरकार ने पूर्वी अफ्रीका में 6,000 वर्ग मील का इलाका यहूदियों को सौंपने का प्रस्ताव भी कर डाला; पर यहूदियों ने इसे अस्वीकार कर दिया। ज्यादातर यहूदी फिलिस्तीन के पक्ष में थे।

उधर फिलिस्तीन सदियों से तुर्कों के कब्जे में था। सन् 1908 में तुर्की में क्रांति हुई और यह लगने लगा कि तुर्की यहूदियों के लिए जगह नहीं छोड़ेंगे। ऐसा भी लगने लगा कि हर्ल द्वारा आरंभ किया अभियान ठहर सा गया है।

उधर यहूदी भी एकमत नहीं थे। कुछ अपने-अपने इलाकों में अत्यंत शक्ति-संपन्न थे। कुछ यहूदी मान्यताओं व रिवाजों के प्रति पूरी तरह कट्टर थे। कुछ स्पष्ट कहते थे कि यहूदी एक सर्व संपन्न कौम है, जिसका अपना देश होना चाहिए। कुछ अपने कारोबार में इतने मस्त थे और उन्हें लगता था कि कट्टरपंथ उनके लिए नुकसानदेह होगा।

उधर बचपन से ही आइंस्टाइन को रत्ती भर भी अहसास नहीं था कि वे यहूदी भी हैं। सन् 1914 में जाकर वे अपने–आपको खुले तौर पर यहूदी मानने लगे। दूसरी ओर जर्मनी के ज्यादातर यहूदी अपने आपको अलग नहीं जताते थे।

सन् 1917 में ब्रिटिश विदेश मंत्री ने कहा कि ब्रिटिश राजतंत्र यहूदियों के लिए फिलिस्तीन में राष्ट्र कायम करने के पक्ष में है। वह इसके लिए प्रयास करने का भी इच्छुक है।

यह समय प्रथम विश्वयुद्ध का था। मित्र राष्ट्रों को धन की सख्त आवश्यकता थी। कर्ज देने का पूरा–का–पूरा तंत्र यहूदियों के हाथों में था। उधर प्राचीन फिलिस्तीन 1300 वर्ष के फारस व तुर्की के कब्जे के बाद नए प्रभाव–क्षेत्र में आ रहा था। इससे यहूदियों की आकांक्षाएँ अनायास बढ़ गईं।

लेकिन प्रथम विश्वयुद्ध के बाद इन आशाओं पर तुषारपात होने लगा। युद्ध के बाद जर्मनों व यहूदियों में मनमुटाव बढ़ता चला गया। आइंस्टाइन व उन जैसे यहूदियों के विचार न सिर्फ जर्मनी में फैले वरन् पूर्वी यूरोप में भी तेजी से प्रचारित हुए।

उधर स्विट्जरलैंड से बर्लिन आने के पश्चात् आइंस्टाइन ने युवा यहूदियों की परेशानियों को अनुभव किया। विश्वयुद्ध के पश्चात् सरकारें बदलने के साथ ही ये परेशानियाँ और बढ़ती चली गईं। कुछ यहूदियों को दर–बदर होना पड़ा। आइंस्टाइन ने इन परेशान यहूदी छात्रों के लिए पाठ्यक्रम की विशेष व्यवस्था करवाई, जिसे सरकारी मान्यता भी मिली।

इसके साथ ही आइंस्टाइन को हिब्रू विश्वविद्यालय का विचार भाने लगा। उन्हें लगा कि यहूदियों द्वारा यहूदियों के लिए चलाया जानेवाला यह विश्वविद्यालय अत्यंत महत्त्वपूर्ण कार्य कर पाएगा। इसके साथ ही आइंस्टाइन के यहूदीवाद का जन्म हुआ।

सन् 1919 में आइंस्टाइन ने यहूदी आंदोलन में सक्रिय रूप से भाग लेना आरंभ कर दिया। यहूदियों को इस विख्यात वैज्ञानिक से सहारा मिलने लगा। उधर आइंस्टाइन के मन में यहूदी–प्रेम परवान चढ़ने लगा। उस समय यहूदी आंदोलन में कुर्त ब्लमफेल्ड प्रमुख भूमिका निभा रहे थे। वे फरवरी 1919 में आइंस्टाइन से मिले। आइंस्टाइन ने इस मुलाकात के दौरान अनेक सवाल किए। उन्होंने पूछा कि यहूदी आंदोलन से यहूदियों को क्या लाभ होगा? क्या उन्हें आंतरिक सुरक्षा मिलेगी? उनके मन में अनेक शंकाएँ भी थीं, जैसे यहूदी सदियों से अपने देश से इतनी दूर रह रहे हैं। उनमें इतनी योग्यता है कि वे अपने बल पर वैज्ञानिक व अन्य किस्म के कठिन कार्य कर सकते हैं। फिर उन्हें अलग राष्ट्र की क्या जरूरत है।

ब्लमफेल्ड उनकी शंकाओं व सवालों से विचलित नहीं हुए। वे दोबारा मिले। इसी बीच आइंस्टाइन के एक मित्र ने उन्हें बाइबल व यहूदी धर्म की ओर आकृष्ट करने का प्रयास किया, पर आइंस्टाइन ने उसमें कोई दिलचस्पी नहीं दिखाई। धीरे-धीरे आइंस्टाइन उस समय जर्मनी में विकसित हो रहे राष्ट्रवाद से दूर होने लगे, पर यहूदीवाद की ओर झुकाव बढ़ गया।

उधर जर्मनी की बदलती जटिल परिस्थितियों ने भी उन्हें यहूदीवाद की ओर बढ़ने के लिए प्रेरित किया। जर्मनी में अनेक लोगों का मानना था कि रूसी क्रांति के पीछे यहूदियों का हाथ है। बहुत से लोग यह मानते थे कि यहूदीवाद दोहरे खतरेवाला है। आइंस्टाइन के अनेक मित्र उन्हें सलाह देने लगे कि वे इस विचित्र आंदोलन में न पड़ें और वैज्ञानिक कार्यों पर ज्यादा ध्यान दें। इस आंदोलन से जर्मनी के यहूदियों को भारी नुकसान होगा। यदि यूरोप के बाहर यहूदियों के लिए एक देश की स्थापना की बात चलेगी तो सभी कहेंगे कि सभी यहूदियों को वहीं क्यों न भेज दिया जाए।

विवाद इतना बढ़ा कि एक बार तो आइंस्टाइन भी विचलित हो गए, पर फिर उनके विचार दृढ़ हो गए। एक बार उन्होंने यह भी कह दिया कि अगर लोग कहते हैं कि जर्मनी में रहनेवाला यहूदी, जो यहूदियों के लिए तथा फिलिस्तीन में यहूदियों के वतन के लिए काम करता हो, वह तो जर्मन हो ही नहीं सकता है, तो वह यहूदी जो अपने लोगों व अपने वतन के लिए काम नहीं करता वह कैसे यहूदी रह सकता है। मनुष्य को अपने मूल, कौम तथा परंपरा के प्रति हमेशा वफादार रहना चाहिए। यदि वह उनके प्रति वफादार नहीं रहेगा तो जिस देश में वह रह रहा है, उसके प्रति कैसे वफादार रह पाएगा?

उधर यहूदीवाद के संरक्षकगण आइंस्टाइन के मन में यहूदीवाद तेजी से उड़ेल रहे थे। वे चाहते थे कि अपने उद्देश्य के प्रचार के लिए उनका इस्तेमाल करने से पूर्व आइंस्टाइन की रग-रग में यहूदी-प्रेम समा जाए। वे उनके मुख में शब्द रखना नहीं चाहते थे वरन् यह चाहते थे कि शब्द खुद-ब-खुद उनके मुख से निकलें।

उधर यहूदी खेमे में भी पूरी तरह एकता नहीं थी। अनेक यहूदी युद्ध के कारण दर-बदर हुए थे, पर दूसरे देश में बसकर अपनी प्रतिभा के कारण अल्पकाल में ही ख्याति प्राप्त कर चुके थे। चैम विजमैन ऐसे ही रूसी मूल के यहूदी थे। वे प्रथम विश्वयुद्ध से ठीक पहले इंग्लैंड आ गए थे। उन्होंने वहाँ के वैज्ञानिक जगत् में अपना स्थान बना लिया था। जैव-रसायनशास्त्री विजमैन ने विश्वयुद्ध के लिए विस्फोटक रासायनिक हथियार तैयार किए। युद्ध प्रारंभ होने पर उन्हें मानचेस्टर विश्वविद्यालय में सरकारी नौकरी मिल गई और बाद में उन्हें नौसैनिक प्रयोगशालाओं का निदेशक भी बना दिया गया था।

ब्रिटिश सरकार पर विजमैन का प्रभाव बढ़ता जा रहा था। विजमैन के सुझाव पर ब्रिटिश सरकार ने यहूदियों के लिए फिलिस्तीन में अलग राष्ट्र का सुझाव मान लिया। पर प्रभावशाली विजमैन को आइंस्टाइन एक अव्यावहारिक व्यक्ति लगते थे। पर फिर भी वे दोनों अच्छे मित्र बने रहे।

भावी यहूदी राष्ट्र कैसा हो, इस पर भी यहूदियों में मतभेद था। अनेक कट्टर यहूदी यह मानते थे कि यह राष्ट्र राजनीतिक दृष्टि से शक्तिशाली हो। वे इसके लिए आस-पास के अरबों से टक्कर भी लेना चाहते थे। पर आइंस्टाइन 'जियो व जीने दो' के सिद्धांत पर चल रहे थे। वे भावी यहूदी राष्ट्र को एक मजबूत सांस्कृतिक केंद्र बनाना चाहते थे। उनका मूल उद्‌देश्य था कि दुनिया भर के यहूदी छात्र वहाँ पर एकत्रित होकर शिक्षा ग्रहण करें। वे अरबों के संभावित प्रतिरोध से बचना चाहते थे।

उधर विजमैन यहूदी राष्ट्र की स्थापना के लिए धन एकत्रित कर रहे थे और इधर आइंस्टाइन हिब्रू विश्वविद्यालय के लिए। यहूदियों में उत्साह इस कदर बढ़ रहा था कि धन एकत्रित करने का लक्ष्य बढ़ता जा रहा था। एक नेता ने पाँच लाख डॉलर वार्षिक का लक्ष्य रखा तो विजमैन ने इस लक्ष्य को बढ़ाकर 1 करोड़ डॉलर कर दिया। पर इससे विजमैन की छवि में वृद्धि नहीं हुई। अनेक यूरोपीय यहूदी विजमैन को तानाशाह जैसा मानने लगे।

आइंस्टाइन विजमैन के साथ एक ही जलयान में अमेरिका की ओर रवाना हुए। मार्च 1921 में इस यात्रा में श्रीमती विजमैन आइंस्टाइन से अत्यंत प्रभावित हुईं। विजमैन व आइंस्टाइन के मध्य भौतिकी संबंधी विषयों पर भी चर्चा हुई। साथ ही आगे अमेरिका में यहूदीवाद को आगे बढ़ाने के लिए क्या-क्या किया जाए, इस पर भी गहन विचार-विमर्श हुआ।

जैसे ही जहाज अमेरिकी बंदरगाह पर पहुँचा, तो पत्रकारों व कैमरामैनों ने उन्हें घेर लिया। आइंस्टाइन के लिए यह नई बात थी, क्योंकि जर्मनी में उनके साथ ऐसा कभी नहीं हुआ। किंतु इससे आइंस्टाइन विचलित नहीं हुए। उनसे यह सवाल भी किया गया कि क्या वे सापेक्षता के सिद्धांत को चंद वाक्यों में समझा सकते हैं? आइंस्टाइन ने तपाक से उत्तर दिया— 'क्यों नहीं। पर आपको इस उत्तर को गंभीरता से नहीं लेना होगा और इसे एक किस्म का चुटकुला ही मानना होगा।' आइंस्टाइन ने आगे कहा, 'पहले यह माना जाता था कि यदि इस ब्रह्मांड से अन्य चीजें नष्ट हो जाएँगी तो भी समय व अंतरिक्ष नष्ट नहीं होगा। पर इस सापेक्षता सिद्धांत के अनुसार वे भी अन्य चीजों के साथ नष्ट हो जाएँगे।'

अमेरिका आने के पश्चात् आइंस्टाइन का आत्मविश्वास बढ़ता चला गया। वे हर समय मुसकराते रहते थे। उनके बाल, कॉलर, टाई चमकते रहते थे। अनेक लोग यह जानने के लिए उत्सुक रहते थे कि क्या एल्सा आइंस्टाइन अभी तक सापेक्षता का सिद्धांत समझ पाई हैं। एल्सा तपाक से उत्तर देतीं—'नहीं, हालाँकि अल्बर्ट ने मुझे कई बार समझाने की कोशिश की है।'

यहाँ पर आइंस्टाइन के दैनिक जीवन पर भी सवाल किए गए। आइंस्टाइन के वायलिन-वादन के बारे में एल्सा ने विस्तार से बताया। उन्होंने कहा कि किसी सिद्धांत की रचना करने के लिए अल्बर्ट रात-दिन एक कर देते हैं।

न्यूयॉर्क पहुँचने पर उन्होंने देखा कि यहूदियों ने अपने इलाकों को अच्छी तरह सजाया था। वहाँ पर यहूदी नारे, यहूदी झंडे भी लगाए गए थे। उस समय यहूदी झंडे सिर्फ सफेद व नीले थे और डेविड का तारा जो आज होता है, नहीं था।

आइंस्टाइन समारोह स्थल पर भूरा ओवरकोट व काला हैट पहने थे। उनके एक हाथ में पाइप व दूसरे हाथ में वायलिन था। वे एक संगीत कलाकार ज्यादा लग रहे थे। मध्यम कद, मजबूत कद-काठी का शरीर, चौड़ा माथा व आँखें चमकीली थीं। चेहरे पर बचपना, सरलता व वैराग्य की झलक एक साथ मिलती थी।

आइंस्टाइन व विजमैन पत्नियों के साथ पुलिस की सुरक्षा में सिटी हॉल ले जाए गए, जहाँ पर पाँच हजार यहूदी उनके स्वागत के लिए मौजूद थे। पर आइंस्टाइन के मन में अपना ही लक्ष्य घूम रहा था। वे अपने हिब्रू विश्वविद्यालय के लिए ज्यादा-से-ज्यादा धन इकट्ठा करना चाहते थे। वे अमेरिकी बुद्धिजीवी वर्ग को अपने भौतिकी संबंधी सिद्धांतों की जानकारी देकर ज्यादा-से-ज्यादा प्रभावित करना चाहते थे, ताकि उनके उद्देश्य के लिए एक अनुकूल वातावरण बन सके।

आइंस्टाइन व विजमैन के बीच इस यात्रा के दौरान अच्छा तालमेल चलता रहा। दोनों ने 12 अप्रैल को आठ हजार यहूदियों को संबोधित किया। पर बीच में विजमैन के वक्तव्यों से कुछ विवाद खड़े हो गए और आइंस्टाइन अब उनसे अलग रहने लगे। पर दोनों के प्रयासों से दान का संचयन बढ़ता गया। 20 अप्रैल की सभा में 26,000 डॉलर एकत्रित हो गए और 1 लाख डॉलर का आश्वासन प्राप्त हो गया। लोग यहूदियों के लक्ष्य के लिए किस कदर समर्पित थे, यह इस बात से स्पष्ट होता था कि दानदाताओं की कतारें लग जाती थीं। एक बूढ़ा आदमी बोरे में भरकर एक हजार डॉलर लाया, जो सिक्कों के रूप में थे। यह उसके जीवन भर की कमाई थी।

हर भाषण में आइंस्टाइन हिब्रू विश्वविद्यालय का उल्लेख करना नहीं भूलते थे। वे कहते कि येरूशलम के पतन के बाद यह महानतम वस्तु साबित होगी, जो यहूदियों के लिए बहुत लाभदायक होगी। उन्होंने जर्मनी के यहूदियों की दिक्कतों

का भी उल्लेख किया। उन्होंने बताया कि पूर्वी व मध्य यूरोप के यहूदी शिक्षा व अनुसंधान के लिए जगह-जगह धक्के खा रहे हैं। उनकी बातों का लोगों पर इतना असर हुआ कि अमेरिकी यहूदी उनके भक्त बनते चले गए और आनेवाला पहला ही दान दस हजार डॉलर का था।

बीच-बीच में आइंस्टाइन ने सापेक्षता पर जो व्याख्यान दिए, वे निराले थे। बीच-बीच में वे उपस्थित लोगों से अनोखे अंदाज में बात करते और राष्ट्रपति से लेकर आम श्रोता सभी से एक सा व्यवहार करते थे। वे अपनी बात को समझाने के लिए ब्लैकबोर्ड पर चित्र भी खींचते थे और बीच-बीच में उनके चुटकुले वातावरण को ज्यादा गंभीर नहीं होने देते थे।

लौटते समय आइंस्टाइन अकेले यूरोप आए, क्योंकि विजमैन अपने उद्देश्य के लिए अमेरिका में ही रुके रहे। जाने से पूर्व अंतिम संयुक्त व्याख्यान के अवसर पर क्वींसलैंड में यहूदियों ने उनके सम्मान में उस दिन दूकानें बंद कर दी थीं तथा दो सौ कारों का काफिला उनके साथ चला था और उसके सामने बैंड पार्टी भी चल रही थी। भीड़ का जुनून ऐसा था कि आइंस्टाइन व विजमैन को बड़ी मुश्किल से सुरक्षित ले जाया जा सका।

इसके साथ ही यहूदी राष्ट्र की कल्पना स्पष्ट उभरने लगी। जितना अमेरिकी यहूदी आइंस्टाइन से प्रभावित हुए, उससे कहीं ज्यादा आइंस्टाइन उनसे प्रभावित हुए। अमेरिका में बसे यहूदी मूलतः रूस, पोलैंड व पूर्वी यूरोप से आए थे। उनके मन में अपनी कौम के प्रति अटूट भक्ति व निष्ठा थी।

इस यात्रा का एक सुपरिणाम यह था कि हिब्रू विश्वविद्यालय अब पैसे धन मोहताज नहीं रहा। एक अन्य तथ्य यह था कि धनाढ्य यहूदियों की अपेक्षा मध्यम वर्ग के यहूदियों ने ज्यादा दान दिया था। कुछ दिक्कतें भी आईं। बोस्टन स्थित एक क्लब में 20,000 डॉलर एकत्रित हुए थे, पर 4,000 डॉलर ही मिल पाए। विजमैन के आग्रह पर आइंस्टाइन ने इसके लिए क्लब को पत्र लिखा। एक और विचित्रता अनुभव की गई। विजमैन ने इस यात्रा को असफल बताया, क्योंकि उन्होंने ज्यादा बड़ा लक्ष्य निर्धारित किया था, जबकि आइंस्टाइन इससे संतुष्ट थे।

फिलिस्तीन की यात्रा

सफल अमेरिका यात्रा के पश्चात् यह योजना बनी कि पूर्वी विश्व की यात्रा से लौटते हुए आइंस्टाइन फिलिस्तीन की यात्रा भी करें। फिलिस्तीन सदियों से तुर्की के कब्जे में रहा था और उस समय ब्रिटिश कब्जे में था। लीग ऑफ नेशंस ने स्वतंत्र

यहूदी राष्ट्र की स्थापना को अपनी मंजूरी दे दी थी। वहाँ के लिए ब्रिटिश उच्चायोग की स्थापना की जा चुकी थी। फिलिस्तीन यात्रा के दौरान आइंस्टाइन के ब्रिटिश उच्चायुक्त के साथ रहने की व्यवस्था की गई थी, जो उस समय सर हरबर्ट के नाम से जाने जाते थे और बाद में लॉर्ड सामुवेल के नाम से जाने गए। वे एक अच्छे राजनीतिज्ञ भी थे और दार्शनिक भी। मजे की बात यह थी कि वे यहूदी थे और ब्रिटिश सरकार ने यहूदियों के प्रति आदर भाव व्यक्त करने के लिए उनकी नियुक्ति की थी। सर हरबर्ट आइंस्टाइन के सापेक्षता के सिद्धांत के प्रभाव से वे अवगत थे और भावी यहूदी-अरब संघर्ष से आशंकित थे।

आइंस्टाइन 2 फरवरी, 1923 को एल्सा के साथ तेल अबीब पहुँचे। वहाँ उनका स्वागत कर्नल फ्रेडरिक किश ने किया था, जो युद्ध में उत्कृष्ट प्रदर्शन के बाद सेना से अवकाश ग्रहण कर चुके थे। वे भी यहूदी आंदोलन में सक्रिय थे।

उस समय दुनिया के श्रेष्ठतम, पर सर्वाधिक विवादग्रस्त माने जानेवाले वैज्ञानिक आइंस्टाइन ने यहूदियों के गृहक्षेत्र आकर शीघ्र ही एक विवाद को जन्म दे दिया। उन्होंने कह दिया कि हिब्रू भाषा सीखना उनके मस्तिष्क के लिए अनुत्पादक कार्य है।

इसके बावजूद वहाँ उनका भव्य स्वागत हुआ। उनके रास्तों पर सड़क के दोनों ओर भारी भीड़ खड़ी होती थी और विशेष रूप से बच्चे हाथ हिलाकर उनका अभिवादन करते थे। कई बार उत्साहित भीड़ के कारण अवरोध उत्पन्न हो जाता और अराजकता की स्थिति उत्पन्न हो जाती थी।

आइंस्टाइन ने हिब्रू विश्वविद्यालय में अपना ऐतिहासिक भाषण दिया। आइंस्टाइन को उस स्थान की राजनीतिक स्थिति से अवगत कराया गया और बताया गया कि पाँच वर्ष पूर्व इसी जगह पर ब्रिटिश व तुर्की तोपों ने एक-दूसरे पर गोलों से प्रहार किया था और भविष्य में अरबों से गंभीर संघर्ष होने की संभावना है।

उपस्थित यहूदी कार्यकर्ताओं ने आइंस्टाइन से अनुरोध किया कि वे वहीं बस जाएँ, पर उन्होंने ऐसा करने से मना कर दिया। उन्होंने कहा कि ऐसा करने से वे यहाँ कैद होकर रह जाएँगे और उनका संबंध उनके काम व मित्रों से टूट जाएगा।

आइंस्टाइन के व्याख्यान से पूर्व आयोजकों ने उनका परिचय कराते हुए कहा कि इस स्थान पर दो हजार वर्ष पूर्व टाइटस व उनकी विरोधी सेना आमने-सामने युद्ध के लिए डटी थीं, पर आज इस स्थान पर विज्ञान का एक मंदिर बनने जा रहा है।

आइंस्टाइन सारे घटनाक्रम से काफी प्रभावित थे। उन्होंने अपना पहला वाक्य टूटी-फूटी हिब्रू भाषा में बोला और फिर फ्रेंच में व्याख्यान दिया। अंत में वे जर्मन में बोले।

अगले कुछ दिनों में उन्होंने फिलिस्तीन का दौरा किया। उन्होंने हाइफा के बाहर माउंटकार्मेल बाग में पौधारोपण किया और शहर के एक विद्यालय तथा तकनीकी विद्यालय का भी दौरा किया। वे वहाँ पर अब तक किए गए कार्य से संतुष्ट थे, इस आशय का पत्र उन्होंने विजमैन को भेजा। उन्होंने यह भी लिखा कि हालाँकि यहाँ पर समस्याएँ अभी भी हैं, पर लोग काम में जुटे हैं। जल्दी ही उच्च कक्षाओं में अध्यापन आरंभ हो जाएगा।

जब तेल अबीब में एक भव्य समारोह में उन्हें शहर की मानद नागरिकता प्रदान की गई तो इस अवसर पर उन्होंने कहा कि हालाँकि उन्हें न्यूयॉर्क शहर की मानद नागरिकता मिल चुकी है, पर उस उपलब्धि की अपेक्षा इस उपलब्धि पर उन्हें दस गुनी ज्यादा प्रसन्नता हो रही है, क्योंकि यह उनको अपने यहूदी भाइयों से मिल रही है। उन्होंने अपने राष्ट्र की स्थापना का संकल्प यात्रा की अंतिम घड़ी तक दोहराया।

आइंस्टाइन के यहूदी-प्रेम की झलक उनके सुझावों से मिलती है। उन्होंने कहा कि पिछले दो हजार वर्षों में यहूदियों ने तमाम मेधावी संतानें पैदा की हैं। इन सभी के कृतित्व को सम्मानपूर्वक दर्ज किया जाना चाहिए। यही नहीं, पूरे संसार में बिखरे होने के बावजूद उन्होंने अपनी परंपरा को सँजोए रखा है। यह परंपरा जारी रहनी चाहिए। अब यहूदी अपने देश के निर्माण में लगे हैं। यह वतन भी सबसे निराला होना चाहिए।

अपनी यात्रा के दौरान आइंस्टाइन दुनिया की अच्छी बातों की तारीफ भी करते रहे। उन्होंने कहा कि अरब किसानों की पोशाक उन्हें बहुत अच्छी लगती है। उन्हें जापानियों का जीवन सुंदर लगा और उन्होंने जापानियों द्वारा अपने सम्मान में दिए भोज की जगह-जगह प्रशंसा की। यात्रा के दौरान वायलिन उनके साथ रहा और अकसर भोजन के पश्चात् उन्होंने मेजबानों को उस पर धुनें सुनाईं।

यात्रा के दौरान उनकी कड़ी सुरक्षा व्यवस्था की गई थी। उनके सम्मान में तोप के गोले भी दागे गए। आइंस्टाइन को यह सब असहज लगता था। एल्सा को भी ये औपचारिकताएँ पसंद नहीं थीं। कई बार दोनों ने ये औपचारिकताएँ तोड़ भी डालीं।

फरवरी के मध्य में आइंस्टाइन वापस लौट गए। उनके मस्तिष्क में फिलिस्तीन की यात्रा की छवि अच्छी तरह बस गई। उन्होंने विजमैन को लिखे पत्र में यहूदी राष्ट्र के गठन के लिए समर्पण को और जोरदार तरीके से व्यक्त किया। पर कुछ मामलों में उनके विचार कुछ अलग थे। वे यहूदी राष्ट्र की स्थापना के लिए अरब मुल्कों के साथ स्पष्ट समझौता करना चाहते थे। उनके सुझाव का अनेक प्रतिष्ठित

यहूदियों ने समर्थन भी किया। उन्होंने कहा कि यहूदियों की समितियों का गठन किया जाना चाहिए, जो आस-पास के अरब किसानों व ग्रामीणों से बातचीत करे। उन्हें इस बात पर चिंता थी कि अरबों का रुख इस विषय पर कड़ा होता जा रहा है।

सन् 1925 में यहूदियों के लिए बने हिब्रू विश्वविद्यालय ने औपचारिक रूप से काम करना प्रारंभ कर दिया। पर आइंस्टाइन विश्वविद्यालय के प्रशासक जूडाह मैग्नेस के तौर-तरीकों से नाखुश थे। उन्हें लगता था कि वे अमेरिका के हितों के अनुरूप कार्य कर रहे हैं, क्योंकि उसने बड़े पैमाने पर धन का निवेश किया है।

उधर हिब्रू विश्वविद्यालय का लगातार विस्तार हो रहा था। आइंस्टाइन को इसके गवर्नरों के बोर्ड का सदस्य बनाया गया था। सितंबर 1925 में उनकी अध्यक्षता में इसकी एक बैठक म्यूनिख में हुई थी। बाद में बोर्ड का विस्तार हुआ। एक ओर अकादमिक परिषद् का गठन हुआ और दूसरी ओर फिलिस्तीन कार्यकारिणी का भी सृजन हुआ। इस विश्वविद्यालय के दो नियंत्रण केंद्र बने। एक केंद्र लंदन में था; जहाँ पर विजमैन विश्वविद्यालय के बोर्ड के आजीवन अध्यक्ष नियुक्त हो चुके थे; दूसरा केंद्र येरूशलम था, जहाँ पर जूडाह मैग्नेस चांसलर नियुक्त हो चुके थे।

मैग्नेस न्यूयॉर्क के यहूदी समुदाय से ज्यादा प्रभावित थे और प्रथम विश्वयुद्ध से पूर्व वे वहीं रहते थे। उनके विचार विजमैन से भी अलग थे, पर संयोग से सन् 1925-35 के दशक में विजमैन मैग्नेस का समर्थन करते रहे, जबकि आइंस्टाइन विरोध करते रहे।

इस प्रकार विश्वविद्यालय की स्थापना के साथ ही खींचतान और वाक्युद्ध चल पड़ा। आइंस्टाइन भी कम मुखर नहीं थे। विश्वविद्यालय के लिए सर्वाधिक धन अमेरिकियों ने दिया था और वे लोग मैग्नेस को पसंद करते थे। मैग्नेस के पास शिक्षण संबंधी भी अच्छा अनुभव था। पर काम करने का तरीका बिलकुल अलग था और सन् 1925 में औपचारिक रूप से आइंस्टाइन तथा मैग्नेस के बीच विवाद आरंभ हो गया। बोर्ड की बैठक के मिनट्स पर आरंभ यह विवाद धीरे-धीरे बड़ा रूप लेने लगा।

बढ़ते मतभेदों के मद्देनजर विजमैन बीचबचाव करने बर्लिन आए। उधर-आइंस्टाइन बोर्ड से इस्तीफा देने का मन बना चुके थे। विजमैन ने समझाया कि यदि वे इस्तीफा दे देंगे तो मैग्नेस सर्वेसर्वा हो जाएँगे। उन्होंने यह भी कहा कि विश्वविद्यालय अभी भी स्वैच्छिक चंदे से ही चलता है और उसके लिए काफी हद तक मैग्नेस पर निर्भर रहना पड़ता है। विजमैन का मानना था कि अभी विश्वविद्यालय अपना काफी दायित्व पूरा कर रहा है और यदि विवाद बढ़ा तो इसका अस्तित्व बच नहीं पाएगा।

लेकिन आइंस्टाइन मैग्नेस की मनमानी को ज्यादा दिनों तक झेल नहीं पाए और 14 जून, 1928 को उन्होंने विश्वविद्यालय संबंधी मामलों से अपने आपको पूरी तरह अलग कर लेने का फैसला कर लिया। पर उनके यहूदी मित्रों व शुभचिंतकों का भारी दबाव था कि वे इसे सार्वजनिक न करें। आइंस्टाइन के मन में भी इस विश्वविद्यालय के प्रति प्रेम इतना गहरा था कि वे ऐसा करने में हिचकिचाते रहे।

अगस्त 1929 में ज्यूरिख में सोलहवीं यहूदी कांग्रेस का आयोजन हुआ। आइंस्टाइन खुशी-खुशी वहाँ पहुँचे। उन्हें वहाँ पर व्याख्यान भी देना था तथा मिलेवा व अपने बच्चों से भी मिलना था। उनकी पुरानी यादें ताजा हो उठीं और उन्होंने अपनी पुरानी दुकान से सिगार खरीदे। टूटे हुए परिवार से लंबी व प्रेमपूर्ण बातचीत हुई।

समय के साथ यहूदी आंदोलन को एक के बाद एक आघातों का सामना करना पड़ा फिलिस्तीन में यहूदी-विरोधी दंगे आरंभ हो गए। एक प्रमुख यहूदीवादी का ऑपरेशन के पश्चात् निधन हो गया। इसी दौरान अमेरिका में शेयर बाजार औंधे मुँह गिरा। यूरोप में भी बुरी तरह मंदी छा गई। भावी यहूदी राष्ट्र के लिए धन के स्रोत सूखते चले गए। यहूदीवाद को इन सबसे गहरा झटका लगा। आइंस्टाइन पर कोई सीधा असर तो नहीं पड़ा, पर वे भी चिंतित थे। उधर फिलिस्तीन में अरबों द्वारा यहूदियों की हत्याओं पर जगह-जगह चिंताएँ व्यक्त की गईं। यहूदी नेताओं ने माँग की कि अरब हत्यारों को कड़ी-से-कड़ी सजा दी जाए। पर इस बारे में आइंस्टाइन की राय कुछ अलग ही थी। उन्होंने जोर दिया कि इस घटना के मनोवैज्ञानिक पहलुओं का ज्यादा-से-ज्यादा अध्ययन किया जाए। अंग्रेजी के बजाय अरबों को अरबों की ही भाषा में समझाने का प्रयास किया जाए। भड़काने के बजाय शांत करने के प्रयास किए जाएँ। वे गांधीजी के सिद्धांत से सहमत थे कि मारनेवाले के सामने दूसरा गाल भी कर दिया जाए।

पर इन विरोधों के बावजूद आइंस्टाइन यहूदीवाद से जुड़ते ही चले गए और मृतक यहूदियों की शोकसभा में शांति धुन बजाने से लेकर उनके परिवार कल्याण के लिए धन जुटाने तक सभी में वे आगे ही रहे।

□

पलायन की तैयारी

सन् 1928 में लंबी बीमारी से उबरते हुए 1929 के आरंभ में आइंस्टाइन ने सोचना आरंभ किया कि आखिर बीमारी के भी अपने फायदे हैं। बीमार व्यक्ति को सोचने का काफी समय मिल जाता है। आइंस्टाइन का शरीर इस बीमारी के कारण काफी ढल गया था, पर मन काफी मजबूत हो गया था।

बीमारी के बाद उन्होंने जर्मनी व आस-पास के यूरोपीय देशों में अपने मित्रों से तेजी से संपर्क किया। अपने अमेरिकी मित्रों व शुभचिंतकों को भी पत्र लिखे। इसी वर्ष उनका पचासवाँ जन्म-दिवस भी था। उनकी हार्दिक इच्छा थी कि यूरोप दोबारा युद्ध की चपेट में न आए।

इसके अलावा उन्होंने अपना वैज्ञानिक कार्य भी दोबारा आरंभ कर दिया। उनका लक्ष्य एकीकृत सिद्धांत था जिसके तहत सभी सिद्धांत आते थे; पर जब उन्होंने इस प्रस्ताव को अन्य वैज्ञानिकों के समक्ष रखा तो उन्होंने इसे असंभव बताया। वोल्फ गांग पॉली ने साफ कहा कि विद्युत् चुंबकीय नियम व गुरुत्वाकर्षण नियम का संगम संभव नहीं है।

दूसरी ओर एडिंग्टन जैसे विद्वान् आशावादी थे। इस दिशा में आइंस्टाइन के कुछ शोधपत्र प्रकाशित भी हो चुके थे। यह विषय अखबारों में चर्चा का विषय भी बन चुका था। अनेक पत्रकारों ने इस विषय पर उनके साक्षात्कार प्रकाशित किए थे। डॉ. वाल्देर मायर जैसे ऑस्ट्रियाई विद्वान् इस विषय पर उनके सहायक के रूप में काम करने के लिए जुड़ चुके थे। अक्तूबर 1931 में एकीकृत सिद्धांत प्रकाशित भी हुआ।

पचासवें जन्मं-दिवस के अवसर पर अनेक समारोह हुए। पेरिस विश्वविद्यालय सहित अनेक विश्वविद्यालयों ने उन्हें मानद डॉक्टरेट की उपाधि से विभूषित किया। बर्लिन प्रशासन ने भी माना कि आइंस्टाइन शहर के प्रतिष्ठित व्यक्तियों में से हैं और

यह प्रस्ताव आया कि आइंस्टाइन को इस अवसर पर एक मकान व एक बगीचा भेंट किया जाए।

आइंस्टाइन को नाव खेने का शौक बहुत पहले से ही था। इस बात का भी ध्यान रखा गया कि उन्हें ऐसा मकान दिया जाए, जिसके पास में नदी या झील हो, जहाँ फुरसत के वक्त वे नाव खे सकें। उत्साही एल्सा ऐसे एक मकान का चुपके से मुआयना भी कर आई।

बर्लिन परिषद् के पास एक ऐसा मकान था, लेकिन उन्होंने इसे पहले ही पट्टे पर दे दिया था। अत: उन्होंने पास के एक खाली पड़े भूखंड को चुना। यह तय हुआ कि आइंस्टाइन इस पर स्वयं मकान बना लें। इसका खर्च भी आइंस्टाइन ही उठाएँ। पर यहाँ भी एक अड़चन आ गई। पिछले पट्टे की शर्त थी कि उस इलाके में और कोई मकान नहीं बनेगा। अब एकमात्र विकल्प यह था कि आइंस्टाइन का प्लॉट खाली ही पड़ा रहे। इसके साथ ही परिषद् का मजाक बनना आरंभ हो गया।

अब परिषद् ने प्रस्ताव किया कि आइंस्टाइन खुद ही प्लॉट चुन लें और परिषद् उसका भुगतान कर देगी। एल्सा ने जगह चुन भी ली। परिषद् में स्वीकृति के लिए प्रस्ताव जब आया तो एक राष्ट्रवादी पार्टी सामने आ गई और उसने प्रश्न किया कि क्या आइंस्टाइन इतने योग्य हैं कि उन्हें उनकी पसंद का तोहफा नगरपालिका की ओर से दिया जाए?

निश्चय ही जोरदार बहस हुई होगी और प्रस्ताव पर निर्णय अगली बैठक के लिए टाल दिया गया। अनेक लोग इस प्रयास में जुट गए कि परिषद् का प्रयास कार्यान्वित न होने पाए। वे यह भी चाहते थे कि आइंस्टाइन समर्थकों की खिल्ली उड़े।

आइंस्टाइन स्थिति को भाँप गए। उन्होंने शहर के मेयर को लिखा कि उनकी शुभकामनाओं के लिए धन्यवाद। उनका जन्मदिन अब पुरानी बात हो चुकी है। अब तोहफे की आवश्यकता नहीं है। आइंस्टाइन ने वह प्लॉट खुद ही खरीद लिया और बाद में मकान भी बना लिया। वे मकान के मालिक हो गए, हालाँकि इस प्रक्रिया में उनकी अब तक की जमा-पूँजी समाप्त हो गई। मजाक-मजाक में आइंस्टाइन ने यह भी कह डाला कि अब वे जमींदार हो गए हैं और ज्यादा सुरक्षित महसूस कर रहे हैं।

नए मकान का परिवेश ग्रामीण व प्राकृतिक अधिक था। हालाँकि मकान मुख्य सड़क पर था, पर उसपर भीड़ सप्ताहांत ही हो पाती थी, जब लोग आस-पास के जंगलों, झीलों, झरनों आदि का नजारा लेने आते थे।

मजे की बात यह थी कि मकान का डिजाइन तैयार करनेवाले वास्तुकार ने भी प्रकृति व आधुनिकता का अद्‌भुत सम्मिश्रण किया था। निर्माण में लकड़ी का प्रयोग ज्यादा किया गया था। अब आइंस्टाइन का जीवन अधिक व्यवस्थित लगने लगा था।

वे ऊपर के कमरे में पढ़ते व सोते थे तथा किताबें करीने से लगी होती थीं। उनकी एक खिड़की बालकनी में खुलती थी तथा वहाँ से बाहर का सुंदर नजारा दिखाई देता था। वहीं पर डेस्क थी जिस पर वैज्ञानिक आइंस्टाइन काम करते थे।

उनके पचासवें जन्म-दिवस पर उनके मित्रों ने उन्हें एक नाव उपहार में दी थी। आइंस्टाइन उसका भी यदाकदा प्रयोग करते थे। इस बीच उनके धर्म संबंधी विचारों पर भी विवाद खड़ा हुआ। आइंस्टाइन अपने सापेक्षता सिद्धांत के आधार पर विश्व की उत्पत्ति व विकास की प्रक्रिया पर प्रकाश डाल रहे थे, वहीं लोग उनसे पूछ बैठते थे कि क्या वे ईश्वर में विश्वास करते हैं ?

आइंस्टाइन ने उनका स्पष्ट उत्तर दिया 'मैं उस ईश्वर में विश्वास करता हूँ जो प्रकृति में मौजूद व्यवस्था के लिए जिम्मेदार है। मैं उस ईश्वर पर विश्वास नहीं करता, जो मनुष्य के भाग्यों व कर्मों का लेखा-जोखा करता है।' आइंस्टाइन ने धर्म के बारे में भी अपने विचार रखे और कहा कि यह मनुष्य की भावनात्मक व मनोवैज्ञानिक मनोवृत्ति है। इसके आधार पर प्रकृति के अस्तित्व पर विश्वास किया जाना चाहिए। इसका आधार तर्क होना चाहिए।

उनका यह मानना था कि धर्म को नशे की वस्तु नहीं बनने दिया जाना चाहिए। उनके विचार अद्वैतवाद से प्रेरित थे। वे यह मानते थे कि विज्ञान व धर्म मानव जीवन के अलग-अलग पहलुओं पर प्रभाव डालते हैं और ये एक-दूसरे के विरोधी नहीं वरन् पूरक हैं।

नए मकान में आकर आइंस्टाइन काफी व्यस्त हो चले थे। उनके घर पर आगंतुकों, संवाददाताओं का ताँता लगा रहता था। चूँकि टेलीफोन नहीं था, अत: लोग बिना समय लिये रेलगाड़ी से पोस्टडैम व उसके बाद बस से उनके इलाके में आ जाते थे। उन्हें पैदल रास्ता कम तय करना पड़ता था। आनेवाले विविध विषयों पर उनसे चर्चा करते थे और ये विषय युद्ध, शांति, भावी परमाणु शक्ति, साहित्य आदि सभी से जुड़े थे। ऑटो हान, जिन्होंने परमाणु विखंडन पर नियंत्रण लाने की प्रक्रिया पर अनुसंधान किया था, ने भी उनसे लंबी चर्चा की थी।

उधर साहित्य के नोबेल पुरस्कार विजेता गुरुदेव रवींद्रनाथ टैगोर ने भी उनसे लंबी चर्चा की। संयोग से जब यह चर्चा अमेरिकन हिब्रू में छप गई तो आइंस्टाइन नाराज भी हुए और उन्होंने कहा कि यदि दो लोग एक-दूसरे पर बहुत ज्यादा विश्वास करके बातें करते हैं तो उसका लेखा-जोखा करना या छापना अनुचित है।

आइंस्टाइन व गुरुदेव के बीच प्रेम, सौंदर्य आदि पर चर्चा हुई। गुरुदेव ने बताया कि सत्य या सौंदर्य यदि मानव से अलग हो जाएँ तो उनका कोई अर्थ नहीं है। यदि संसार में मनुष्य न हो तो सौंदर्य का कोई उपयोग नहीं है। आइंस्टाइन ने

माना कि सौंदर्य तो मनुष्य के बिना अर्थहीन है, पर सत्य के बारे में उनके विचार अलग थे। वे सत्य के स्वतंत्र अस्तित्व को मानते थे। बातों-बातों में आइंस्टाइन कह बैठे कि मैं आपसे ज्यादा धार्मिक हूँ। उन्होंने यह भी साबित करने की कोशिश की कि वैज्ञानिक सत्य मनुष्य पर निर्भर नहीं हैं। उन्होंने प्रमाण के रूप में पाइथागोरस की प्रमेय के बारे में बताते हुए कहा कि इसके सत्य होने के साथ मनुष्य के अस्तित्व का कोई संबंध नहीं है। जब पृथ्वी पर मनुष्य नहीं था तब भी इस प्रमेय के आधार पर वैसा ही परिणाम आता था। यही नहीं, हर प्रकार की वास्तविकता मानव के अस्तित्व पर निर्भर नहीं है। पर यह भी सत्य है कि मनुष्य की पहुँच के परे जो सत्य है उसे जानना या समझना अत्यंत कठिन है। यही कारण है कि हम सत्य को परामानवीय वस्तु मानते हैं। हमारे अनुभव व विचार ऐसे होते हैं कि कई बार उनका सही या सर्वमान्य अर्थ नहीं निकल पाता है।

इसी तरह की चर्चाएँ अन्य मेहमानों के साथ भी होती थीं। ये चर्चाएँ मनुष्य, ब्रह्मांड व ईश्वर की प्रकृति पर आधारित होती थीं। कई बार ये चर्चाएँ हलके वातावरण में होती थीं, पर कई बार गंभीर रूप धारण कर लेती थीं।

आइंस्टाइन अपनी मुद्राएँ व भाव इस दौरान बदलते रहते थे। कई बार वे आसमान की ओर मुख करके कहने लगते थे कि हम उसके बारे में कुछ नहीं जानते। हमारा सारा ज्ञान स्कूल के बच्चों जैसा ही है। वे अपने कंधों को उचकाकर कहते कि यदि हम रहस्यों को जानने की कोशिश भी करें, जैसी कि सुकरात ने की थी, तो भी कुछ खास नहीं निकलेगा।

इन चर्चाओं के मध्य आइंस्टाइन का एकीकृत सिद्धांत प्रतिपादित करने का प्रयास जारी रहा। वह समय परिवर्तन का दौर था। एक ओर क्वांटम मैकेनिक्स का उदय हो चुका था तो दूसरी ओर कैलीफोर्निया में नई दूरबीन स्थापित हो चुकी थी जिसकी सहायता से ब्रह्मांड को और गहराई से देखने का प्रयास किया जा रहा था। परमाणु भौतिकी के क्षेत्र में परमाणु के बारे में अधिक-से-अधिक जानकारियाँ एकत्रित हो रही थीं।

उधर आइंस्टाइन में एक विशेषता और थी। उन्हें अपने काम के लिए किसी उपकरण की आवश्यकता नहीं थी। कंप्यूटर का प्रयोग उस समय नहीं के बराबर होता था। वे मात्र अध्ययन के सहारे ही आगे बढ़ते जा रहे थे। दुनिया भर के वैज्ञानिक अपनी नवीनतम जानकारियों को लेकर आइंस्टाइन के पास चर्चा के लिए आते थे। क्रिस्टल (रवा) के यांत्रिक व विद्युत् गुणों के बारे में चर्चा के लिए एक रूसी वैज्ञानिक जॉफ उनके पास आए तो चर्चा इतनी गंभीर व लंबी हो गई कि समय

का पता ही नहीं चला। रात्रि आठ बजे भोजन लग गया, पर आइंस्टाइन चर्चा में इतने उलझे थे कि काँटे के प्रयोग से ग्रास मुँह तक नहीं ले जा पा रहे थे। कभी ग्रास नीचे गिर जाता था तो कभी काँटा उनके चेहरे पर निशान छोड़ देता था।

किसी तरह भोजन पूरा हुआ, पर चर्चा चलती रही। जॉफ की अंतिम रेलगाड़ी, जो उनके शहर जाती थी, का भी समय निकल गया। आधी रात हो गई। जॉफ ने कहा कि चर्चा फिर किसी दिन पूरी की जाए, पर आइंस्टाइन इस कदर खो गए थे कि उन्हें सुनाई ही नहीं दिया।

चर्चा तभी रुकी जब दोनों संतुष्ट व तृप्त हो गए। इस तरह का वाकया कई वैज्ञानिकों के साथ हुआ था। कई बार वे दूसरे वैज्ञानिकों के पास वैज्ञानिक चर्चा के लिए गए और उनकी दिनचर्या बिगाड़ दी। वे अकसर मुँहअँधेरे चार बजे ही उठ जाते थे और मेजबान की कुरसी-मेज पर बैठकर लिखना-पढ़ना आरंभ कर देते थे। लिखने के लिए जो कुछ भी मिलता, जैसे जूतों का बिल, उसी पर लिखने लगते।

एक बार उन्होंने प्लैश के जूतों के बिल पर लिख दिया और जब प्लैश ने उनसे वह बिल माँगा, क्योंकि उन्हें वह भुगतान कहीं से मिलना था, तो आइंस्टाइन को लगा कि वह कागज तो अब मूल्यवान् हो गया है, क्योंकि उस पर नया सूत्र लिखा जा चुका है तो उसके एवज में उन्होंने प्लैश को अपना हाल में प्राप्त किया गया स्वर्ण पदक दे दिया। इसका एक कारण यह भी था कि उस समय आइंस्टाइन पर सम्मानों, पदकों व इनामों-इकरामों की बरसात हो रही थी।

पर सबकुछ इतना सुखद नहीं था। जर्मनी में राष्ट्रवादियों व शांतिवादियों के बीच जंग तेज हो रही थी। शांतिवादी और अंतरराष्ट्रीयवादी आइंस्टाइन का खुलकर सहारा ले रहे थे और तरह-तरह से उपयोग कर रहे थे। अब तक का आइंस्टाइन का काम, उनका व्यवहार, विभिन्न आंदोलनों में उनकी भागीदारी उनके खिलाफ भी जा रही थी।

उनसे चिढ़ने का एक कारण और था। आइंस्टाइन यहूदी छात्रों या विदेशियों का पक्ष ज्यादा लेते थे। अपने लेखों का अनुवाद करने या अन्य कामों के लिए वे उन्हीं को तरजीह देते थे। उनके हीरो होने का फायदा वे दूसरे लोग ज्यादा उठा रहे थे जो जर्मनों की आँखों में खटकते थे।

उधर जर्मनी में हालात बिगड़ रहे थे। नाजियों का प्रभाव बढ़ रहा था। यहूदियों की दूकानें लूटी जा रही थीं। यहूदी भावी खतरे के प्रति आशंकित थे। आइंस्टाइन भी झील में नाव चलाते अकसर इसके बारे में चिंता करते थे।

अब बड़ी संख्या में वैज्ञानिक भी आइंस्टाइन के खिलाफ गोलबंद होने लगे थे।

सौ जर्मन वैज्ञानिकों ने मिलकर आइंस्टाइन व उनके सिद्धांत के खिलाफ एक पुस्तक प्रकाशित की। इसमें सापेक्षता के सिद्धांत के गलत या कंगाल होने के बारे में बेहूदी टिप्पणियाँ थीं।

आइंस्टाइन को लगा कि ये समस्याएँ भावी समस्याओं के पहाड़ की उभरती हुई चोटी मात्र हैं। अब वे पत्नी एल्सा के साथ अन्य देश में नौकरी करने व बसने के बारे में सोचने लगे। उन्होंने अन्य यहूदियों को भी ऐसा ही करने की सलाह देने का निर्णय किया, पर आरंभ में हिचकिचाए।

पर यह इतना आसान नहीं था। बर्लिन के अनेक भौतिकीविद् उन्हें इतना चाहते थे कि उनका बर्लिन छोड़ना कठिन था। इसके अलावा अनेक लोगों का रोजगार उन पर निर्भर था। उनके मन में जर्मनी के प्रति कृतज्ञता का भाव भी था। कई बार उन्होंने देश छोड़ने या दूसरी जगह नौकरी हेतु आवेदन करने के लिए पत्र लिखा, पर वे उसे डाक बक्से में डाल नहीं पाए।

हालाँकि वे अनेक देशों के शिक्षण संस्थानों को अपनी सेवाएँ दे रहे थे, पर वे कैसर विल्हेम संस्थान के प्रति वफादार भी बने रहे। उधर कैलीफोर्निया इंस्टीट्यूट ऑफ टेक्नोलॉजी ने उनकी नियमित सेवाएँ माँगीं। ऑक्सफोर्ड स्थित क्राइस्ट चर्च ने उन्हें अनुसंधान हेतु फैलोशिप दी। इसके अंतर्गत उन्हें साल में कुछ समय के लिए वहाँ रहना भी था।

उथल-पुथल भरे माहौल में आइंस्टाइन विविध संस्थानों में अपना दायित्व निभाते रहे। इसका लाभ भी हुआ। बेल्जियम के राजपरिवार से उनके संबंध अच्छे हो गए और उन्हें पता चल गया कि वहाँ के यूरेनियम का प्रयोग जर्मनी भावी परमाणु हथियारों के लिए करना चाह रहा है।

उनके इसी तरह के संबंध ब्रिटिश राजपरिवार से भी हुए। महारानी विक्टोरिया, जो उस समय राजकुमारी विक्टोरिया थीं, ने उन्हें वायलिन-वादन हेतु बुलाया और संगत भी की। इस अवसर पर खींची गई उनकी तसवीरें आकर्षण का केंद्र बनीं।

अनेक अवसरों पर आइंस्टाइन को अद्‍भुत दावतें मिलीं। ब्रिटिश राजमहल में उनके भोजन के दौरान सिर्फ शाकाहारी व्यंजन थे और कोई नौकर-चाकर नहीं था। इस दौरान मेजबान उनकी पसंद के आलू, मूली की सब्जी परोस रहा था और आइंस्टाइन अचानक आए खयाल को कागज पर दर्ज करना चाह रहे थे, पर कागज मिल नहीं रहा था।

आइंस्टाइन की जेब में तरह-तरह की चीजें भरी रहती थीं। पेन में लगा चाकू, रस्सियों के टुकड़े, बिस्कुट का चूरा, कागज की छोटी-छोटी पर्चियाँ, बस के पुराने टिकट, रेजगारी, पाइप से निकले तंबाकू का जला-अधजला चूरा आदि।

कई बार उनकी जेब से अति महत्त्वपूर्ण कागज भी बुरी हालत में निकलते, जिनमें राजपरिवारों द्वारा उनको समर्पित कविताएँ, गूढ़ फॉर्मूले, जटिल गणनाएँ आदि होती थीं। महारानी विक्टोरिया उनकी अत्यधिक मुरीद थीं, पर उनकी दी हुई चीजों को आइंस्टाइन सँभाल नहीं पाते थे।

आइंस्टाइन धर्म और विज्ञान के संश्लेषण करने में भी काफी समय दे रहे थे। 'न्यूयॉर्क टाइम्स' में उन्होंने इस विषय पर एक लेख लिखा, जिसमें अब तक की धार्मिक मान्यताओं से अलग सृष्टि की उत्पत्ति की कल्पना को सबके सामने रखा। उनके धर्म संबंधी विचार उस समय अजूबा ही माने जाते थे। इन विचारों को पाने के लिए मीडिया ही नहीं वरन् उनके मित्र, सहयोगी व परिचित भी लालायित रहते थे। विशेष बात यह थी कि उन्हें चर्च में कोई विश्वास नहीं था, पर वे धार्मिक विश्वास को मूर्खता नहीं मानते थे। वे यह भी कहते थे कि ईश्वर पर अविश्वास कोई बुद्धिमत्ता भी नहीं है। चूँकि उन्होंने संसार को पदार्थ व ऊर्जा के आपसी परिवर्तन का सूत्र बतला दिया था, अत: वे यह भी मानते थे कि इतनी व्यापक ऊर्जा के पीछे कोई तो होगा।

आइंस्टाइन एक धनी मस्तिष्क के स्वामी थे, पर वे यह भी मानते थे कि मनुष्य का मस्तिष्क अदना सा होता है और वह इस विश्व में मौजूद समरसता के कारण को जानने में समर्थ नहीं है। वे उन लोगों से काफी नाराज रहते थे, जो उनके तर्कों का सहारा लेकर ईश्वर के अस्तित्व को नकारने का प्रयास करते थे।

धर्म व विज्ञान संबंधी उनके लेख की व्यापक प्रतिक्रिया हुई। 'न्यूयॉर्क टाइम्स' के प्रथम पृष्ठ पर छपे इस लेख में उन्होंने लिखा था कि मनुष्य जो कुछ भी सोचता या करता है, वह अपनी आवश्यकताओं की पूर्ति के लिए ही करता है। वह दर्द या परेशानी से बचने का भी प्रयास करता है। धार्मिक मान्यताएँ भी निश्चित क्रम से विकसित हुई हैं। सामान्य जन डर के कारण धर्म को अपनाता है और अधर्म से बचने का प्रयास करता है। बाद में धर्म सामाजिक भावनाओं में प्रवेश कर गया और समाज को चलानेवाले नियम उसपर आधारित हो गए। धीरे-धीरे पूरा संसार ही धर्म पर आधारित हो गया।

वे यह भी मानते थे कि धर्म संसार की सबसे शक्तिशाली वस्तु बन चुका है। अब तक इसने वैज्ञानिक अनुसंधान को भी काफी प्रेरित किया है।

आइंस्टाइन के धर्म संबंधी विचारों का कुछ लोगों ने समर्थन भी किया। उनका मानना था कि ये विचार आम आदमी के विचारों से अलग अवश्य हैं, पर इनके पीछे तर्क है। दूसरी ओर कैथोलिक शिक्षकों के संगठन ने उन्हें मूर्खतापूर्ण बताया।

उधर आइंस्टाइन निराकार ब्रह्म, निश्चित नियमों से चल रहे ब्रह्मांड, चर्च-विहीन धर्म, धन के प्रति अनासक्ति, भौतिकवाद का विरोध, विश्व स्तर की एक सरकार, शांतिवाद, समाजवाद आदि की वकालत करते रहे। उनकी बातों का ज्यादातर जगहों पर विरोध हो रहा था।

विशेष बात यह भी थी कि आइंस्टाइन के पास व्यावसायिक मॉडल के रूप में काम करने के प्रस्ताव तेजी से आ रहे थे। संगीत वाद्य उपकरणों, प्रसाधन सामग्री, कपड़ों आदि के निर्माता उनके एक वक्तव्य के लिए लालायित रहते थे। वह इतना भर चाहते थे कि वे कह दें कि उन्होंने उनके उत्पाद का उपयोग किया और वे संतुष्ट हुए।

लेकिन आइंस्टाइन इन प्रस्तावों को अपना अपमान मानते थे। वे अपना उपयोग सिर्फ शांतिवाद व यहूदीवाद के लिए सीमित रखना चाहते थे। इस कारण अनेक लोग नाराज भी होते चले गए।

सारी उथल-पुथल के बीच आइंस्टाइन यात्राएँ भी खूब कर लेते थे, पर नाराजगी से वहाँ भी बच नहीं पाते थे। जिस जहाज पर वह यात्रा करते वह कंपनी तो प्रसन्न हो जाती, पर दूसरे जहाजवाले नाराज व निराश हो जाते थे।

एक बार वे एक जहाज से उतरे तो उन्हें एक साथ पचास पत्रकारों ने घेर लिया। उनसे तरह-तरह के सवाल होने लगे। जैसे चौथे आयाम के बारे में एक शब्द में बताइए, सापेक्षता सिद्धांत के बारे में एक वाक्य में बताइए, राजनीति व धर्म के बारे में बताइए आदि-आदि। उनके वायलिन के बारे में भी सवाल पूछे गए।

तरह-तरह की भाषाओं में पूछे गए सवालों का जवाब देने में आइंस्टाइन के साथ चल रहे जर्मन दूतावास अधिकारी व एल्सा ने काफी मदद की। आइंस्टाइन बीच-बीच में हलके-फुलके मजाक भी कर ले रहे थे, पर पत्रकारों के सवालों की गंभीरता बढ़ती ही जा रही थी। हर प्रश्न पूर्ण बहस का विषय बनता जा रहा था। उनसे हिटलर के बारे में भी पूछा गया। आइंस्टाइन ने स्पष्ट उत्तर दिया कि वे हिटलर से परिचित हैं और वह लोगों के भूखे पेटों पर राज कर रहा है। ज्यों ही जर्मनी की आर्थिक स्थिति सुधरेगी, उसका महत्त्व घट जाएगा।

आइंस्टाइन गरीबों के सहायतार्थ अपना उपयोग होने पर संकोच नहीं करते थे। वे जहाज से रेडियो कंपनियों के लिए प्रसारण करते थे और प्राप्त आय को बर्लिन के गरीबों के लिए दान कर देते थे। एक बार जहाज पर यात्रा करते हुए उन्होंने दो रेडियो कंपनियों के लिए प्रसारण किया और उनसे प्राप्त 1000 डॉलर दान कर दिए।

अनेक चित्रकार आइंस्टाइन का चित्र बनाना चाहते थे। प्रचार-प्रसार से बचनेवाले आइंस्टाइन आमतौर पर इसकी अनुमति नहीं देते थे। ऐसे में चित्रकार मौके की तलाश में रहते थे। एक बार जहाज में यात्रा करते समय वे भोजन कक्ष में बैठकर भोजन कर रहे थे। बगल में बैठे चित्रकार ने उनका चित्र चुपके से तैयार कर डाला। खाना खाकर जब आइंस्टाइन उठे तो उस चित्रकार ने उन्हें अपनी रचना दिखलाई। आइंस्टाइन जोर से हँसे और कुछ आनाकानी के पश्चात् उन्होंने उस पर हस्ताक्षर कर दिए। साथ ही यह भी लिख दिया—'यह मोटा सुअर जैसा आदमी आइंस्टाइन जैसा लग रहा है।'

लोग उनका ऑटोग्राफ लेने के लिए लालायित रहते थे। प्रारंभिक दौर में वे उससे भी बचते थे। बाद में उन्होंने बर्लिन स्थित गरीबों के लिए एक फंड की स्थापना की और हर सामान्य ऑटोग्राफ के लिए 3 डॉलर और फोटोग्राफ पर ऑटोग्राफ के लिए 5 डॉलर लेने लगे। एल्सा इसका बाकायदा हिसाब रखतीं और समय-समय पर पैसा आगे भेजती रहती थीं।

न्यूयॉर्क की ओर जाता जहाज जब हवाना द्वीप पर रुका तो आइंस्टाइन ने देखा कि एक ओर विलासितापूर्ण जीवन से भरे क्लब हैं और दूसरी ओर घोर गरीबी है। आइंस्टाइन को यहाँ के अश्वेतों के प्रति बड़ी सहानुभूति पैदा हुई।

आइंस्टाइन अमेरिका में तेजी से लोकप्रिय होते जा रहे थे। आम अमेरिकियों की भीड़ उनका ऑटोग्राफ पाने के लिए उमड़ पड़ती थी। आइंस्टाइन ऑटोग्राफ देते जाते और हँसकर कहते जाते कि यह धंधा अच्छा चल रहा है। शायद बर्लिन में अब कोई ग़रीब नहीं रहेगा। यहूदी भी उन्हें सम्मानित करने का मौका ढूँढ़ते थे।

अमेरिका प्रवास में आइंस्ट्राइन दंपती ने चार्ली चैपलिन के साथ भोजन किया। चैपलिन उनसे मिलकर अत्यंत प्रसन्न हुए। आइंस्टाइन ने हॉलीवुड जाकर वे फिल्में भी देखीं, जो जर्मनी में प्रतिबंधित थीं।

इन सबके बीच वे अपने वैज्ञानिक कार्यों के लिए भी समय निकाल लेते थे। उस समय हबल व हुमैरसन एक वेधशाला में आकाश का बारीकी से अध्ययन कर रहे थे। अपने निरीक्षण के आधार पर उन्होंने अनुमान लगाया कि ब्रह्मांड स्थिर नहीं है। पर इसे किस प्रकार सत्यापित किया जाए, इस पर सभी के विचार अलग-अलग थे। इस समय से पूर्व यह माना जाता था कि जिस आकाशगंगा में सूर्य व अन्य उसके जैसे तारे हैं, वही ब्रह्मांड है; पर अब उसमें संदेह होने लगा था। अब साफ दिखालाई दे रहा था कि आनेवाला छितरा हुआ प्रकाश दूसरी आकाशगंगाओं से आ रहा है।

वैज्ञानिकों ने देख लिया था कि ऐसे भी तारे हैं जिनकी अनुमानित दूरी 8 लाख प्रकाश वर्ष है। यह दूरी अपनी आकाशगंगा के सबसे दूर स्थित तारे से आठ गुना है।

इन नई खोजों ने वैज्ञानिक जगत् में भूचाल खड़ा कर दिया था। फूलते हुए संसार को आइंस्टाइन के संसार का नाम दिया गया। ब्रह्मांड की उत्पत्ति के कारण की अर्थात् महाविस्फोट की कल्पना होने लगी। यह माना जाने लगा कि महाविस्फोट के पश्चात् ब्रह्मांड के फूलने की प्रक्रिया लगभग एक हजार करोड़ वर्ष पूर्व प्रारंभ हुई होगी।

आइंस्टाइन इन नवीन खोजों के संबंध में अनुसंधान में जुटे रहे। दो महीने कब बीत गए, पता ही नहीं चला। इसी बीच आइंस्टाइन ने सैकड़ों छात्रों को संबोधित किया। उनके व्याख्यानों से न सिर्फ छात्र वरन् शिक्षक भी चकित रह जाते थे। वे न सिर्फ वैज्ञानिक मुद्दों की चर्चा करते वरन् बीच-बीच में अन्य बातें भी बतलाते, जैसे युद्ध में लोग एक-दूसरे का सिर काटते हैं और शांतिकाल में मनुष्य मशीन का गुलाम होता जा रहा है।

वे शांतिवादियों से भी मिलते रहे तथा यहूदी आंदोलन के लिए धन एकत्र करनेवाले कार्यक्रमों में भी शामिल होते रहे। जहाज में सवार होते समय शांतिवादियों का एक जत्था बैनर लिये उनसे मिलने आया। उन्होंने उसे संदेश दिया कि आप सेना के लिए सेवा बिलकुल न दें। यही आपको सफलता की ओर ले जाएगा।

बर्लिन आकर वे दो माह भी न रुक पाए थे कि उन्हें इंग्लैंड जाना पड़ा, जहाँ ऑक्सफोर्ड में उन्हें मानद डॉक्टरेट की उपाधि दी जा रही थी। ऑक्सफोर्ड पहुँचने पर उनका विधिवत् स्वागत हुआ। वहाँ वे अनेक वैज्ञानिकों के परिवारों से भी मिले और अनेक जगहें भी देखीं। श्रोताओं के अनुरोध पर उन्होंने अंग्रेजी में भी भाषण दिया। उन्होंने सापेक्षता के सिद्धांत पर एक-एक कर व्याख्यान दिए। उन्होंने श्रोताओं को अपने सिद्धांतों को साबित करने में आनेवाली कठिनाइयों से भी अवगत कराया। सचमुच लोग उस समय ब्रह्मांड के फूलने की अवधारणा से चमत्कृत थे और पृथ्वी की आयु के आकलन पर भी विश्वास नहीं कर पा रहे थे।

अपने सिद्धांतों के बारे में वे मजाक करने से भी नहीं चूकते थे। 23 मई को उन्हें ऑक्सफोर्ड विश्वविद्यालय ने डॉक्टरेट की उपाधि से विभूषित किया। पर जब वे लौटकर आए तो जून के आरंभ में बर्लिन में स्थिति विस्फोटक होती जा रही थी।

जब इंग्लैंड में आइंस्टाइन के मेजबान रहे लिंडमैन को जर्मनी में नाजियों के उत्पात और यहूदियों के दमन की जानकारी मिली तो उन्होंने उन्हें स्थायी रूप से ऑक्सफोर्ड आने का निमंत्रण दिया की दावत दी और यह भी कहा कि वे ऐसा

करके बर्लिन के दायित्वों को भी बीच-बीच में निभा सकते हैं। लिंडमैन ने बताया कि उन्हें फैलो का दर्जा मिलेगा और 400 पौंड वार्षिक भत्ता मिलेगा। वे कॉलेज के हॉस्टल में रह सकेंगे और वहीं उनके भोजन की व्यवस्था भी कर दी जाएगी।

आइंस्टाइन ने परिस्थितियों के मद्देनजर इसे स्वीकार कर लिया। इस बीच जर्मनी में संसद् के अधिकार छीन लिये गए थे और तानाशाही जोर पकड़ रही थी। पर साथ ही अमेरिका से भी उनका बुलावा आ गया। सन् 1931 के उत्तरार्ध में आए इस प्रस्ताव में वार्षिक 5000 डॉलर पारिश्रमिक का उल्लेख था। मजे की बात यह थी कि अमेरिकी वैज्ञानिक आइंस्टाइन को पाने के लिए इतने लालायित थे कि उन्होंने अनाप-शनाप वेतन का प्रस्ताव भी कर डाला, जिसको देखकर आइंस्टाइन को लगा कि यह तो बहुत ज्यादा है। उन्होंने इसे कम करने की बात कही।

अंततः उन्होंने जर्मनी तत्काल छोड़ने का इरादा त्याग दिया और अमेरिकियों को इस बारे में सूचित कर दिया। उनकी पैरवी कर रहे फ्लेमिंग को इसपर निराशा हुई। पर वे अल्पकालिक कार्यक्रम के लिए फिर अमेरिका गए। उन्होंने अंतरिक्ष की वक्रता जैसे विषय पर व्याख्यान दिया।

मई 1932 में वे इंग्लैंड गए, जहाँ पर उन्होंने ऑक्सफोर्ड व कैंब्रिज में व्याख्यान दिए। यहाँ पर उन्होंने देखा कि ऑक्सफोर्ड में भी गंदी राजनीति चल रही है और वैज्ञानिक विज्ञान के उतने करीब नहीं हैं जितने होने चाहिए।

जर्मनी में वातावरण तेजी से बदल रहा था। देश में अर्ध-सैनिक शासन का माहौल था। लोग भयभीत थे। आइंस्टाइन कम, लेकिन पर उनके विदेशी मित्र अधिक भयभीत थे। आइंस्टाइन के लिए अमेरिका स्थित प्रिंसटन विश्वविद्यालय से बुलावा आया। इस बार वेतन आइंस्टाइन पर छोड़ दिया गया था। सरल आइंस्टाइन ने कहा कि मैं तो 3,000 डॉलर सालाना पर गुजारा कर लूँगा। इससे कम में भी काम चल सकता है।

जवाब में अमेरिकी वैज्ञानिक फ्लैक्सनर ने लिखा कि इतने में काम नहीं चलेगा। आप छोड़ दीजिए तथा मैं और श्रीमती आइंस्टाइन मिलकर आपका वेतन तय कर लेंगे। अंततः यह वेतन 16,000 डॉलर प्रतिवर्ष तय हुआ और साथ ही आजीवन नियुक्ति का भी प्रस्ताव किया गया। अब आइंस्टाइन दंपती पशोपेश में पड़ गए।

उधर हिब्रू विश्वविद्यालय में आइंस्टाइन की नाराजगी दूर करने के प्रयास जोर पकड़ रहे थे। मैग्नेस व विजमैन के बीच लंबी बातचीत के पश्चात् क्या फैसला हुआ, इसका पूरा विवरण तो नहीं मिला, पर विजमैन ने पत्र लिखा कि आपकी

शिकायतें दूर कर दी गई हैं और अब आप इस विश्वविद्यालय के बोर्ड का अपना कार्यभार सँभाल लीजिए।

आइंस्टइन को इस विश्वविद्यालय से कितना लगाव था, यह इस बात से पता चलता है कि उन्होंने विजमैन की बात बिना जाँच के मान ली और इस विश्वविद्यालय के भौतिकी विभाग के बारे में कुछ सुझाव भी दे डाले।

आइंस्टाइन के मित्र लिंडमैन, मिलिकॉन, फ्लैक्सनर आदि यह मानते थे कि आइंस्टाइन को देर-सबेर जर्मनी छोड़ना पड़ेगा; अतः उन्होंने उनकी सुविधाजनक रिहाइश हेतु तमाम खरीदारी भी कर डाली थी। पर आइंस्टाइन के जीवन में सरलता तो कभी नहीं रही थी। अमेरिका में भी उनके विरोधी बढ़ने लगे थे। वहाँ के एक संगठन ने प्रस्ताव पारित किया कि आइंस्टाइन के शांति संबंधी विचार विचित्र व अनियंत्रित हैं। उनके वैज्ञानिक सिद्धांतों का कोई वैज्ञानिक मूल्य या उद्देश्य नहीं है। ये समझ में भी नहीं आते हैं। उधर उन्हें साम्यवादी भी माना जाने लगा। अमेरिकी महिलाओं के एक संगठन ने उन्हें वीसा देने पर रोक लगाने की माँग कर दी।

महिलाओं के विरोध पर आइंस्टाइन को बड़ा आनंद आया। साथ ही वे थोड़े से सावधान भी हो गए। युद्ध विरोध तो उन्होंने जारी रखा, पर जब साम्यवादी सोवियत संघ के महिमामंडन का प्रस्ताव उनके समक्ष आया तो उन्होंने उस पर हस्ताक्षर करने से इनकार कर दिया।

साथ ही आइंस्टाइन ने यह भी स्पष्ट कर दिया कि वे लेनिन को एक महान् व्यक्ति मानते रहे हैं। पर सोवियत संघ की सत्ता के लिए चल रही खींचतान उन्हें पसंद नहीं थी। अनेक लोग यह चाहते थे कि जर्मन यहूदियों के बचाव के लिए रूसी ताकत का इस्तेमाल हो, पर आइंस्टाइन को लगा कि एक बुराई को दबाने के लिए दूसरी बुराई का सहारा लेना उचित नहीं होगा।

अंततः उन्हें अमेरिकी वीसा मिल गया। वे रेलगाड़ी से एंटीवर्प की ओर चले और वहाँ जाकर उन्होंने जलयान पकड़ा। घर छोड़ने से पूर्व उन्होंने नम आँखों से एल्सा को देखकर कहा कि इस घर को प्यार भरी दृष्टि से देख लो। शायद अब इसे फिर देखना नसीब न हो।

जनवरी 1933 में वे कैलीफोर्निया पहुँचे। हालाँकि वे वहाँ लगातार आते रहे थे, पर इस बार हालात बदले-बदले से थे। हालाँकि जर्मनी से उनका औपचारिक नाता टूटा नहीं था, पर अब आइंस्टाइन मानने लगे थे कि उन्हें अमेरिका में ही रहना है।

अमेरिका आते ही उन्हें 7,000 डॉलर का अनुदान मिला? पर साथ ही एक शर्त भी थी कि वे अमेरिका व जर्मनी के बीच संबंध सुधार के लिए प्रयास करेंगे।

साथ ही अमेरिकी मित्र आइंस्टाइन की आदतों, विचार व वक्तव्यों के प्रति आशंकित भी थे। दूसरी ओर विरोधी भी मुखर होते जा रहे थे। एक फौजी अधिकारी ने कहा कि अमेरिकियों ने मैडम क्यूरी को रेडियम ख़रीदने के लिए मात्र एक लाख डॉलर दिए थे, जबकि आइंस्टाइन के लिए उनका मूल्य दस लाख के बराबर है। आइंस्टाइन पर इस प्रकार धन लुटाना बरबादी के लक्षण हैं।

आइंस्टाइन के मित्र बचाव की मुद्रा में आ गए। उन्होंने कहा कि अब तक आइंस्टाइन का उपयोग अनेक प्रकार के लोगों ने किया है। बड़े-बड़े वैज्ञानिकों से लेकर चार्ली चैपलिन तक ने उनका सहारा लिया। इस वजह से विचित्रता दिखाई देती है। पर उनके विचार हमेशा उच्च थे। यह अमेरिकियों पर निर्भर करता है कि वे आइंस्टाइन का किस प्रकार लाभ उठाते हैं।

□

नया माहौल

अमेरिका आते ही आइंस्टाइन ने 23 जनवरी को अमेरिका-जर्मनी संबंधों पर रेडियो प्रसारण किया। साथ ही उन्होंने तय किया कि इस नए देश में वे अजनबियों से अनावश्यक बातचीत करने से बचेंगे। पर इसके विपरीत यहाँ आते ही उन्हें नए-नए मित्र मिलने आरंभ हो गए।

अब अनेक नए शांति समर्थक लोग उनसे मिलने लगे और उनके नाम व प्रभाव के इस्तेमाल का प्रस्ताव करने लगे। दूसरी ओर, यहूदी राष्ट्र की स्थापना के लिए कार्य कर रहे लोग उन्हें अपनी ओर खींच रहे थे। आइंस्टाइन ने यह स्पष्ट कर दिया था कि वे अब जर्मनी नहीं लौटेंगे। पर उनकी गतिविधियों की एक-एक खबर जर्मनी पहुँच रही थी। जर्मनी से यहूदी भाग रहे थे। कुछ भागकर अमेरिका भी पहुँच गए थे। वे आइंस्टाइन से बड़ी आशा लेकर मिलने आते थे। आइंस्टाइन भी उन्हें वायलिन सुनाकर सांत्वना देते थे।

उधर जर्मनी में उनके प्रति घृणा बढ़ती जा रही थी। जर्मनी में यहूदियों के संगठन के कार्यालय पर छापा पड़ा था। ग्यारह वर्ष पहले उल्म की जिस सड़क का नाम आइंस्टाइन के नाम पर रखा गया था, उसका फिर से नामकरण किया गया और आइंस्टाइन के नाम की पट्टिका हटा दी गई थी। विश्वविद्यालयों से 1600 यहूदी शिक्षक बरखास्त कर दिए गए। हिब्रू से अनुवादित पुस्तकें ढूँढ़-ढूँढ़कर जलाई जा रही थीं।

आइंस्टाइन के घर पर भी छापा मारा गया। कारण बताया गया कि वहाँ से हथियार मिलने की संभावना थी। जर्मनी में नाजी पार्टी के कार्यकर्ताओं के हाथ में पुलिस के अधिकार आ गए थे। इस दौरान आइंस्टाइन यूरोप की यात्रा पर ही थे।

कुल मिलाकर आइंस्टाइन का जीवन क्लाइमेक्स पर था। जर्मनी से यहूदियों के निष्कासन से वे क्षुब्ध थे। हिटलर जर्मनी के सर्वोच्च शिखर पर पहुँच रहा था।

हिब्रू विश्वविद्यालय से आइंस्टाइन के संबंध सुधरने का नाम ही नहीं ले रहे थे। वे ठीक से समझ नहीं पा रहे थे कि क्या करें।

इस ऊहापोह में उन्होंने एक निर्णय लिया कि वे जर्मन नागरिकता त्याग देंगे। उन्होंने जर्मनी दूतावास जाकर अपने जर्मन अधिकार वापस कर दिए; पर औपचारिकताओं की कमी के कारण उसमें कुछ कभी रह गई।

उधर जर्मनी में हालात बद से बदतर होते जा रहे थे। बर्लिन शहर का स्वरूप कॉस्मोपोलिटन माना जाता था और यहाँ पर विविधता काफी थी। पर नाजी आंदोलन ने इस स्वरूप को नष्ट कर दिया था। वहाँ पर मध्य युग की बर्बरता आती जा रही थी। नाजियों ने आइंस्टाइन, फ्रायड, थॉमस मान जैसे जर्मनों तथा हेलेन कीलर जैसे अमेरिकियों की पुस्तकों व दस्तावेजों की होली जलाई। इस अवसर पर बर्लिन के 40,000 निवासी न सिर्फ तमाशा देखते रहे वरन् उपद्रवियों का उत्साह बढ़ाते रहे। उस सामूहिक अग्निकांड में लगभग 2,000 दुर्लभ पुस्तकों व दस्तावेजों को जला दिया गया और ऊँची-ऊँची लपटें देखकर लोगों ने तालियाँ बजाईं।

जर्मन विश्वविद्यालयों में कायापलट हो गई थी। मानवतावाद का स्थान राष्ट्रवाद व राजनीति ने ले लिया था। 4 अप्रैल से 15 मई के बीच 164 जर्मन प्रोफेसरों ने या तो इस्तीफा दे दिया या उन्हें बरखास्त कर दिया गया था। नाजियों के विरोधियों की सूची प्रकाशित की गई थी। उनके बैंक खाते सील कर दिए गए। आइंस्टाइन के चिकित्सक डॉ. प्लैश को भी जर्मनी से पलायन करना पड़ा।

उधर आइंस्टाइन यूरोप के अन्य विश्वविद्यालयों में घूम-घूमकर व्याख्यान देते रहे। अनेक यहूदी बुद्धिजीवी उनसे मिलकर उनके साथ काम करने की पेशकश करते रहे। आइंस्टाइन ने इंग्लैंड में यहूदी शरणार्थियों के लिए विश्वविद्यालय खोलने की पेशकश की, पर न तो वे इसके लिए पर्याप्त समय दे पाए और न ही उन्हें उचित सहयोग मिला।

लोगों को आइंस्टाइन से अपेक्षाएँ बहुत ज्यादा थीं और इस कारण उन्हें प्रतिकूल टिप्पणियाँ भी झेलनी पड़ीं। एक ने कहा, 'जो लोग असाधारण बुद्धिमान होते हैं और साथ ही दयालु भी, वे अकसर बहुत ज्यादा अव्यावहारिक होते हैं।'

लोग उनके हिब्रू विश्वविद्यालय से हुए मोहभंग से भी दुःखी थे। उन्हें लगता था कि आइंस्टाइन वहाँ से यहूदी छात्रों व अध्यापकों को अच्छी मदद दिला सकते हैं।

शायद बदलते हालात में आइंस्टाइन भी नए सिरे से सोच रहे थे। उधर विजमैन आइंस्टाइन को हिब्रू विश्वविद्यालय से फिर से जोड़ने का भरसक प्रयास

कर रहे थे। वे मैग्नेस से भी दु:खी थे और मान रहे थे कि उनके कारण आइंस्टाइन कट गए हैं और यहूदी समुदाय का भारी नुकसान हो रहा है।

उधर हिटलर भागते यहूदियों को फ्रांस, ऑस्ट्रिया व चेकोस्लोवाकिया से भी खदेड़ना चाहता था। सभी परेशान थे। विजमैन ने योजना बनाई कि यहूदियों के व्यापक हित में येरूशलम से कुछ लोगों को बरखास्त किया जाए। यह भी प्रस्ताव आया कि यहूदियों के लिए एक अन्य संस्थान स्थापित किया जाए।

अंततः लोगों को आइंस्टाइन की बातों में तथ्य दिखाई देने लगा। येरूशलम से विश्वविद्यालय प्रशासन में अनियमितताओं के समाचार भी आने लगे। आइंस्टाइन पर दबाव पड़ने लगा कि वे हिब्रू विश्वविद्यालय से अलग हटने की बजाय उसमें ज्यादा हस्तक्षेप करें। पर आइंस्टाइन ने स्पष्ट कह दिया कि उनके लिए हिब्रू विश्वविद्यालय महत्त्वपूर्ण तो है, पर भौतिकी अधिक महत्त्वपूर्ण है। उस समय वे अमेरिका में फ्लैक्सनर के साथ मिलकर महत्त्वपूर्ण कार्य में जुटे थे और उसे छोड़ना नहीं चाहते थे।

उधर आइंस्टाइन हिब्रू विश्वविद्यालय की कुछ गतिविधियों की खुलेआम आलोचना भी कर चुके थे। उस कारण उनके विरोधी भी खड़े हो गए थे। दूसरी ओर अनेक लोग इस विश्वविद्यालय में हुए कुशासन की विधिवत् जाँच भी कराना चाहते थे।

सन् 1933 के अंत में एक जाँच दल गठित किया गया, जिसने येरूशलम का दौरा किया। इस दल ने गहराई से जाँच की और अनेक आमूलचूल परिवर्तनों की सिफारिश की, हालाँकि इन सिफारिशों पर तत्काल कोई कारवाई नहीं हुई, लेकिन 23 सितंबर, 1935 को आइंस्टाइन को सारी गतिविधियों की विधिवत् जानकारी दी गई और बताया गया कि मैग्नेस को कार्यकारी पद से अवकाश दे दिया गया है और वे एक औपचारिक पद पर बने रहेंगे। उनके स्थान पर प्रो. ह्यूगो बर्गमैन को दायित्व दिया गया, जो बीस वर्ष पहले आइंस्टाइन के साथ कार्य कर चुके थे।

अब आइंस्टाइन को विश्वास हो गया कि यह विश्वविद्यालय युवा विद्वानों को आकर्षित करने में सक्षम होगा। दूसरी ओर मैग्नेस को अध्यक्ष बना दिया गया, जो ब्रिटिश विश्वविद्यालय के चांसलर के समतुल्य पद था। वे ब्रिटिश सरकार के साथ उचित तालमेल बनाए रखने का कार्य करते रहे। पर मैग्नेस के मन में मलाल रहा कि उनकी अवनति का कारण आइंस्टाइन हैं। वे समझते थे कि आइंस्टाइन के कारण विश्वविद्यालय संकटकाल में जर्मनी में बसे यहूदी छात्रों का भला नहीं कर पाया।

पर आइंस्टाइन के हठ व स्पष्टवादिता की अनेक लोगों ने प्रशंसा भी की। उनके अनुसार आइंस्टाइन की ईमानदारी उनका सबसे बड़ा हथियार है।

इधर हिब्रू विश्वविद्यालय में उथल-पुथल चल रही थी, उधर यूरोप में अगले विश्वयुद्ध की तैयारी का माहौल बन रहा था। अब तक आइंस्टाइन शांतिवादियों की आशाओं के सबसे बड़े केंद्र बन चुके थे।

एक ओर निरस्त्रीकरण की बात चल रही थी तथा दूसरी ओर सशस्त्र अंतरराष्ट्रीय पुलिस का प्रस्ताव लाया गया था और इस पुलिस को प्रभावी बनाने पर भी जोर दिया जा रहा था। सभी लोग अपने तर्कों के लिए आइंस्टाइन का समर्थन लेना चाह रहे थे।

उधर आइंस्टाइन के विचार बदल रहे थे। जिस प्रकार महाभारत युद्ध में श्रीकृष्ण का मानना था कि युद्ध ही शांति का एकमात्र उपाय है उसी प्रकार के विचार आइंस्टाइन के मस्तिष्क में उमड़ रहे थे। उन्हें लग रहा था कि उनके अब तक के विचार व सुझाए गए उपाय अपर्याप्त हैं। उन्हें यह भी लग रहा था कि अब तक वे जो कह रहे थे कि सेना के लिए काम न करो, वह अव्यावहारिक भी था और शांति में इसका कोई योगदान भी नहीं था। उन्हें यह भी लग रहा था कि शांति संगठनों की भरमार शांति तो न ला सकेगी, पर अशांति के बीज जरूर बो देगी, क्योंकि भ्रम की स्थिति बढ़ती जा रही थी।

दूसरी ओर जो लोग सेना में सेवा करने के सरकारी आदेश की अवज्ञा कर रहे थे उन्हें जेलों में ठूसा जा रहा था। आइंस्टाइन के शुभचिंतकों को लग रहा था कि उन्हें या तो अपहृत कर लिया जाएगा या उनकी हत्या कर दी जाएगी। आइंस्टाइन यूरोप दौरे में बेल्जियम कई बार गए थे और जिस स्थान पर ठहरते थे वह जर्मन सीमा से तीन घंटे की मोटर यात्रा जितना दूर था।

उधर विभिन्न यूरोपीय विश्वविद्यालय आइंस्टाइन को अपने यहाँ स्थायी रूप से आने का प्रस्ताव दे रहे थे। अनेक लोगों को इस बात से सहानुभूति थी कि आइंस्टाइन बेघर हैं। वे किसी भी समय मारे जा सकते हैं।

उनकी आशंका निर्मूल भी नहीं थी। जर्मन फासीवाद से पीड़ित लोग एक मंच पर आ रहे थे। वहीं दूसरी ओर जर्मनी से भाग रहे विद्वान् नाजियों द्वारा पकड़कर वापस लाए जा रहे थे और उनमें से अनेक मार दिए जा रहे थे। एक जर्मन राष्ट्रवादी संगठन ने आइंस्टाइन को मारने की सुपारी देने का ऐलान कर दिया था और घोषणा कर दी कि मारनेवाले को 5,000 डॉलर इनाम में दिए जाएँगे। लेकिन आइंस्टाइन जरा भी विचलित नहीं हुए। उन्होंने यह भी कह दिया कि मारनेवाला तो अपनी योजना गुप्त रखता है। लोग इस बात से भी परेशान थे कि बेल्जियम की पुलिस तो

इन आशंकाओं से त्रस्त है, पर आइंस्टाइन मस्त हैं। पुलिस सुरक्षा घेरा बढ़ा रही थी, पर आइंस्टाइन उसे तोड़कर चल देते थे।

जब वे इंग्लैंड पहुँचे तो वहाँ भी उनकी कड़ी सुरक्षा का इंतजाम किया गया। महिला गार्डों को हिदायत दी गई थी कि ज्यों ही कोई अजनबी उनके निकट आने का प्रयास करे, उसे धर दबोचा जाए। इसके बावजूद एक स्थानीय फोटोग्राफर उनके नजदीक पहुँच गया और उनके स्वेटर, सैंडलों तक की तस्वीरें खींच लाया।

उधर आइंस्टाइन के सौतेले दामाद दिमत्री उनके सापेक्षता संबंधी लेखों को फ्रांसीसी अखबारों तक पहुँचाते रहे। एक विख्यात यहूदी चित्रकार उनकी तसवीर बनाता रहा। चित्रकार की फरमाइश पर वे दरवाजा खोलकर आराम से बैठ जाते थे। वे बीच-बीच में चुटकुले भी सुनाते थे और कभी पियानो तो कभी वायलिन बजाते थे। माहौल बदलने के लिए बीच-बीच में पाइप का धुआँ छोड़ते थे।

उधर जर्मनी में हिटलर की पकड़ बढ़ती जा रही थी और स्पेन में गृहयुद्ध आरंभ हो चुका था। ब्रिटेन हर मोरचे पर बुरी तरह उलझा हुआ था।

इसी बीच आइंस्टाइन को हेबर का समाचार मिला। हेबर ने प्रथम विश्वयुद्ध में जर्मनी की बहुत सेवा की थी। यहूदी होने के बावजूद वे ईसाई मान्यताओं को मानते थे। पर उन्हें भी जर्मनी में बख्शा नहीं गया था। उन्हें भी कैसर विल्हेम संस्थान से इस्तीफा देने को मजबूर किया गया। उन्हें पेंशन से भी महरूम कर दिया गया था। हेबर ने भरे मन से अपने स्टाफ को विदाई पत्र में लिखा कि उन्हें बाईस साल बाद इस संस्थान से अलग होते हुए अपार दुःख हो रहा है।

इन्हीं हेबर ने सन् 1921 में आइंस्टाइन को आगाह किया था कि वे यहूदी आंदोलन के चक्कर में न पड़ें। अब बेघर हेबर येरूशलम जाना चाहते थे। पर यहाँ भी अनेक समस्याएँ थीं। विजमैन चाहते थे कि हेबर जैसे अनुभवी, लोकप्रिय विद्वान् येरूशलम जाकर बसें जबकि आइंस्टाइन नए व युवा लोगों के येरूशलम में बसने के पक्ष में थे।

हेबर को इससे बड़ा झटका लगा। वे इंग्लैंड आ तो गए, पर उनका मन कैंब्रिज में नहीं लगा। अनेक लोगों ने यह भी कह दिया कि अगर कहीं पर हेबर को बुलाया जाएगा तो वे नहीं जाएँगे। अनेक लोग रासायनिक हथियारों के आविष्कारक हेबर से हाथ मिलाना भी पसंद नहीं करते थे, क्योंकि ये हथियार अंग्रेजों के खिलाफ प्रयोग हुए थे।

हेबर स्विट्जरलैंड गए, पर फिर से विजमैन से मिलने का मौका निकालकर वापस आए। विजमैन ने उन्हें फिलिस्तीन जाने का सुझाव दिया और कहा कि

आपके लिए वहाँ अच्छा वातावरण है। वहाँ आपको अच्छी प्रयोगशालाएँ व सहायक मिलेंगे, शांति व सम्मान भी मिलेगा और घर जैसा वातावरण भी। हेबर सहर्ष जाने को तैयार हो गए।

उधर आइंस्टाइन के विरोधी इंग्लैंड में भी गोलबंद हो गए थे। 3 अक्तूबर को जब आइंस्टाइन को एक व्याख्यान देना था तो उन्हें सुनने के लिए भारी भीड़ आई थी। दस हजार की क्षमतावाला हॉल खचाखच भरा था तथा सैकड़ों लोग खड़े थे। इसी बीच खबर आई कि यहाँ पर आइंस्टाइन की हत्या कर देने का षड्यंत्र तैयार किया गया है। लंदन स्थित नाजी समर्थकों ने इस षड्यंत्र की रूपरेखा तैयार की थी।

पर विशेष बात यह थी कि खबर मिलते ही पुलिस का तो पूरा बंदोबस्त हो ही गया था, इसके अलावा लंदन विश्वविद्यालय के लगभग 1,000 छात्र भी सुरक्षा का घेरा बनाकर खड़े हो गए थे और पुलिस से सहयोग करने लगे।

उस सभा में उत्साहित आइंस्टाइन ने अंग्रेजी में भाषण दिया। वे न सिर्फ यहूदियों के पक्ष में बोले वरन् उन सभी के पक्ष में बोले जिन्हें यहूदियों के साथ संबंध होने के कारण खामियाजा भुगतना पड़ रहा था। उन्होंने जर्मनी का नाम लिये बिना कहा कि अब सिर्फ बातों से शांति प्राप्त नहीं होगी।

विशेष बात यह थी कि उस सभा में आइंस्टाइन का व्यक्तित्व चुंबक की तरह काम कर रहा था। उनका चेहरा दमक रहा था और वे मँजे हुए कलाकार की तरह अपने भाव विभिन्न रूपों में व्यक्त कर रहे थे। उस सभा का सुपरिणाम यह था कि जर्मनी में उथल-पुथल के कारण शरणार्थियों की शिक्षा हेतु पर्याप्त धन एकत्रित हो गया और अनेक विश्वविद्यालय इस काम के लिए आगे आ गए।

लेकिन अभी भी एक भ्रम बना हुआ था। अनेक अंग्रेज यह मानते थे कि साम्यवादी रूस एक बढ़ती हुई ताकत है और शायद ताकतवर जर्मनी उसे रोकने में ढाल की तरह काम करेगा। अनेक लोग यह भी मानते थे कि जर्मनी के साथ व्यापारिक, राजनीतिक व परंपरागत संबंध यदि बने रहें तो शायद विश्वयुद्ध टल जाए।

वहाँ आइंस्टाइन को एक और व्याख्यान देना था, पर उसकी व्यवस्था नहीं हो पाई। 7 अक्तूबर, 1933 को उन्होंने वापस अमेरिका जाने की योजना बनाई। उन्होंने कहा कि वे छह महीने के लिए जा रहे हैं और सन् 1934 की गरमियों में वापस ऑक्सफोर्ड आएँगे। उन्हें शायद उम्मीद थी कि उन्हें ब्रिटिश नागरिकता का प्रस्ताव मिलेगा।

उधर न्यूयॉर्क पहुँचने पर उनका भव्य स्वागत किया गया और उन्हें प्रिंसटन ले जाया गया। वहाँ पर उनके लिए किराए का एक मकान लिया गया था। यहाँ पर

उन्होंने एक शोध छात्र की हैसियत से काम जारी रखा। पर आइंस्टाइन के मन में यूरोप के प्रति अभी भी असाधारण आकर्षण था। उन्हें बर्लिन का बौद्धिक परिवेश अभी भी याद आता था। उन्हें कोपेनहेगेन में बोहर के साथ की गई चर्चाएँ, लेडेन, ज्यूरिख, ऑक्सफोर्ड की शामें याद आती थीं। उन्हें रदरफोर्ड भी याद आते थे और जे.जे. थॉमसन भी। उन्हें यह भी पता था कि ब्रिटिश हाउस ऑफ कॉमंस में उन्हें नागरिकता देने के लिए एक निजी विधेयक विचाराधीन है।

इधर प्रिंसटन, जो न्यूयॉर्क और फिलाडेल्फिया के बीच स्थित है, में अलग ही प्रकार का माहौल था। यहाँ चहुँ ओर हरियाली थी। यहाँ पर स्नातक स्तर की कक्षाएँ नहीं लगती थीं और खेलों का भी प्रबंध नहीं था। यहाँ पर जर्मनी से भागकर आए अनेक विद्वान् थे, जो जल्दी ही आइंस्टाइन के मित्र बन गए। उनके साथ उनकी बौद्धिक बैठकें होने लगी थीं।

आइंस्टाइन व एल्सा पास में ही किराए के एक छोटे से मकान में रहते रहे। उनके जिम्मे पढ़ाने का नाममात्र का काम था; पर वे जल्दी ही इतने लोकप्रिय हो गए कि जब जर्मनी से एक विद्वान् भागकर प्रिंसटन संस्थान में काम पर आए तो उन्हें कस्टम अधिकारियों को अपने गंतव्य स्थान का पता बताने में परेशानी हुई। लेकिन जल्दी ही कस्टम अधिकारी ने ताड़ लिया और कहा कि लगता है, आपको आइंस्टाइन वाले संस्थान में जाना है। उन अधिकारियों ने शीघ्र ही उन्हें उस संस्थान में आदरपूर्वक भेज दिया।

उनकी लोकप्रियता का अनुमान इस बात से भी लगता है कि एक छोटी बच्ची उनसे गणित के सवाल हल करवाने आती थी। बस ड्राइवर भी उन्हें जानते थे, क्योंकि वे अकसर रुपए-पैसे के हिसाब में गलती कर बैठते थे।

वहाँ पर आइंस्टाइन एक भुलक्कड़ व अस्त-व्यस्त व्यक्ति के रूप में भी समझे जाने लगे। कुछ लोग उन्हें देखकर हँसते भी थे। कुछ लोग उनका पक्ष लेते हुए कहते कि वे अपना समय उपयोगी कामों में लगाते हैं और बाथरूम, कार, रेडियो जैसी भौतिक वस्तुओं के गुलाम नहीं हैं। उनके नजदीकी देखते थे कि वे नाई के पास बहुत कम जाते थे। उनके बाल बड़े-बड़े रहते थे तथा अकसर उड़ते रहते थे। वे मोजों की जरूरत नहीं समझते थे। उनके पास चमड़े का एक जैकेट था, जो उनके लिए कोट का भी काम करता था। वे सिर्फ बाहर जाने व व्याख्यान देने हेतु शर्ट, पैंट, जैकेट व जूतों की चिंता करते और कह भी देते कि भाई, इनके बगैर काम नहीं चलेगा।

उधर एल्सा का भी वहाँ महत्त्व बढ़ता जा रहा था। उन्हें वहाँ की उच्च सोसाइटी में आना-जाना पड़ता था। पर वे भी तड़क-भड़क से दूर रहने लगी थीं।

नवंबर में राष्ट्रपति रूजवेल्ट के सचिव ने आइंस्टाइन के सचिव को फोन करके तय किया कि आइंस्टाइन रूजवेल्ट के साथ भोजन करेंगे। उधर इसी के साथ एक विवाद आरंभ हो गया। पता नहीं क्यों, आइंस्टाइन को वहाँ लानेवाले फ्लैक्सनर को यह बुरा लगा और उन्होंने रूजवेल्ट के सचिव को फोन पर कहा कि यह उचित नहीं है। उन्होंने पत्र लिखकर राष्ट्रपति को सूचित किया कि प्रोफेसर आइंस्टाइन यहाँ पर एकांत में वैज्ञानिक कार्य करने आए हैं और उनका सार्वजनिक गतिविधियों में भाग लेना उचित नहीं है।

वैसे तो फ्लैक्सनर को यह बुरा लगा था कि आइंस्टाइन ने उनसे मशविरा किए बिना ही वह निमंत्रण स्वीकार कर लिया था, पर उन्होंने तर्क यह दिया कि न्यूयॉर्क में नाजी समर्थकों का एक गैर-जिम्मेदार समूह रहता है। आइंस्टाइन अगर सार्वजनिक गतिविधियों में भाग लेंगे तो न सिर्फ उनके काम में बाधा आएगी वरन् खतरे भी खड़े हो जाएँगे।

फ्लैक्सनर के तर्क में कोई सच्चाई नहीं थी। आइंस्टाइन गवर्नर लेहमैन द्वारा आयोजित भोज में न सिर्फ शामिल हो चुके थे वरन् वायलिन भी बजा चुके थे। वे एक यहूदी अखबार के सार्वजनिक समारोह में भी भाग ले चुके थे। नाजियों के दल का खतरा भी एक बहाना था। फ्लैक्सनर की सोच थी कि निश्चय ही राष्ट्रपति रूजवेल्ट आइंस्टाइन से प्रभावित हो जाएँगे तथा उनसे कहेंगे कि वे अपनी क्षमता व ऊर्जा का प्रयोग पूरे अमेरिका के लिए करें।

फ्लैक्सनर के रवैये का आइंस्टाइन पर प्रभाव पड़ा और उन्होंने राष्ट्रपति रूजवेल्ट का निमंत्रण ठुकरा दिया। पर उनके मन में कसक रह गई। आइंस्टाइन समझ गए कि वे अब तक फ्लैक्सनर को जैसा समझ रहे थे, फ्लैक्सनर उससे कहीं अलग हैं। दूसरी ओर रूजवेल्ट को लगा कि उनके कार्यालय ने आइंस्टाइन को उचित सम्मानपूर्वक आमंत्रित करने में कोताही बरती होगी तथा आइंस्टाइन उसी वजह से नहीं आए।

पर चूँकि दोनों तरफ मिलने की ललक थी, अतः ह्वाइट हाउस से शीघ्र ही दोबारा बुलावा आ गया। 24 जनवरी को आइंस्टाइन दंपती ने रूजवेल्ट दंपती के साथ भोजन किया। रात्रि के भोजन के बाद वे लंबे समय तक महत्त्वपूर्ण चर्चा करते रहे। दोनों के बीच बातचीत जर्मन भाषा में हुई और आइंस्टाइन को यह देखकर आश्चर्य हुआ कि रूजवेल्ट की जर्मन भाषा पर पकड़ अच्छी है। देर रात में यह तय

हुआ कि आइंस्टाइन दंपती वहीं रात बिताएँगे। आइंस्टाइन ने इस अवसर पर जो उद्‌गार व्यक्त किए, वे आज भी ह्वाइट हाउस में सुरक्षित हैं।

आइंस्टाइन की नागरिकता का मामला अभी भी नहीं सुलझा था। रूजवेल्ट को सुझाव दिया गया कि वे अपने कार्यालयी आदेश के जरिए प्रो. आइंस्टाइन को नागरिकता दिलवा दें। रूजवेल्ट ऐसा चाहते भी थे, पर उनके सचिव ने सावधान किया कि अमेरिकी कांग्रेस इस प्रकार के आदेश को स्वीकृति नहीं देगी। लेकिन श्रम सचिव को सलाह दी गई कि वे इस दिशा में आगे की काररवाई करें। उस समय तक आइंस्टाइन के पास स्विस नागरिकता थी और वे अमेरिका में अस्थायी वीसा पर रह रहे थे।

28 मार्च को आइंस्टाईन को अमेरिकी नागरिकता प्रदान करने का प्रस्ताव पेश किया गया। संयोग से अगले ही दिन जर्मनी में एक आदेश के तहत उनके सारे अधिकार रद्द कर दिए गए। यह व्यवहार आइंस्टाइन जैसे अनेक लोगों के साथ किया गया था। हालाँकि आइंस्टाइन ने इस घटना पर कोई प्रतिक्रिया व्यक्त नहीं की, पर उनके दिल में कसक बनी रही। बहुत सालों बाद उन्होंने टिप्पणी की कि मैं तो जर्मन अधिकार पहले ही त्याग चुका था। मेरा हाल तो मुसोलनी जैसा हुआ, जिसे यह जानते हुए कि वह मर चुका है, फाँसी पर चढ़ा दिया गया था।

वैसे वे अपनी स्विस नागरिकता से ही प्रसन्न थे, पर अमेरिकी नागरिकता को उन्होंने सम्मानपूर्वक स्वीकार कर लिया। नागरिकता मिलने के बाद आइंस्टाइन की अन्य गतिविधियाँ भी तेज हो गईं। वे यहूदी संगठनों की गतिविधियों में खुलकर भाग लेने लगे। उधर ऑक्सफोर्ड से बार-बार बुलावा आ रहा था, पर आइंस्टाइन को लग रहा था कि अमेरिका में ही परिस्थितियाँ खासी अच्छी हैं। उधर अमेरिका में ही अनेक विश्वविद्यालय उन्हें अपनी ओर खींचने में लगे थे।

यह अच्छा ही रहा, क्योंकि यदि आइंस्टाइन यूरोप जाते तो हिटलर के विरोध का केंद्र बन जाते। दूसरे, वे अपने परिवार के लोगों के संपर्क में ज्यादा रहते और वैज्ञानिक कार्य में समय कम दे पाते। उनकी पहली पत्नी मिलेवा व दोनों बच्चे स्विट्जरलैंड में सुरक्षित रह रहे थे। उनकी बड़ी सौतेली बेटी इल्से हॉलैंड में बस गई थी। दूसरी मारगोट बेल्जियम में थी। उनके सारे रिश्तेदार जो यूरोप में बिखरे थे और दूर अटलांटिक के पार आकर बस गए थे।

अब आइंस्टाइन दंपती ने अमेरिका में ही प्रिंसटन से कुछ दूर दूसरा मकान तलाशना आरंभ कर दिया था। अब वे फिर से अपना जीवन व्यवस्थित करना चाहते थे।

अब आइंस्टाइन ने सहायतार्थ कार्यक्रमों में ज्यादा समय देना आरंभ कर दिया। उधर यूरोप से आनेवाले यहूदी शरणार्थियों का ताँता लगा था। आइंस्टाइन एक रेडियोलॉजिस्ट डॉ. वाटर्स से मिले और दोनों के बीच शीघ्र ही अच्छी मित्रता हो गई। वाटर्स में एक विशेषता यह भी थी कि वे आइंस्टाइन के साथ घटनेवाली घटनाओं को कलमबद्ध भी करते जाते थे। दोनों कई बार एक साथ भोजन करते थे और घूमने भी जाते थे। वाटर्स यहूदियों के लिए भी समर्पित थे और अच्छे चिकित्सक होने के कारण लोगों के मध्य उनकी अच्छी छवि थी। वे एक आविष्कारक भी थे और इस नाते भी आइंस्टाइन से उनका पत्र-व्यवहार चलता रहता था। वे आइंस्टाइन की आदतों से शीघ्र ही परिचित हो गए थे।

आइंस्टाइन जब अमेरिका आए तो उन्हें बर्लिन की पुरानी नौका बहुत याद आती थी। उस याद को भुलाने के लिए वे अब अपनी 17 फीट लंबी नई नाव यहाँ पर चलाया करते थे। कई बार थके होने या तबीयत ठीक न होने के बावजूद वे नाव चलाने का अवसर नहीं खोते थे।

विशेष बात यह थी कि आइंस्टाइन ने कभी कार खुद नहीं चलाई थी, पर नाव वे बड़ी कुशलता से चलाया करते थे। उन्हें अपने नाव खेने पर इतना भरोसा था कि वे अपनी नाव में कभी लाइफ जैकेट या बेल्ट आदि लेकर नहीं चलते थे।

आइंस्टाइन को मशीनों से चिढ़ थी। वे किसी प्रकार की मोटर या मशीनी आवाज से दूर ही रहना चाहते थे। पचास साल की आयु पूरी कर लेने के बाद उन्होंने कैमरे को हाथ लगाया, वह भी डरते-डरते। बड़ी मुश्किल से उन्होंने टाइपराइटर चलाना सीखा था।

आइंस्टाइन तीव्र गति से भी डरते थे। वे कभी किसी रिकॉर्ड को बनाने या रिकॉर्ड तोड़ने के फिराक में नहीं रहे। प्रतियोगिताओं से उन्हें अरुचि थी और अपने समकालीन वैज्ञानिकों से उनका व्यवहार मित्रवत् रहता था। उनकी पसंदें बच्चों जैसी थीं। जब नाव चल पड़ती या रुक जाती तो वे प्रसन्न हो उठते थे।

उनके मन में कभी-कभी स्कीइंग या ग्लाइडिंग की भी इच्छा उठती थी। पर उन्हें इसकी पूरी सुविधा या अवसर नहीं मिला। एक कारण यह भी था कि वे सुस्त प्रकृति के थे और फुरती उनसे कोसों दूर रहती थी। वे तो मस्त होकर नाव खेते थे और नाव खेते-खेते दूर चले जाते थे। उन्होंने अपनी नाव पर कभी कंपास नहीं रखा; पर उन्हें मौसम या भावी तूफान आदि का अहसास हो जाता था। शायद इसका एक कारण यह था कि हवा, मौसम आदि शरीर पर दबाव डालते हैं और उनकी क्रियाएँ-प्रतिक्रियाएँ होती हैं, जो उनके भौतिकी विषय का ही अंग थीं।

लोग उनके इन गुणों से प्रभावित भी थे। बर्जेस नामक एक डिजाइनर ने याट की डिजाइन बनाने के लिए उनसे लंबी चर्चा की और याट के अनेक नक्शों में से बेहतरीन नक्शा चुनने हेतु उनसे सलाह माँगी। आइंस्टाइन ने उनकी बात सुनने के पश्चात् कागज-पेंसिल लेकर याट की संरचना से संबंधित सूत्र व समीकरण कागज पर लिखे और कुछ मिनटों तक विचार करने के पश्चात् बर्जेस को याट की डिजाइन संबंधी सुझाव दे दिए।

नाव खेने के संबंध में उनकी अनेक अनोखी अभिरुचियों के बारे में उनके मित्र बताते थे। लोग इस बात से आश्चर्यचकित रहते थे कि आइंस्टाइन नाव खेते समय मौत से नहीं डरते थे। वे खराब मौसम में भी कई बार निकल पड़ते थे। इसके अलावा अकल्पनीय घटनाओं पर उन्हें मजा आता था। कई बार जब नदी या झील में तेज हिलोरें उठती थीं तो उनकी नाव उलटते-उलटते बचती थी और साथ में बैठे लोग घबराकर चिल्लाने लगते थे, पर आइंस्टाइन संतुलन नहीं खोते थे और नाव का संतुलन बरकरार रखते थे। इस दौरान वे इस प्रकार हँसते मानो कोई बच्चा हँस रहा हो। कई बार उनकी नाव अधडूबी चट्टानों के बहुत समीप से निकल जाती थी।

यूरोप में द्वितीय विश्वयुद्ध से पूर्व उथल-पुथल के दौरान आइंस्टाइन को पारिवारिक आघातों का भी सामना करना पड़ा था। उनके बड़े सौतेले दामाद रुडोल्फ कैसर को नाजियों के उत्थान के बाद जर्मनी छोड़ना पड़ा था। वह पहले हॉलैंड गया, फिर वहाँ से बचते-बचाते आइंस्टाइन के पास प्रिंसटन पहुँचा। दूसरी सौतेली बेटी मारगोट भी अपने पति के साथ भागकर उनके पास पहुँची। बाद में दोनों के बीच तलाक भी हो गया।

आइंस्टाइन के अपने दोनों बेटे भी परेशानी में रहे। दूसरा बेटा एक जटिल बीमारी का शिकार हो गया था और उस समय उसके इलाज की कोई संभावना नहीं थी। बड़ा बेटा हांस अपने भाई की परेशानियों से त्रस्त था। वह अपनी माता को ज्यूरिख में छोड़कर भाई के इलाज के लिए भटकता रहा।

द्वितीय विश्वयुद्ध से कुछ मास पूर्व अल्बर्ट आइंस्टाइन की बहन माजा भी इटली से भागकर अमेरिका पहुँची। इस दौरान अल्बर्ट आइंस्टाइन ने यूरोप में ही रह रहे अपने रिश्तेदारों से लगातार पत्र-व्यवहार जारी रखा।

वह समय अद्भुत था। जर्मनी के अलावा ऑस्ट्रिया व चेकोस्लोवाकिया से भी यहूदी भाग रहे थे। अपना घर-बार, धन-संपत्ति छोड़कर अटलांटिक पार कर रहे यहूदियों से आइंस्टाइन को हमदर्दी भी थी और वे तरह-तरह से उनकी मदद भी कर रहे थे। उनकी इन गतिविधियों का उनके अनुसंधान कार्य पर दुष्प्रभाव पड़ रहा था।

पर वे इसकी परवाह नहीं कर रहे थे। वे खुलेआम व गुप्त रूप, दोनों प्रकार से इस कार्य हेतु धन-संग्रह में जुटे थे। वे तरह-तरह के पत्र-व्यवहार भी कर रहे थे और आवश्यकता पड़ने पर शपथ-पत्र भी दे रहे थे।

इस दौरान वे एक पल का समय भी नष्ट नहीं होने देना चाहते थे। उनके अनेक मित्र उनकी गतिविधियों को गैर-कानूनी मानकर तरह-तरह की सलाह दे रहे थे, पर उन्हें उनकी परवाह नहीं थी। उनका स्वास्थ्य भी साथ नहीं दे रहा था। अपने कार्य के सिलसिले में उन्हें इंग्लैंड व फिलिस्तीन जाने की आवश्यकता महसूस हो रही थी, पर वे जाने में असमर्थ थे।

उन्हें इस बात पर पछतावा हो रहा था कि मैग्नेस के साथ मतभेद के कारण वे हिब्रू विश्वविद्यालय के लिए आवश्यकतानुरूप कार्य नहीं कर पाए और उनके ही दबाव के कारण जब मैग्नेस की छुट्टी हो गई तो उन्हें और ज्यादा योगदान करना चाहिए, जो वे नहीं कर पा रहे थे। वे भावी इजराइल राष्ट्र की कल्पना भी कर रहे थे।

उनकी गतिविधियाँ व माहौल उनका अमेरिका में भी विरोध पैदा कर रहा था। हालाँकि उन्हें विरोध सहन करने की पुरानी आदत थी और उनके सापेक्षता सिद्धांत सहित अनेक सिद्धांतों को यहूदी सिद्धांत कहा जाता था, पर अब विरोध का स्वर नया रूप लिये हुए था। भौतिकी संबंधी उनके सिद्धांतों को कभी जर्मन भौतिकी तो कभी आर्य भौतिकी का नाम दिया जाता था।

समय कम होने पर भी आइंस्टाइन अपने बचाव के लिए समय निकाल ही लेते थे और कहते थे कि विज्ञान तो हमेशा अंतरराष्ट्रीय होता है तथा सत्य के अलावा इसमें कोई गुंजाइश नहीं होती है। वह किसी मूल या संप्रदाय से ऊपर होता है। इसमें असत्य के खिलाफ निरंतर युद्ध चलता रहता है। इसमें चंद लोगों की भावना या पागलपन से कोई असर नहीं पड़ता है।

उधर आइंस्टाइन के पुराने जर्मन सहयोगी वैज्ञानिक भी द्वितीय विश्वयुद्ध से पूर्व बिखर चुके थे। मैक्स बोर्न ने हिटलर के परमाणु हथियार कार्यक्रम में काम करने से इनकार कर दिया था। वे भागकर पहले कैंब्रिज पहुँचे और फिर एडिनबर्ग गए। आइंस्टाइन के दूसरे सहयोगी ऑटो स्टर्न ने हिटलर को शासक मानने से इनकार कर दिया और अपने पद से इस्तीफा दे दिया। उनके स्टाफ ने मनाने की पुरजोर कोशिश की, पर वे नहीं माने और अचानक गायब हो गए। बाद में वे अमेरिका पहुँचे। नोबेल पुरस्कार पानेवाले स्टर्न ने मैनहटन परियोजना पर भी काम किया। एक अन्य सहयोगी एर्विन फ्रेंडरिक इस्तांबुल पहुँचे और उन्होंने पश्चिमी शिक्षा का केंद्र स्थापित करने का साहसिक, पर असफल प्रयास किया। बाद में वे

प्राग गए और वहाँ से एक समझौते के अंतर्गत स्कॉटलैंड पहुँचे और वहीं आजीवन कार्य करते रहे। एडिंग्टन ने उनकी सहायता की थी।

उधर श्रोडिंजर भागकर ऑक्सफोर्ड पहुँचे और फिर वहाँ से बेल्जियम तथा फिर डबलिन गए। हिटलर के चांसलर बनते ही लियो शिलार्ड भी ऑस्ट्रिया होते हुए इंग्लैंड पहुँचे, पर जब उन्हें वहाँ पर सहयोग नहीं मिला तो अटलांटिक पार करके अमेरिका पहुँच गए।

इस प्रकार हिटलर के चांसलर बनते ही जर्मनी के छह नोबेल पुरस्कार विजेता वैज्ञानिक भागकर अमेरिका आ पहुँचे थे। अमेरिका ने इन भागे हुए वैज्ञानिकों को शरण दी और विभिन्न महत्त्वपूर्ण वैज्ञानिक परियोजनाओं में रोजगार दिया।

उधर द्वितीय विश्वयुद्ध से पूर्व फिलिस्तीन की स्थिति भी बदल रही थी। वहाँ पर उच्च अध्ययन संस्थान से उन्हें लगातार बुलावा आ रहा था। पर उम्र के छठे दशक में चल रहे आइंस्टाइन के लिए इन हालात में वहाँ जाना संभव नहीं था। सभी को उनके स्वास्थ्य की चिंता थी। एल्सा खुद भी बीमार रहने लगी थीं, फिर भी वे आइंस्टाइन की पूरी देखभाल करती थीं।

एक बार जब एक सज्जन आइंस्टाइन को लेने आए तो एल्सा ने ढेर सारी हिदायतें दे डालीं। उन्होंने साफ कहा कि इन्हें सिगार मत पीने देना। नाश्ते में ये कॉफी पी सकते हैं, पर शाम के खाने का विशेष ध्यान रखना, अन्यथा ये रात को सो नहीं पाएँगे और इनकी तबीयत खराब हो जाएगी।

अब आइंस्टाइन एल्सा के निर्देशों का पालन भी करने लगे थे। रात्रि को खाने के बाद उन्होंने सिगार के स्थान पर पाइप निकाला। पर थोड़ी ही देर बाद जब किसी अन्य ने सिगार पेश किया तो वे मना नहीं कर पाए और पीने लगे।

अब आइंस्टाइन से अलग-अलग क्षेत्रों के लोग मिलने आने लगे थे और वे उन्हें अपना काम दिखाकर प्रसन्न होते थे। एक सज्जन हृदय प्रत्यारोपण पर काम कर रहे थे, जो उस समय अजूबा था। आइंस्टाइन का उस विषय से कोई लेना-देना नहीं था; पर आइंस्टाइन ने उनका काम देखा और उत्साह बढ़ाया।

सन् 1935 में उन्हें अहसास हो गया था कि अब वे दोबारा यूरोप में नहीं बस पाएँगे। वे मन-ही-मन यूरोप जाना व रहना चाहते थे। फरवरी 1935 में वे बेल्जियम गए। उसके बाद वीजा संबंधी कुछ औपचारिकताओं को पूरा करके वापस प्रिंसटन आ गए। इस दौरान वे पत्रकारों से बचते रहे।

मन मारकर उन्होंने अमेरिका में ही बसने का फैसला किया और एक दुमंजिला मकान 112, मर्सर स्ट्रीट पर खरीदा। एल्सा को यह घर बहुत पसंद आया, क्योंकि

यहाँ पर एक सुंदर हरा-भरा बगीचा भी था। पेड़ों से घिरे इस मकान के चारों ओर झाड़ियों की बाड़ लगी थी।

खरीदने के बाद इसमें आइंस्टाइन की पसंद के अनुसार परिवर्तन किया गया। दूसरी मंजिल पर उनके लिए अध्ययनकक्ष बनाया गया। एक बड़ी खिड़की खोली गई, ताकि वे बाहर का नजारा देख सकें। किताबों के लिए लंबी-लंबी अलमारियाँ तैयार की गईं। बीच में उनके कागज-पेंसिल-पाइप आदि रखने के लिए बड़ी मेज रखी गई। काम करने की उनकी मेज खिड़की के पास रखी गई और दीवारों पर सजावट हेतु फैराडे, मैक्सवैल और बाद में महात्मा गांधी की तसवीरें टाँगी गईं।

विशेष बात यह थी कि आइंस्टाइन सिर्फ महात्मा गांधी को ही एकमात्र विश्व-स्तर का राजनेता मानते थे और श्रद्धा की दृष्टि से देखते थे।

दीवार पर उनका प्राप्त किया डिप्लोमा भी टँगा था। संयोग से उनके जर्मनी स्थित मकान का फर्नीचर नाजियों ने निकालकर अमेरिका भेज दिया था। उसे एल्सा ने निचले तल पर रखवा दिया था, पर आइंस्टाइन उसकी ओर देखते तक नहीं थे। धीरे-धीरे उन्हें प्रिंसटन अच्छा लगने लगा था और वे अपने मित्रों को लिखे पत्रों में उसकी तारीफ करने लगे थे। बेल्जियम की महारानी को लिखे पत्र में उन्होंने लिखा—'यह जगह सुंदर व नैसर्गिक है। यहाँ मुझे पर्याप्त स्वतंत्रता भी मिल रही है।'

प्रिंसटन निवासियों को लगता था कि आइंस्टाइन खुश नहीं हैं। अनेक लोग उनके राजनीतिक विचारों के प्रति आशंकित थे और दूसरी ओर अनेक लोग उनके धर्म संबंधी विचारों के कारण उनसे चिढ़ते थे। पर सभी मानते थे कि वे एक महान् व्यक्ति हैं और अपने बच्चों को उनसे मिलने के लिए प्रेरित करते थे। आइंस्टाइन थके होने पर भी अपने मित्रों व पड़ोसियों से मिलने में संकोच नहीं करते थे।

हमें दामन है गम हर खुशी का,
यही दस्तूर जिंदगी का।

आइंस्टाइन को कभी ज्यादा खुशियाँ नहीं मिलीं। नए घर और नए माहौल की खुशी के साथ एल्सा की जटिल बीमारी बाधा बनकर आ गई। एल्सा की आँखों में सूजन रहने लगी। डॉक्टरों का मानना था कि यह हृदय व गुरदे में आई विकृतियों के कारण है। उन्होंने राय दी कि उन्हें इलाज हेतु न्यूयॉर्क स्थित अस्पताल ले जाना चाहिए।

एल्सा अपनी बीमारी से ज्यादा आइंस्टाइन के लिए चिंतित थीं। उन्हें लग रहा था कि उनके काम का भारी नुकसान हो रहा है। आरंभ से ही आइंस्टाइन को अच्छी तरह समझनेवाली एल्सा ने कहना शुरू कर दिया कि अल्बर्ट अब सो नहीं पाते हैं।

उनका विज्ञान संबंधी कार्य, राजनीतिक गतिविधियाँ, कला-प्रेम सब चौपट होते जा रहे हैं।

उधर आइंस्टाइन को ये घरेलू जिम्मेदारियाँ ब्रह्मांड की उत्पत्ति के सिद्धांत से अधिक जटिल लग रही थीं। अपनी पहली पत्नी के साथ उन्होंने एक दशक बिताया था, पर वे परेशान ही रहे। एल्सा के साथ वे दो दशक बिता चुके थे और अब फिर परेशान थे। एल्सा का कहना था कि आइंस्टाइन एक असाधारण व्यक्ति हैं और यह जानने का प्रयास कर रहे हैं कि ईश्वर ने संसार को कैसे बनाया। दोनों एक-दूसरे की चिंता में कई बार एक-दूसरे से बुरी तरह उलझ जाते थे।

संयोग से सन् 1936 की गरमियों तक एल्सा काफी हद तक स्वस्थ हो चुकी थीं। आइंस्टाइन अब तेजी से अपने अन्य कार्यों में जुट गए। पर एल्सा आइंस्टाइन को मिल रहे सम्मानों से ही संतुष्ट थीं। उन्हें इस बात की कोई शिकायत नहीं थी कि वे अपने पति धर्म का निर्वाह नहीं कर पा रहे हैं। इस बीच दोनों समय निकालकर घूमने भी गए।

पर जब लौटकर आए तो एल्सा का स्वास्थ्य फिर से खराब होने लगा था। आइंस्टाइन ने प्रिंसटन संस्थान जाना बंद कर दिया और अस्पतालों के चक्कर लगाने लगे। दो वर्ष पहले एल्सा की एक पुत्री का पेरिस में निधन हो चुका था। बीमारी के नए झोंके को वह बरदाश्त नहीं कर पाईं और 21 दिसंबर, 1936 को वह इस दुनिया से चल बसीं।

आइंस्टाइन अब बिलकुल अकेले हो चुके थे। सन् 1937 के प्रारंभ में वे पूरी तरह आत्मकेंद्रित हो गए थे और जब उनके मित्रों ने अकेलेपन को दूर करने के लिए अपने घर बुलाया तो उन्होंने इनकार कर दिया।

अब वे दार्शनिक बातें भी करने लगे थे। वे कह बैठते कि मनुष्य का जन्म सिर्फ सुखों को भोगने के लिए नहीं होता है। अब वे विज्ञान संबंधी कार्यों, शांतिवाद, यहूदी-प्रेम के प्रति पूरी तरह समर्पित हो गए। उन्हें लगा कि हिब्रू विश्वविद्यालय मामले में उनकी बड़ी जीत हुई है, पर इसकी भारी कीमत भी चुकाई गई है। उन्हें उम्मीद थी कि वे अभी संसार को और बहुत कुछ देंगे।

वे शीघ्र ही अपनी दुनिया में लौट आए और प्रिंसटन स्थित अपने कार्यालय में काम करने लगे। वे अपनी नाव खेने के लिए भी समय निकालने लगे। साथ के लोग आइंस्टाइन को देखकर कह बैठते कि क्या ये वास्तव में इसी दुनिया के हैं? कुछ लोग मजाक में उन्हें जीवाश्म भी कह बैठते थे।

प्रिंसटन में उनके सहायक व सहयोगी उनके व्यक्तित्त्व से अत्यंत प्रभावित थे। वे मानते थे कि भौतिकी की समस्याएँ यदि उनके मस्तिष्क में डाली जाएँ तो वे पिघल-पिघलकर उत्तर के रूप में उनके मुँह से टपकने लगती हैं। लोग उनके लिखे को विशिष्ट ग्रंथों से मिलाते और तुलना करते थे। वे कहते थे कि वे न सिर्फ श्रेष्ठतम भौतिकीविद् हैं वरन् दार्शनिक व इतिहासवेत्ता भी हैं।

एल्सा के निधन के कुछ मास पश्चात् आइंस्टाइन का अट्ठावनवाँ जन्मदिवस आया। नियमों के अनुसार उन्हें नौकरी से अवकाश ग्रहण करना था; पर वे अपनी ही धुन में लगे थे। इस स्थिति में आकर वैज्ञानिक विज्ञान छोड़कर प्रशासनिक भूमिका निभाना पसंद करते हैं, पर आइंस्टाइन अनुसंधानों में ही लगे रहे।

लोग उनके कार्य को देखकर चौंकते और तरह-तरह के सवाल करते थे। एक बार उनके एकाउंटेंट ने उनसे पूछा कि क्या वे अपने लक्ष्य के करीब हैं ? आइंस्टाइन ने तपाक से उत्तर दिया, 'भगवान् कभी हमें पहले से नहीं बतलाता कि जो रास्ता हम चुन रहे हैं वही सत्य है। हम 99 तरीके अपनाते हैं और असफल हो जाते हैं। इससे सिर्फ यही साबित होता है कि वे 99 तरीके सही नहीं थे।'

वे एकीकृत सिद्धांत, सापेक्षता के सामान्य सिद्धांत, ब्रह्मांड की उत्पत्ति व उसके फूलने के सिद्धांत पर एक साथ कार्य कर रहे थे। एक दशक पूर्व विकसित क्वांटम सिद्धांत पर भी कार्य कर रहे थे। वे चाहते थे कि युवा व प्रतिभावान् लड़के-लड़कियाँ उन्हें नए-नए विचार दें और उनके काम में सहायता करें। सन् 1940 तक प्रिंसटन संस्थान विश्वविद्यालय का एक हिस्सा था। वे अकसर सेमिनारों में बैठकर चुपचाप देखते कि उनके सिद्धांतों व सूत्रों का उपयोग छात्र किस प्रकार कर रहे हैं। वे बीच-बीच में बोलते भी थे और अब उत्कृष्ट वक्ता हो चुके थे। उनका सूत्र $E = mc^2$ लोकप्रिय होता जा रहा था और पदार्थ से ऊर्जा में परिवर्तन को तरह-तरह से नापा जा रहा था।

आइंस्टाइन भौतिकी को सामान्य जनों के और करीब लाना चाहते थे। इस उद्देश्य से उन्होंने लियोपोल्ड इन्फील्ड के साथ मिलकर 'भौतिकी का प्रादुर्भाव' शीर्षक पुस्तक की रचना की। लियोपोल्ड पोलैंड से भागकर आया था। इस पुस्तक में सामान्य बातचीत के आधार पर प्राकृतिक संसार, सापेक्षता, क्वांटम सिद्धांत के विकास आदि का वर्णन किया गया था। यह पुस्तक अत्यंत सफल रही।

□

परमाणु बम का निर्माण

उधर आइंस्टाइन वैज्ञानिक कार्यों में चरम स्थिति पर पहुँच चुके थे और इधर ऑस्ट्रिया जर्मनी की चपेट में आ गया था। मार्च 1938 में ऑस्ट्रिया एक ओर जर्मनी और दूसरी ओर इटली से रौंदा जाने लगा था।

अभी लोग हालात को ठीक से समझ भी नहीं पाए थे कि अक्तूबर में चेकोस्लोवाकिया का नंबर आ गया। आइंस्टाइन ने अब नया रुख अख्तियार किया और घोषणा की कि शांतिवाद के सहारे तानाशाहों का मुकाबला नहीं किया जा सकता है।

जर्मन आक्रमण से ऑस्ट्रिया के यहूदियों में भगदड़ मच गई। आइंस्टाइन बेचैन हो उठे। उनका साठवाँ जन्मदिन कब आया और कब निकल गया, पता ही नहीं चला। अब उन्हें यह पश्चात्ताप हो रहा था कि वे बूढ़े हो चले हैं और इस घटनाक्रम के अनुरूप कार्य नहीं कर सकते।

फिर भी वे आनेवाले यहूदी शरणार्थियों की सहायता करते रहे। उनकी बहन माजा को भी उनकी सहायता की जरूरत पड़ी। इटली में मुसोलिनी का अत्याचार बढ़ता चला जा रहा था।

अब तक आइंस्टाइन का कार्य सैद्धांतिक ज्यादा रहा था। इसमें उन्हें भारी सफलता भी मिली थी, पर अब उनको नए हालात के मद्‌देनजर इसमें आनंद नहीं आ रहा था। उधर जर्मनी ने पोलैंड पर कब्जा किया और इधर आइंस्टाइन को समाचार मिला कि उनके पुराने सहयोगी ऑटो हान ने सन् 1938 के अंत में यूरेनियम के परमाणु की नाभि को तोड़ने में सफलता प्राप्त कर ली है।

दुनिया ने ऑटो हान की सफलता को काफी हलके से लिया, पर आइंस्टाइन को इसमें भावी विनाश का खतरा दिखाई दिया। उस समय जे.जे. थॉमसन, प्लैंक, रदरफोर्ड, नील्स बोह्र तथा आइंस्टाइन ही थे जो वेदव्यास की तरह भावी तांडव को

समझ पा रहे थे। आइंस्टाइन कैसर विल्हेम संस्थान में ऑटो हान की योग्यता देख व परख चुके थे।

इस परमाणु विखंडन से प्रचंड मात्रा में ऊर्जा की उत्पत्ति हुई थी। इस ऊर्जा से विनाशकारी हथियार बनाए जा सकते हैं, इस पर मंथन जोर पकड़ने लगा। बोह्र अमेरिका पहुँच चुके थे और अन्य वैज्ञानिकों से चर्चा कर रहे थे। मैडम क्यूरी की पुत्री व दामाद भी इस कार्य में जुटे थे।

अब दुनिया परमाणु हथियार युद्ध के कगार पर आकर खड़ी हो गई थी। शिलॉर्ड व फर्मी जैसे वैज्ञानिकों के आग्रह पर कोलंबिया विश्वविद्यालय के डीन ने अमेरिकी नौसेना के एडमिरल हूपर को पत्र लिखा, जिसमें एक भावी परमाणु हथियार के खतरे से आगाह किया गया था। उन्होंने लिखा कि सामान्य बम की तुलना में यह हथियार करोड़ गुना शक्तिशाली व विनाशकारी होगा।

वैसे जर्मनी में ही नहीं, अन्य देशों में भी इस प्रकार के प्रयास जारी थे। फ्रांस में परमाणु ऊर्जा पर 5 पेटेंट प्राप्त किए जा चुके थे और उनमें से तीसरा परमाणु बम के निर्माण के संदर्भ में था। उधर हॉलैंड में भौतिकीविदों के अनुरोध पर वहाँ के वित्त मंत्री ने बेल्जियम से 50 टन यूरेनियम अयस्क खरीदने की अनुमति दे दी थी। ब्रिटेन में आधिकारिक स्तर पर परमाणु हथियार तैयार करने के प्रयास चल रहे थे और वहाँ के विदेश विभाग व वित्त विभाग दोनों ही इस दिशा में तालमेल बनाए हुए थे। यह प्रयास भी चल रहे थे कि दुनिया में उपलब्ध यूरेनियम को जर्मनी की पहुँच से दूर रखा जाए। उस समय यूरेनियम का प्रमुख स्रोत कांगो था, जो बेल्जियम के कब्जे में था।

जर्मनी में भी प्रयास जारी थे। ऑटो हान के एक सहयोगी ने यूरेनियम से तैयार होनेवाले एक उपकरण पर शोधपत्र तैयार किया था। उसमें परमाणु हथियार के निर्माण में हो सकनेवाली गलतियों पर चर्चा की गई थी। जर्मन युद्ध विभाग की भी उस पर कड़ी नजर थी। जर्मनी सारी तैयारी भावी विश्वयुद्ध के मद्देनजर कर रहा था।

इन सारी बातों की खबर आइंस्टाइन तक पहुँची। आइंस्टाइन को समझने में कोई विलंब नहीं हुआ। यह लगभग वैसा ही था जैसे राम-रावण संग्राम में मेघनाद निकुंभला देवी का यज्ञ करने के लिए छुप गया था और विभीषण को उस यज्ञ के परिणाम के बारे में समझने में विलंब नहीं हुआ था।

आइंस्टाइन ने इन सब घटनाक्रमों का सार व इनके दूरगामी प्रभावों की जानकारी पत्र द्वारा अमेरिकी राष्ट्रपति रूजवेल्ट को दी। कैसी विडंबना थी; वही आइंस्टाइन जो कि प्रथम विश्वयुद्ध के महाविनाश को देखकर इतने विरक्त हो चुके

थे कि लोगों को प्रेरित कर रहे थे कि वे सेना में न तो भरती हों और न ही उसके लिए किसी प्रकार का कोई योगदान करें।

वही आइंस्टाइन आज उस हथियार को अपनाने के लिए अमेरिकी प्रशासन को प्रेरित कर रहे थे, जिसने बाद में मात्र कुछ सेकंडों में हिरोशिमा व नागासाकी के एक लाख बीस हजार पुरुषों, स्त्रियों व बच्चों की जान ले ली।

रूजवेल्ट को भी स्थिति भाँपने में देर न लगी। आइंस्टाइन के पत्र पर तत्काल काररवाई हुई और विख्यात मैनहटन परियोजना की नींव पड़ गई। अब शिलॉर्ड सहित अनेक वैज्ञानिक यूरेनियम की चेन प्रतिक्रिया के अध्ययन व उपयोग की संभावनाओं की तलाश में जुट गए। राजनीतिक काररवाई दोधारी तलवार की तरह कार्य कर रही थी। एक ओर खुद परमाणु बम तैयार करने के प्रयास हो रहे थे, वहीं दूसरी ओर यूरेनियम का भंडार जर्मनों के हाथ न लग पाए, यह प्रयास भी हो रहा था।

शिलॉर्ड ने आइंस्टाइन से एक गुप्त पत्र लिया और उसे महारानी एलिजाबेथ के पास लंदन पहुँचाया, जिसमें जर्मनी के यूरेनियम प्राप्त करने में अवरोध खड़ा करने की सिफारिश की गई थी।

पर साथ ही आइंस्टाइन के मन में दुविधा भी थी। वे यूरेनियम से बननेवाले शक्तिशाली ऊर्जा स्रोत के सैन्य इस्तेमाल के प्रति सशंकित थे। वे अपने एकीकृत सिद्धांत पर कार्य भी अधूरा नहीं छोड़ना चाहते थे।

यूरेनियम-238 तो प्रकृति में बड़ी मात्रा में पाया जाता है, पर परमाणु विखंडन की प्रक्रिया के लिए यूरेनियम-235 की आवश्यकता होती है और उसे शुद्ध रूप में अलग करना कठिन होता है। अब वैज्ञानिक इस कार्य में जुट गए। आइंस्टाइन के अनेक वैज्ञानिक मित्र मित्र राष्ट्रों के लिए युद्ध संबंधी कार्यों में जुट गए थे।

वे सभी आइंस्टाइन को इस परियोजना में शामिल करना चाहते थे। आइंस्टाइन चूँकि पहल कर चुके थे, अतः प्रारंभ से अप्रत्यक्ष सहयोग तो दे ही रहे थे। साथ ही उन्होंने अमेरिकी सरकार को आगाह किया कि उपयोगी यूरेनियम की अमेरिका में उपलब्धता बहुत कम है, पर कनाडा व पुराने चेकोस्लोवाकिया अच्छे भंडार हैं। साथ ही बेल्जियम अधिकृत कांगो में बहुत अच्छी उपलब्धता है। उन्होंने इस दिशा में चल रहे प्रयोगों के लिए धन की उपलब्धता सुनिश्चित करने की भी सिफारिश की।

उधर चेकोस्लोवाकिया पर जर्मनी का कब्जा हो चुका था। पोलैंड में जर्मन सेना शासन कर रही थी। चेकोस्लोवाकिया से यूरेनियम के निर्यात पर जर्मनी ने पाबंदी लगा दी थी। इधर अमेरिका में पहले दौर में बैठकें व मंथन ज्यादा हो रहा था और वास्तविक काम कम हो रहा था। इस क्षेत्र में हो रहे अनुसंधान के प्रकाशन पर

भी रोक लगा दी गई थी। अब शिलार्ड व आइंस्टाइन ने सरकार पर दबाव डाला कि या तो सरकार परमाणु बम योजना को गंभीरता से ले या चल रहे अनुसंधान को प्रकाशित होने दे, क्योंकि यदि सरकार लाभ नहीं उठाना चाहती तो कम-से-कम ज्ञान जनता तक तो पहुँचे।

यह धमकी काम कर गई और राष्ट्रपति रूजवेल्ट ने सैन्य अधिकारियों व वैज्ञानिकों की बैठक बुलाई तथा मैनहटन परियोजना के दायरे को बढ़ाने पर विचार-विमर्श किया। इसके साथ ही आइंस्टाइन का इस परियोजना से संबंध बहुत मजबूत होता चला गया।

इसके बाद यह कार्य अमेरिका की राष्ट्रीय सुरक्षा अनुसंधान समिति के जिम्मे दे दिया गया और विज्ञान संबंधी मामलों की एक विशेष समिति बनाई गई, जिसका काम था कि परमाणु विखंडन से संबंधित उस नवीन अनुसंधान की सरकार को जानकारी देना, जो अमेरिका की राष्ट्रीय सुरक्षा से संबंध रखता हो।

अब आइंस्टाइन ने सरकार से माँग की कि बड़े पैमाने पर प्रयोग किए जाएँ और अनुसंधानों का व्यावहारिक उपयोग बढ़ाया जाए। उनका तात्पर्य इस बात से था कि परमाणु के टूटने की प्रक्रिया को लगातार बनाकर उसका उपयोग करना जरूरी है। उन्होंने मैनहटन परियोजना के लिए और अधिक धन की भी माँग की।

रूजवेल्ट प्रशासन ने ओपनहाइमर को इस परियोजना का प्रमुख बनाया। उधर परमाणु विखंडन के व्यावहारिक उपयोग की जानकारी पूरे संसार को हो चुकी थी। ब्रिटेन में परमाणु बम बनाने की माँग उठ रही थी। फ्रांस में भी इस दिशा में काम चल पड़ा था। जर्मनी में भी अनुसंधान बढ़ता जा रहा था।

लोगों को भावी परमाणु बम कल्पना में दिखाई देने लगा था। वे मान रहे थे कि यह बम टनों वजन का नहीं, वरन् कुछ पाउंड वजन का होगा। सभी देशों में इसके लिए कच्ची सामग्री, वैज्ञानिक व आवश्यक धन जुटाने की होड़ मची थी। ब्रिटेन में चर्चिल इस काम को बढ़ावा दे रहे थे। अप्रैल 1940 में आइंस्टाइन ने रूजवेल्ट प्रशासन को सूचित किया कि इस परियोजना का पहला चरण पूरा हो गया है। उन्होंने यह भी बताया कि दूसरा चरण अत्यंत कठिन होगा।

इसी बीच 6 दिसंबर, 1941 को जापान ने पर्ल हार्बर पर भारी हमला कर दिया। अचानक हुए इस हमले में अमेरिकियों को भारी नुकसान उठाना पड़ा। इसके साथ ही अमेरिका का दूसरे विश्वयुद्ध में औपचारिक प्रवेश हो गया। इस घटनाक्रम ने परमाणु बम परियोजना के कार्य को और तेज कर दिया। यूरेनियम-235 को

अलग करने का काम काफी तेज हो गया। अभी तक इस कार्य में अनेक बाधाएँ आती थीं। इसके लिए गैस डिफ्यूजन पद्धति का प्रयोग किया गया।

उधर आइंस्टाइन के बदले रवैए से उनके साथी भी भौंचक थे। अब तक आइंस्टाइन का कार्य सैद्धांतिक भौतिकी तक ही सीमित था। अब वे व्यावहारिक प्रयोगों में पूरी मुस्तैदी से भाग ले रहे थे। शांतिवादी आइंस्टाइन पहले वैज्ञानिकों को युद्ध संबंधी कार्य न करने के लिए प्रेरित करते थे, पर अब स्वयं एक विनाशकारी हथियार के निर्माण में योगदान दे रहे थे। वे इसे प्रसन्नतापूर्वक कर रहे थे और मान रहे थे कि उनको शरण देनेवाले देश को इस कार्य की जरूरत है। उनका सूत्र $E = mc^2$ ही इस बम का आधार था।

वे बीच-बीच में दार्शनिक अंदाज में भी बात करते थे। शायद उनके मन के किसी कोने में यह था कि कहीं उनका यह कार्य मानव जाति के लिए विनाशकारी सिद्ध तो नहीं होगा। वे कहते कि मनुष्य को ईश्वर ने बनाया। यदि ईश्वर ने न बनाया होता तो उसे ईश्वरप्रदत्त अधिकार कैसे मिल पाते। फिर तो मनुष्य को देश के संविधान में वर्णित अधिकार ही मिल पाते। हमारे पूर्वजों के समय में कोई संविधान नहीं था। पर वे कैसे असत्य से मुकाबला करते थे। वे विश्वयुद्ध में अमेरिका द्वारा लड़ी जानेवाली लड़ाई को असत्य के विरुद्ध लड़ाई मानते थे।

समय के साथ अमेरिका में आइंस्टाइन का दर्जा बढ़ता चला गया। उन्हें एक अच्छा व सुविधाओं से संपन्न कार्यालय भी मिला। उनके सौतेले दामाद द्रिमित्री मैरियानॉफ, जिसका काफी पहले उनकी सौतेली पुत्री मार्गोट से तलाक हो गया था, ने उनकी जीवनी लिखने का कार्य प्रारंभ किया।

पर आइंस्टाइन इससे अप्रभावित ही रहे। लेखक ने दावा किया कि वह आइंस्टाइन परिवार के साथ आठ वर्ष से रह रहा है, पर आइंस्टाइन ने इसका खंडन कर दिया। उन्होंने कहा कि वह कुछ मास ही साथ रह रहा है।

पुस्तक छपी। लोकप्रिय भी हुई। उसमें जो लिखा था, वह कतई नुकसानदेह नहीं था, पर आइंस्टाइन ने उसकी सत्यता प्रमाणित करने से इनकार कर दिया।

वे अपने नाम का इस्तेमाल अत्यावश्यक कार्यों के लिए ही होने देना चाहते थे। एक बार फिलिस्तीन स्थित संस्थानों के सहायतार्थ राष्ट्रपति रूजवेल्ट के संदेश की आवश्यकता थी। रूजवेल्ट ने यह निवेदन स्वीकार नहीं किया था; पर आइंस्टाइन ने जब हस्तक्षेप किया तो रूजवेल्ट ने स्वीकार कर लिया।

उस समय तमाम वैज्ञानिक सम्मेलन आदि होते थे। उनमें आइंस्टाइन की भारी माँग होती थी। उस दौरान कोपरनिकस के निधन की चार सौवीं सालगिरह मनाई

गई। कोपरनिकस एक क्रांतिकारी वैज्ञानिक माने जाते थे। इस कारण इस अवसर पर कार्नेगी हॉल में हुए समारोह में आधुनिक क्रांतिकारी वैज्ञानिकों को आमंत्रित किया गया था और उनमें आइंस्टाइन के अलावा टी.एच. मॉर्गन, जिन्होंने हेलीकॉप्टर का डिजाइन तैयार किया था, हेनरी फोर्ड भी आमंत्रित थे। इस अवसर पर अपने संक्षिप्त व्याख्यान में आइंस्टाइन ने कोपरनिकस को अपना गुरु माना।

युद्ध के दौरान आइंस्टाइन को अमेरिका में अनेक विचित्रताओं का भी सामना करना पड़ा। जब वे यूरोप स्थित अपने रिश्तेदारों या जर्मनी स्थित मित्रों को पत्र लिखते थे तो उनकी अमेरिकियों द्वारा भी लिफाफा खोलकर जाँच होती थी और जिस देश में पत्र पहुँचता था वहाँ पर भी जाँच होती थी। अनेक वैज्ञानिक जिनका प्रयोग संबंधी कार्य युद्ध के कारण अस्त-व्यस्त हो जाता था, वे आइंस्टाइन के पास सहायता हेतु आते थे। विल्हेम राइच लंबे समय से जैविक ऊर्जा पर कार्य कर रहे थे। उन्होंने वियना में सन् 1922 से 1930 तक फ्रॉयड के सहायक के रूप में भी कार्य किया था। वे एक अच्छे भौतिक शास्त्री तो नहीं थे, पर एक अच्छे मनोवैज्ञानिक अवश्य थे। जब युद्ध के कारण उनका काम प्रभावित हुआ तो उन्होंने दिसंबर 1940 में आइंस्टाइन को पत्र लिखा। आइंस्टाइन ने 13 जनवरी, 1941 को उन्हें अपने घर बुलाया और पाँच घंटे तक चर्चा की। बाद में इस बातचीत के आधार पर विवाद भी उत्पन्न हो गया।

युद्ध के उस माहौल में वे नाजियों के विरोध में हर प्रकार का कार्य करना स्वीकार कर लेते थे। सन् 1943 में धन एकत्रित करने हेतु उनसे कहा गया कि वे 1905 में तैयार किए गए अपने मौलिक शोधपत्र दान कर दें। दुर्भाग्यवश आइंस्टाइन के विस्थापन के दौरान ये नष्ट हो गए थे। पर आइंस्टाइन ने उन्हें फिर से हाथों से लिखकर तैयार करके दे दिया। उनकी मौलिक पांडुलिपियाँ उस समय लाखों डॉलर की बिकती थीं। उनमें से अनेक तो आज भी लाइब्रेरी ऑफ कांग्रेस के पास सुरक्षित हैं।

युद्ध के दौरान आइंस्टाइन अमेरिकी नौसेना के लिए अंशकालिक रूप से भी विभिन्न कार्य करते रहे। उनकी योग्यता के मद्देनजर उन्हें अनेक समितियों में रखा गया। प्रिंसटन में रक्षा संबंधी अनेक परियोजनाएँ चल रही थीं। वे उनमें भी सलाह देते थे। रक्षा विभाग के साथ वे कहीं पर वैज्ञानिक के रूप में तो कहीं पर प्रौद्योगिकी-विद् के रूप में अनुबंधों के तहत संलग्न थे। विस्फोटकों पर हो रहे अनुसंधान कार्य के साथ वे सलाहकार के रूप में दो वर्ष तक जुड़े रहे।

युद्ध के दौरान तमाम वैज्ञानिकों की सेवा विभिन्न रूपों में ली जा रही थी। एक ओर परमाणु बम तैयार हो रहा था तो दूसरी ओर उसे गिराने की तकनीक विकसित

की जा रही थी। परमाणु बम की प्रक्रिया को नियंत्रित करनेवाले तंत्र को विकसित करने की प्रक्रिया भी तैयार हो रही थी। इन सभी में डॉ. वॉन न्यूमैन, डॉ. जॉन किर्कवुड, डॉ. जॉर्ज गैमोव जैसे वैज्ञानिक जुड़े थे।

आइंस्टाइन की बढ़ती हुई आयु व ढलते स्वास्थ्य को देखते हुए उन्हें अनुसंधान कार्य हेतु वाशिंगटन आने-जाने में छूट दे दी गई थी। जॉर्ज गैमोव को यह दायित्व सौंपा गया था कि वे प्रिंसटन जाकर आइंस्टाइन से संपर्क करते रहें और कार्य की जरूरतों को पूरा करते रहें। जॉर्ज गैमोव हर शुक्रवार को रेलगाड़ी द्वारा प्रिंसटन जाते थे। उनके साथ उनके ब्रीफकेस में नौसेना की परियोजना के गोपनीय कागजात होते थे। जॉर्ज गैमोव पानी के नीचे बिछाई जानेवाली सुरंगों, विमानवाहक युद्धपोत पर गिराए जानेवाले बमों तथा इस प्रकार के प्रस्तावों, तकनीकों पर आइंस्टाइन से चर्चा करते। आइंस्टाइन घरेलू पोशाक में स्वेटर पहने लंबी चर्चा करते और जब गैमोव आइंस्टाइन की मंजूरी लेकर वापस एडमिरल के पास जाते तो उनका विश्वास कई गुना बढ़ जाता था। कई बार आइंस्टाइन जिन आशंकाओं को व्यक्त करते, वे व्यावहारिक प्रयोग के दौरान सही निकलती थीं।

कभी सेना के लिए कार्य न करने का आह्वान करनेवाले आइंस्टाइन दूसरे विश्वयुद्ध के दौरान पूरी तल्लीनता से युद्ध संबंधी अनुसंधानों में जुटे रहे। अपना पैंसठवाँ जन्मदिवस भी उन्होंने इन्हीं कार्यों को करते हुए बिताया।

पर इस दौर में वे दुविधाओं से भी ग्रस्त रहे। शायद यही कारण था कि उन्हें मैनहटन परियोजना की पूरी जानकारी उपलब्ध नहीं कराई गई थी। उधर शिलार्ड, फर्मी, क्रॉम्प्टन, विग्नर जैसे वैज्ञानिक पूर्णकालिक रूप से मैनहटन परियोजना से जुड़े हुए थे। पर आइंस्टाइन को कार्य की प्रगति का अहसास था, क्योंकि यूरेनियम उद्योग की प्रगति की तीव्रता स्पष्ट दिखाई पड़ रही थी।

नील्स बोह्र किसी तरह जान बचाकर छोटी सी नाव द्वारा स्वीडन पहुँचे थे। वे युद्ध के दौरान अमेरिका आए और प्रिंसटन में आइंस्टाइन से भी मिले, पर उनका दौरा गोपनीय था और वे जॉन बेकर के नाम से ब्रिटिश पासपोर्ट पर यात्रा कर रहे थे।

आइंस्टाइन को लग रहा था कि हिटलर के पतन के लिए तो ये परमाणु हथियार आवश्यक हैं, पर भविष्य में इनका भारी दुरुपयोग हो सकता है। वे मिलने-जुलनेवालों से इसकी चर्चा करते थे। उन्होंने नील्स बोह्र को लिखे पत्र में भी इसकी चर्चा की।

उनकी आशंका सही भी थी। दुनिया के अनेक बड़े देश अब परमाणु हथियारों की होड़ में लगे थे। सोवियत रूस ने अपने एक वैज्ञानिक के जरिए नील्स बोह्र को

प्रस्ताव भेजा कि वे परिवार सहित सोवियत संघ में आकर बसें और आगे का अनुसंधान कार्य करें। उन्हें और भी अनेक प्रकार के प्रलोभन दिए गए।

उस समय वे इंग्लैंड में थे। यह बात चर्चिल तक पहुँची। बोह्र को जवाब देने में कठिनाई होने लगी। बाद में रूजवेल्ट ने बोह्र को बुलाया और पूरी बात सहानुभूतिपूर्वक सुनी। उन्होंने यह समझ लिया कि बोह्र को बिना वजह परेशान किया जा रहा है। उनसे यह उम्मीद नहीं है कि वे परमाणु बम परियोजना की गोपनीय जानकारी रूसियों को दे देंगे। अनेक वैज्ञानिकों ने भी बोह्र का पक्ष लिया।

इधर विवाद उठते रहे और उधर बम बनता रहा। इधर बम बनने के बाद कहाँ गिराया जाए यह निर्णय लिया जाता रहा और उधर जर्मनी में यहूदी भौतिकीविदों को भगाने पर पछतावा होने लगा। वहाँ का अनुसंधान कार्य बुरी तरह प्रभावित हो गया था। जिस सैद्धांतिक भौतिकी को यहूदी भौतिकी कहकर मजाक उड़ाया जाता था उसकी कमी अखरने लगी। जिस सापेक्षता सिद्धांत का घोर विरोध होता था, अब उसी की जरूरत महसूस होने लगी। जर्मनी परमाणु बम निर्माण की तैयारी में पिछड़ने लगा था। इसका एक कारण यह भी था कि दूसरे विश्वयुद्ध के पहले दो वर्षों में जर्मनी को आशातीत सफलता मिली थी और उन्हें परमाणु बम की आवश्यकता ही नहीं महसूस हुई। गलती का अहसास देर में हुआ।

दिलचस्प बात यह थी कि जर्मनी का परमाणु बम कार्यक्रम उस गाँव में चल रहा था जहाँ पर एल्सा का जन्म हुआ था। हेजेनबर्ग, हान जैसे वैज्ञानिक दर्जन भर अन्य वैज्ञानिकों के साथ जुटे थे। परियोजना का नाम अल्सोस रखा गया था।

इधर अमेरिकी गुप्तचर सेवा ने इस परियोजना की जानकारी सन् 1944 के अंत में प्राप्त कर ली थी। उधर दूसरे विश्वयुद्ध की शीघ्र समाप्ति को सुनिश्चित करने हेतु अमेरिका ने जापान पर परमाणु बम गिराने की तैयारी कर ली थी। जो वैज्ञानिक पूर्णकालिक रूप से परमाणु बम परियोजना पर वर्षों से कार्य कर रहे थे, वे अब अपने आपको भावी महाविनाश के लिए दोषी मानने लगे थे। वे चाहते थे कि इसका इस्तेमाल सिर्फ डराने के लिए हो।

सचमुच वह समय दुविधाओं से भरा था। मित्र राष्ट्रों ने जर्मनी के नागरिक क्षेत्रों पर भारी बम वर्षा की थी। आइंस्टाइन ने उसे उचित ठहराया था। वे यह भी कहते रहे कि संगठित शक्ति का मुकाबला संगठित शक्ति की सहायता से ही किया जा सकता है। वे यह भी कहते थे कि अगर दुश्मन आपको मटियामेट करने पर तुला हो तो आपको शक्तिशाली बनना ही होगा।

आखिर हिरोशिमा व नागासाकी में महाविनाश हुआ और जापान ने आत्मसमर्पण कर दिया। दूसरा विश्वयुद्ध समाप्त हो गया। आइंस्टाइन छासठ वर्ष के हो चुके थे और उन्होंने औपचारिक रूप से प्रिंसटन संस्थान से अवकाश ले लिया था। उनके सूत्र $E = mc^2$ का विनाशकारी सत्यापन हो चुका था। अनेक लोग इस पर उनकी प्रतिक्रिया जानना चाह रहे थे। वे साफ शब्दों में कहते थे कि परमाणु शक्ति उतनी ही प्राकृतिक शक्ति है जितनी कि मेरे शरीर की शक्ति, जिससे मैं नाव चलाता हूँ। उन्होंने यह भी कहा कि भविष्य में इस शक्ति का बड़े पैमाने पर व्यावसायिक उपयोग भी होगा।

□

विनाश के बाद

विश्वयुद्ध समाप्त हो चुका था, पर विनाश का मलबा जगह-जगह बिखरा हुआ था। हारे हुए जर्मनी व जापान के साथ कैसा व्यवहार हो, इस पर विचार हो रहा था। उधर फिलिस्तीन में यहूदी व अरबों के संभावित टकराव को रोकना कठिन मालूम पड़ रहा था। रूस, अमेरिका, ब्रिटेन मिलकर लड़े थे; पर अब रूस की मानसिकता समझने में सभी को परेशानी हो रही थी।

उधर आइंस्टाइन अपने मर्सर स्ट्रीट स्थित निवास में रह रहे थे। वे स्वयं को एक लाख बीस हजार निर्दोष नागरिकों की मौत का जिम्मेदार मान रहे थे। अगस्त 1945 में अल्बर्ट आइंस्टाइन ने अमेरिकन ब्रॉडकास्टिंग कंपनी के जरिए परमाणु युद्ध पर अपने विचार व्यक्त किए। उन्होंने यह भी कहा कि इस विनाशकारी परमाणु बम के निर्माण का गोपनीय सूत्र सिर्फ विश्व सरकार के पास होना चाहिए। इस भावी विश्व सरकार को उन देशों में सीधा हस्तक्षेप करना चाहिए, जहाँ पर अल्पसंख्यक बहुसंख्यकों पर भारी अत्याचार कर रहे हैं।

उन्होंने अमेरिका व ब्रिटेन को उनकी जिम्मेदारी का अहसास कराया और कहा कि उनके पास परमाणु बम के निर्माण की जानकारी है। उन्हें यह भी लग रहा था कि शीघ्र ही यह जानकारी सोवियत रूस के पास भी पहुँच जाएगी। उस समय स्पेन व अर्जेंटीना में अराजकता मची हुई थी; पर आइंस्टाइन का मानना था कि इस समस्या से बिना युद्ध के भी निपटा जा सकता है।

आइंस्टाइन सोवियत रूस से इसलिए भी खफा रहते थे, क्योंकि वहाँ पर प्रजातंत्र नहीं था। उन्हें यह भी लगता था कि सोवियत रूस में शैक्षिक व वैज्ञानिक कार्य करने की पूर्ण स्वतंत्रता नहीं है और उस समय अनेक रूसी वैज्ञानिक भागकर पश्चिमी देशों में शरण ले रहे थे। इस कारण मित्र राष्ट्रों में तनाव भी बढ़ रहा था।

फिर भी आइंटाइन को अपनी कल्पना की विश्व सरकार के सफल होने की उम्मीद थी। नवंबर 1947 में आइंस्टाइन ने संयुक्त राष्ट्र महासभा को एक खुला पत्र लिखा। उन्होंने विश्व की तमाम सरकारों को सलाह दी कि वे अपने अधिकार स्वेच्छा से विश्व सरकार को सौंप दें।

लोग उनके विचारों को कोरी आदर्शवादिता मान रहे थे। उन्हें लग रहा था कि इस प्रकार की व्यवस्था रातोरात खड़ी नहीं हो सकती है; पर आइंस्टाइन लगातार कहते रहे कि इस दिशा में तत्काल प्रयास आवश्यक हैं।

हालाँकि परमाणु बम से महाविनाश हो चुका था और यह सभी जान भी चुके थे, फिर भी इसकी भावी संभावनाओं के बारे में जिज्ञासा थी। इसके बारे में ज्यादा-से-ज्यादा सूचना हासिल करने और आम जनता तक पहुँचाने के प्रयास चल रहे थे। लगभग पचास शैक्षिक, धार्मिक व नागरिक संगठनों की एक समिति बनाई गई थी, जिसमें आइंस्टाइन भी सदस्य थे। इस समिति को प्रभावी रूप से कामकाज कराने के लिए धन एकत्रित करने के प्रयास भी चल रहे थे।

दूसरी ओर परमाणु वैज्ञानिक भी संगठित हो रहे थे। उनकी समिति का अध्यक्ष आइंस्टाइन को बनाया गया था। अब अमेरिका में एक देशव्यापी अभियान आरंभ किया गया, जिसके अंतर्गत लोगों में नई चेतना जगाने का प्रयास आरंभ किया गया, ताकि परमाणु युग में मानव का अस्तित्व बना रहे।

आइंस्टाइन का मानना था कि दुनिया में अब शक्तिशाली व विनाशकारी हथियार हैं और अब लोगों को संकीर्ण राष्ट्रवाद से ऊपर उठना होगा, अन्यथा वे विनाश की ओर बढ़ते चले जाएँगे। साथ ही निरस्त्रीकरण की ओर तेजी से बढ़ना भी आवश्यक है, अन्यथा पूरे विश्व में स्वतंत्रता का अस्तित्व समाप्त हो जाएगा।

उधर अमेरिका हाइड्रोजन बम के निर्माण की ओर बढ़ रहा था। आइंस्टाइन ने इसका विरोध किया, पर साथ ही यह भी कहा कि जब तक पूरे विश्व को निरशस्त्रीकरण के लिए नहीं मना लिया जाएगा, तब तक किसी एक देश को उस दिशा में आगे बढ़ने से नहीं रोका जा सकता है।

उधर विश्वयुद्ध के बाद मची उथल-पुथल में आइंस्टाइन को अमेरिका में अधिक महत्त्व नहीं दिया जा रहा था और इधर उनके मित्र उन्हें फिलिस्तीन की ओर खींचने का प्रयास कर रहे थे। वे चाहते थे कि आइंस्टाइन फिलिस्तीन आकर बस जाएँ और अपना वैज्ञानिक कार्य आगे बढ़ाएँ। विजमैन ने उन्हें चार-छह सप्ताह के लिए फिलिस्तीन आकर वहाँ के वैज्ञानिक कार्य को आगे बढ़ाने हेतु पत्र लिखा।

लेकिन आइंस्टाइन ने अपने कमजोर स्वास्थ्य के कारण इस आमंत्रण को अस्वीकार कर दिया। उधर उनके विश्व सरकार संबंधी विचारों को अव्यावहारिक करार दिया गया था और परमाणु ऊर्जा संबंधी सारी जानकारी सेना को मजबूती के साथ सौंप दी गई थी।

अब आइंस्टाइन पछतावे की आग में बुरी तरह झुलस रहे थे। हालाँकि फोटोग्राफर अब भी उनकी तसवीर उतारने के लिए आतुर रहते थे और आम जनता उन्हें सम्मान के साथ सुनती थी, पर वे अपने आपको हारा हुआ महसूस कर रहे थे। वे कई बार कह उठते थे कि हम तो भौतिकशास्त्री हैं, राजनीतिज्ञ नहीं। राजनीति के दलदल में उतरना हमारे बस की बात नहीं है।

पर वे बुद्धिजीवियों को संगठित करने के प्रयास करते रहे। उनकी पचहत्तरवीं वर्षगाँठ के अवसर पर लगभग दो सौ शिक्षाशास्त्री, धर्माचार्य व लेखक प्रिंसटन में एकत्रित हुए। हालाँकि वे स्वयं इस सम्मेलन में शरीक नहीं हो पाए, पर इसमें उनके विचारों पर गहरा मंथन हुआ।

अब वे जर्मनी के बारे में भी सोचने लगे थे। युद्ध के बाद जर्मनी की फिजाँ बदल चुकी थी। अक्तूबर 1946 में आइंस्टाइन को बावरिया अकादमी का सदस्य बनने के लिए आमंत्रित किया गया। इस समय उन्हें नाजियों द्वारा यहूदी भाइयों के कत्लेआम की याद आ गई। पर फिर भी उन्होंने इस आमंत्रण पर प्रसन्नता व्यक्त की। ऑटो हान ने उन्हें अपने संगठन का विदेशी सदस्य बनाने की पेशकश की, पर आइंस्टाइन ने विनम्रतापूर्वक मना कर दिया। उन्होंने कहा कि जर्मन बुद्धिजीवियों की मानसिकता झुंड की मानसिकता से भिन्न नहीं है।

उधर उनके गृहनगर उल्म ने उन्हें मानद नागरिकता स्वीकार करने का अनुरोध किया, पर उन्होंने उसके लिए भी मना कर दिया। लोग उनसे कारण पूछते तो वे स्पष्ट कह देते कि सामूहिक नरसंहार की यादें अभी ताजा हैं और ऐसे में जर्मन संस्थानों से किसी भी रूप में जुड़ना कठिन है।

सितंबर 1950 में उन्होंने अपने पुराने मित्र बोर्न को पत्र लिखकर कहा, 'वैसे तो सभी मनुष्य जन्म से एक जैसे ही होते हैं, पर जर्मनों में ज्यादा खतरनाक परंपराएँ हैं।' साथ ही उन्होंने यह भी लिखा कि हाल के दर्दनाक अनुभवों से हमने शायद ही कुछ सीखा है।

पर दो वर्ष बाद बोर्न एडिनबर्ग से अवकाश लेकर वापस जर्मनी लौट गए। उनका मानना था कि अमेरिकी ज्यादा बड़े हत्यारे हैं और जो उन्होंने हिरोशिमा व नागासाकी में किया, वह नाजियों की बर्बरता से कहीं ज्यादा घातक था। सचमुच

यहूदियों को गैस चैंबर में डालना और हिरोशिमा में परमाणु बम गिराना, इनमें से कौन ज्यादा जघन्य था, निर्णय करना कठिन था।

अंतिम काल में भी आइंस्टाइन की दुविधा समाप्त नहीं हुई थी। उस समय के अखबार महाविनाश का सारा दोष हिटलर के सिर डाल रहे थे, जबकि आइंस्टाइन का मानना था कि वह अकेला दोषी नहीं है। इसी बीच उन्हें मैक्स प्लैंक के निधन का समाचार मिला। महान् वैज्ञानिक प्लैंक का जीवन भी काफी पीड़ादायी था। उनका पहला पुत्र मारा गया था। दूसरे पुत्र को हिटलर की हत्या के प्रयास के आरोप में सन् 1944 में फाँसी पर चढ़ा दिया गया था। आइंस्टाइन व प्लैंक के मध्य सन् 1913 से 1947 तक घनिष्ठ संबंध रहे थे। आइंस्टाइन ने प्लैंक की मृत्यु पर श्रीमती प्लैंक को लिखे पत्र में पुरानी मीठी यादों को ताजा किया।

अब आइंस्टाइन को अमेरिका से भी निराशा होने लगी थी। सन् 1947 में प्लैश को लिखे पत्र में आइंस्टाइन ने व्यक्त किया कि अब अमेरिका सन् 1928 वाला अमेरिका नहीं रहा। अब यह लड़ाकू व खूँखार हो गया है। रूस का डर दिखाकर यह तमाम गलत कार्य किए जा रहा है।

एक जमाना था, जब वे जर्मनी की हरकतों से आजिज आकर जर्मनी छोड़ने की योजना बनाते थे। अब उन्हें दुनिया भर से अनुदान के प्रस्ताव मिल रहे थे। उनके कई रिश्तेदार दक्षिण अमेरिका में बस गए थे और वे बुला रहे थे। सन् 1948 में उनसे इजराइल चलने का प्रस्ताव किया गया, पर उन्होंने कहा कि वे अब बूढ़े हो चले हैं। उनके एक यहूदी मित्र ने कहा कि वे तो अभी मात्र उनहत्तर वर्ष के हैं और यहूदी परंपरा के अनुसार मोसेज की आयु प्राप्त करने के लिए उन्हें इक्यावन वर्ष और जीना है।

□

इजराइल का जन्म

उधर जेर्मनी के शेष विश्व के साथ संबंधों पर नए सिरे से विचार हो रहा था और इधर यहूदियों के लिए अलग राष्ट्र के निर्माण की प्रक्रिया परिपक्व होती जा रही थी। आइंस्टाइन के मन में एक ऐसे यहूदी राष्ट्र की कल्पना थी, जो अपने पड़ोसी अरब राष्ट्रों के साथ मित्र-भाव बनाए रखे। उसे सशस्त्र सेना की आवश्यकता न हो तथा वह उदार हो। वे कट्टर राष्ट्रवाद के सख्त खिलाफ थे।

उस समय सारी दुनिया में आजादी की लहर चल पड़ी थी। ब्रिटिश साम्राज्य के उपनिवेश एक-एक कर आजाद हो रहे थे। फिलिस्तीन में भी नए सिरे से परिवर्तन हो रहे थे, पर साथ ही वहाँ तनाव भी तेजी से बढ़ रहा था।

आइंस्टाइन का अपने यहूदी भाइयों के प्रति प्रेम व समर्पण बढ़ता जा रहा था। जब उनसे भावी राष्ट्र के लिए धन एकत्रित करने हेतु सहायता माँगी गई तो वे सहर्ष तैयार हो गए। उन्होंने एक पत्र जारी किया जिसकी नीलामी की गई और 5,000 डॉलर एकत्र हो गए।

आख़िर मई 1948 में इजराइल का जन्म हो गया। पहले राष्ट्रपति विजमैन बने पर उनका शीघ्र ही देहांत हो गया। आइंस्टाइन उम्र के आठवें दशक में चल रहे थे। उनका शरीर अत्यंत कमजोर था, पर लोगों को अब भी उनसे बड़ी आशाएँ थीं।

सन् 1952 में उनसे निवेदन किया गया कि वे इजराइल के राष्ट्रपति का कार्यभार सँभालें। यह पद सम्मान योग्य ज्यादा था और राजनीति से इसका कुछ लेना-देना नहीं था। दुनिया भर के यहूदी इजराइल के जन्म के लिए आइंस्टाइन द्वारा किए गए योगदान के प्रति इस जरिए से आभार व्यक्त करना चाहते थे।

तेल़ अबीब के समाचार-पत्र में यह प्रस्ताव प्रमुखता से छपा। इजराइल के तत्कालीन प्रधानमंत्री डेविड बेन गुरियन ने गर्व के साथ कहा कि दुनिया में आइंस्टाइन

से ज्यादा अनुकरणीय यहूदी नहीं है। यदि वे इस प्रस्ताव को स्वीकार कर लें तो चुनाव मात्र एक औपचारिकता रह जाएगा। पर आइंस्टाइन ने इस प्रस्ताव को गंभीरता से नहीं लिया। 'न्यूयॉर्क टाइम्स' अखबार ने जब इस पर प्रतिक्रिया माँगी तो उन्होंने टिप्पणी करने से इनकार कर दिया।

किंतु शीघ्र ही अमेरिका में इजराइल के राजदूत अब्बा ईबान ने उनसे संपर्क किया। अब आइंस्टाइन के पास कोई चारा नहीं था और उन्होंने इस प्रस्ताव को दृढ़तापूर्वक अस्वीकार कर दिया। इस समय उनके मर्सर स्ट्रीट स्थित निवास पर पत्रकारों की भारी भीड़ थी।

अब्बा ईबान इजराइली प्रधानमंत्री का औपचारिक निवेदन लेकर आए थे। उन्होंने बार-बार निवेदन किया कि वे इसे स्वीकार कर लें। पर आइंस्टाइन टस-से-मस नहीं हुए।

18 नवंबर, 1952 को इजराइल के मंत्री डेविड गोयतन का पत्र आया, जिसमें लिखा था कि वे इस पद को स्वीकार कर लें और इजराइल चलें। सरकार उनके भावी वैज्ञानिक कार्य के लिए पूरा बंदोबस्त करेगी।

आइंस्टाइन भाव-विभोर हो उठे। उन्होंने कहा कि मैं इस प्रस्ताव के प्रति आभार व्यक्त करता हूँ; पर मुझे इस बात का गहरा दुःख है कि मैं इसे स्वीकार नहीं कर पाऊँगा। इसका कारण बताते हुए उन्होंने स्पष्ट कहा कि मेरे अंदर सरकारी दायित्वों को निभाने हेतु आवश्यक गुण व अनुभव नहीं हैं। हालाँकि मेरा यहूदी भाइयों से अटूट लगाव है, पर इस दायित्व को निभाना मेरे सामर्थ्य के बाहर है।

उनके अस्वीकार कर देने पर तरह-तरह की टीका-टिप्पणियाँ हुईं। किसी ने कहा कि वैज्ञानिक का राष्ट्रपति बनना कठिन होता है। पर विजमैन भी मूलत: जैव-रसायन शास्त्री ही थे। फिर भौतिकीविद् क्यों नहीं राष्ट्रपति बन सकता है।

शायद आइंस्टाइन किसी एक राष्ट्र के दायरे में बंद होकर नहीं रहना चाहते थे। हालाँकि इजराइल के राष्ट्रपति का पद शोभनीय मात्र था, फिर भी आइंस्टाइन जैसे व्यक्तित्व के लिए किसी भी मामले में चुप रहना असंभव था।

वे इजराइल के मामले में हमेशा संवेदनशील बने रहे। वे पड़ोसी अरब देशों के आक्रामक रुख से आशंकित थे। वे इस बात से भी चिंतित थे कि रूस व चेकोस्लोवाकिया न सिर्फ इन अरब देशों को भड़का रहे हैं वरन् मिस्र को बड़ी संख्या में खतरनाक हथियार बेच रहे हैं।

हालाँकिं अमेरिका अनेक स्रोतों से इजराइल को लड़ाकू सैबर जैट सहित तमाम हथियार उपलब्ध करा रहा था, इसके बावजूद आइंस्टाइन पूर्ण संतुष्ट नहीं थे

और उन्हें लग रहा था कि अमेरिका शायद अरब देशों को संतुष्ट करने का प्रयास कर रहा है। इस प्रक्रिया में कहीं वह इजराइल के हितों की बलि न दे दे।

इजराइल की स्थापना मई में हुई थी। अप्रैल 1955 में इजराइली दूतावास ने स्थापना दिवस के अवसर पर उनसे संदेश देने का निवेदन किया। इस बहाने उन्होंने इजराइल के प्रति अनुराग को कागजों पर उड़ेलना आरंभ किया।

उनके संदेश का मजमून तैयार हुआ। इजराइली राजदूत अब्बा ईबान व उनके सहायक उसे लेकर इजराइल लौटे, पर किसी को उम्मीद नहीं थी कि अपने संदेश पर प्रतिक्रिया सुनने के लिए आइंस्टाइन उपलब्ध नहीं होंगे।

□

अंतिम दौर

तमाम विडंबनाओं के बीच आइंस्टाइन ने अपने जीवन के अंतिम वर्ष अमेरिका में ही बिताने का निर्णय लिया। अपनी रिश्तेदार लीना, जो लैटिन अमेरिका में रह रही थी, को लिखे पत्र में उन्होंने लिखा कि उनके जीवन के बहुमूल्य सत्रह वर्ष अमेरिका में बीत चुके हैं और शायद शेष भी यहीं बीतेंगे। अब प्रिंसटन ही घर है।

डॉक्टरों ने आइंस्टाइन पर तरह-तरह की पाबंदियाँ लगा रखी थीं। तंबाकू सेवन पर पूर्ण पाबंदी थी, इसके बावजूद वे एक छोटा पाइप रखते थे और तंबाकू अलग छिपाकर रखते थे। जलाने के लिए माचिस दूसरों से माँगा करते थे।

उनके एक पुराने डॉक्टर मित्र बर्लिन से भागकर न्यूयॉर्क आ गए थे। उन्होंने सख्त हिदायत दे रखी थी कि वे वसा-मुक्त व लवण-मुक्त भोजन ही करें। पर एक बार जब रात्रि के भोजन के पश्चात् चॉकलेट पेश की गई तो आइंस्टाइन का मन ललचा गया। उन्होंने चॉकलेट देखकर आह भरी 'शैतान ने हर उस चीज पर पाबंदी लगा दी है जिसे हम पसंद करते हैं। या तो हमारा स्वास्थ्य खराब हो जाता है या आत्मा दूषित हो जाती है।' उनके साथ भोजन कर रहे मित्र ने सवाल किया कि शैतान ने क्यों, भगवान् ने क्यों नहीं ? तो आइंस्टाइन ने तपाक से उत्तर दिया कि क्या फर्क पड़ता है। दोनों एक जैसे गुण के हैं। एक में सकारात्मक गुण हैं और दूसरे में नकारात्मक।

एक बार डॉक्टर उनके पास दवा लेकर आया। उसने आइंस्टाइन से पूछा कि वे दवा को गोलियों के रूप में लेना पसंद करेंगे या तरल बूँदों के रूप में। आइंस्टाइन ने बूँदों के रूप में स्वीकार किया और पानी भरे गिलास में दवा की बूँदों को गिरते हुए ध्यान से देखा और फिर गटागट पी गए। उसके बाद उन्होंने डॉक्टर से पूछा, 'क्या आप बेहतर महसूस कर रहे हैं ?'

वैसे तो वे सन् 1917 में ही बुरी तरह बीमार पड़ चुके थे, पर सन् 1945 आते-आते उनका स्वास्थ्य काफी ढल गया था। सन् 1945 में पहला और फिर 1948 में दूसरा ऑपरेशन हुआ। उनकी मुख्य धमनी में विकृति पाई गई थी और उन्हें लगने लगा था कि अब समय थोड़ा ही बचा है।

अपने कमजोर स्वास्थ्य के कारण वे प्रिंसटन में बँध से गए थे। उनका ज्यादातर समय अपने कमरे व अपने बिस्तर पर ही बीतता था। उनके सिरहाने बल्ब जलता रहता था और वे कागज-कलम लिये चिंतन करते हुए लिखते रहते थे। वे भौतिकी में अनिर्धार्यता की स्थिति से मुक्ति पाना चाहते थे।

वे अपने पुराने मित्रों से लगातार चर्चा करना चाहते थे। मैक्स बोर्न से उनकी मित्रता सन् 1916 में भी थी। वे विभिन्न विषयों पर अलग-अलग राय रखते थे। दूसरे विश्वयुद्ध में आइंस्टाइन ने अमेरिका के लिए परमाणु बम हेतु योगदान किया, जबकि बोर्न ने इसी कार्य को ब्रिटेन के लिए करने से इनकार कर दिया था। जर्मनों के बारे में भी उनके विचार अलग-अलग थे, फिर भी दोनों लंबी चर्चाएँ करते थे। आइंस्टाइन बोर्न को प्रिंसटन बुलाना चाहते थे, पर बोर्न राजी नहीं हुए।

लेकिन नील्स बोह्र अकसर प्रिंसटन आते रहते थे। वे प्रिंसटन संस्थान की गतिविधियों में भी शामिल होते थे। उन्होंने आइंस्टाइन के सत्तरवें जन्म-दिवस पर तैयार किए गए ग्रंथ 'अल्बर्ट आइंस्टाइन : दार्शनिक-वैज्ञानिक' में भी बड़ा योगदान किया। उनसे भी लंबी-लंबी चर्चाएँ होती थीं और गंभीर वैचारिक मतभेद भी उभरते थे।

अनेक लोग आइंस्टाइन को अनेक रूपों में जानते थे। आइंस्टाइन को भी अपने बारे में कहे जानेवाले फिकरों की जानकारी थी। एक बार उन्होंने अपने यहूदी मित्र को पत्र में लिखा—'मुझे लोग बिना मोजे पहननेवाले के रूप में जानते हैं।'

अंतिम दौर में भी वे सापेक्षता सिद्धांत, गुरुत्वाकर्षण सिद्धांत, एकीकृत सिद्धांतों के परिष्करण में लगे रहे। उनका दैनिक कार्यक्रम बड़ा सरल होता था। वे नौ और दस बजे के बीच नाश्ता कर लेते थे। उस समय तक वे दैनिक अखबारों में राजनीतिक खबरें भी पढ़ लेते थे। सर्दियों में प्रातः लगभग साढ़े दस बजे संस्थान की गाड़ी उन्हें लेने आती थी। लौटते समय वे पैदल ही आते थे। गरमियों में वे पैदल जाते थे, पर लौटते समय गरमी के कारण गाड़ी से ही आते थे।

कई बार उनके साथ गाड़ी में सहायक होता था, जबकि कई बार वे किसी अजनबी को भी गाड़ी में बिठा लेते थे। वे रास्ते में चुटकुले सुनाते हुए जाते थे और खुद भी हँसते थे तथा दूसरों को भी हँसाते थे।

संस्थान में वे एक बजे तक कार्य करते थे। वे अनेक गणितीय समीकरणों में उलझे रहते थे। लेकिन ठीक एक बजे वे अपने कागज समेटकर अपने पुराने ब्रीफकेस में रख लेते थे और घर की ओर चल देते थे। कई बार उनसे कहा जाता था कि हमेशा के लिए सहायक रख लो, पर वे मना कर देते थे। वे चाहते थे कि लोग उनका नहीं, अपना काम करें।

डेढ़ बजे वे खाना खाकर विश्राम करते थे। दोपहर बाद उठकर चाय पीते थे और आगंतुकों से मिलते थे। वे अपनी रोजाना की डाक भी देखते थे। रात्रि का भोजन वे साढ़े छह बजे कर लेते थे और उसके बाद कुछ काम भी निपटाते तथा पत्राचार करते थे।

कभी-कभार वे रेडियो सुनते थे और खाली समय में वायलिन पर बाक या मोजार्ट की धुनें बजाते थे। उन्हें पियानो बजाने का भी अच्छा अभ्यास था। रविवार के दिन उनके मित्र उन्हें घुमाने के लिए ग्रामीण इलाकों या समुद्र-तट पर ले जाते थे, जो मोटर द्वारा एक घंटे की दूरी के लगभग होता था। अब वे जनता के सामने आना पसंद नहीं करते थे।

जब आई.बी.एम. कंपनी ने अपने कंप्यूटर के उद्घाटन के लिए उन्हें आमंत्रित किया तो उन्होंने जवाब तक नहीं दिया। मेजबान परेशान हो गए, क्योंकि यह उस समय की बड़ी घटना थी। बाद में जाँच के बाद पता चला कि आइंस्टाइन ने उस निमंत्रण को कूड़े में डाल दिया था।

उनके कक्ष में सजावट के रूप में विचित्र व विविध वस्तुएँ थीं। धार्मिक चित्र व वस्तुएँ भी थीं और खूबसूरत माँ-बेटे की मूर्तियाँ भी। भिखारी जैसे लगनेवाले चीनी दार्शनिक की भी मूर्ति थी और इतालवी क्रिश्चियन पेंटिंग भी थी।

पत्नी एल्सा के देहांत के पश्चात् हेलेन डुकास ने उनके घर की जिम्मेदारी सँभाल ली थी। वे खरीदारी भी करती थीं और घर की देखभाल भी। वे उनके पत्राचार को फाइल में लगाने का काम भी करती थीं और बढ़ते पत्रों को रखने के लिए जगह की कमी का रोना भी रोती रहती थीं। पर वे आइंस्टाइन की सुख-सुविधा का पूरा खयाल रखती थीं।

मर्सर स्ट्रीट स्थित उनके निवास पर आइंस्टाइन की सौतेली बेटी मार्गोट भी रहती थीं। साथ ही उनकी छोटी बहन माजा भी अंतिम दिनों में उनके साथ ही रहती थी। आइंस्टाइन अपनी बहन से बहुत प्यार करते थे। उन्हें माजा की बोली, बचपना आदि बहुत भाता था। माजा की बहुत सी आदतें अपने बड़े भाई जैसी थीं। सन् 1946 से ही माजा जोड़ों की तकलीफ से ग्रस्त हो गईं और चलने-फिरने में मजबूर

हो गईं। सन् 1950 के बाद माजा की हालत बिगड़ती चली गई और मार्गोट का काफी समय उसकी देखभाल में लगता था। पर माजा की अंत तक पढ़ने में रुचि रही। आइंस्टाइन को अपने अंतिम दिनों में प्यारी बहन का वियोग भी झेलना पड़ा और दिसंबर 1951 में माजा भगवान् को प्यारी हो गई।

आइंस्टाइन अंतिम क्षण तक आत्ममंथन करते रहे। उन्होंने गांधीजी के विचारों पर गहरा मंथन किया और उनके विचारों को पूरे विश्व में कार्यान्वित करने की दिशा में सोचते रहे। वे यहूदी अध्यात्मवाद की आवश्यकता के बारे में भी चिंतन करते रहे। परंतु वे बढ़ रहे भौतिकवाद से चिंतित थे।

वे प्रकृति द्वारा दिए जानेवाले सुखों को भरपूर भोगने के पक्ष में थे, सिर्फ काम कर-करके जीवन बिता देने के हक में नहीं थे। उन्हें लगता था कि इससे व्यक्ति में विकृति आ जाएगी। वे एडिंग्टन द्वारा रचित सौंदर्यपूर्ण पुस्तकों से प्रभावित थे तथा चार व्यक्तियों को संसार में महानतम मानते थे। वे थे—न्यूटन, मैक्सवेल, महात्मा गांधी तथा एक जर्मन संगीतज्ञ। अंतिम दिनों में वे डॉ. श्वाइट्जर से भी काफी प्रभावित थे।

धर्म संबंधी उनका चिंतन भी अंतिम दिन तक चलता रहा। उनका मानना था कि मैं ज़ीवन या मृत्यु के डर से किसी ईश्वर को मानने के लिए तैयार नहीं हूँ। मैं अंधभक्ति भी नहीं कर सकता। मैं साकार ईश्वर के अस्तित्व को साबित भी नहीं कर सकता। वे मानते थे कि संसार में भाईचारा होना चाहिए, पर साथ ही हर व्यक्ति अपने आप में अनोखा होता है। उसे भी नजरअंदाज नहीं किया जा सकता है। हम बहुत सी बातें जानते हैं, समझते हैं, पर उन सबको साबित करना संभव नहीं होता है। हमारा मस्तिष्क एक निश्चित सीमा तक ही जा सकता है।

अंतिम दिनों में भी आइंस्टाइन का मस्तिष्क प्रकाश की गति से चलता रहा। अपने जीवन की हर अच्छी-बुरी घटना पर उन्होंने चिंतन किया। अपने पहले, पर असफल विवाह के बारे में भी वे सोचते रहे।

सन् 1955 के आरंभ में जर्मनी की फिजाँ पूरी तरह बदल गई थी। जर्मनों को याद आया कि आइंस्टाइन के शोधपत्रों की, जिन्होंने वैज्ञानिक जगत् में धमाका किया था, पचासवीं वर्षगाँठ आ रही है। बर्न व बर्लिन में इस अवसर पर एक सम्मेलन आयोजित करने की योजना बनाई गई और आइंस्टाइन से पधारने हेतु निवेदन किया गया। आइंस्टाइन ने अपनी वृद्धावस्था व कमजोर स्वास्थ्य के कारण निमंत्रण अस्वीकार कर दिया। स्विट्जरलैंड में भी सम्मेलन आयोजित किया गया, पर आइंस्टाइन वहाँ भी नहीं जा पाए।

फरवरी 1955 के मध्य में आइंस्टाइन को बर्ट्रेंड रसेल का पत्र मिला। दोनों में काफी साम्यता थी। दोनों ने प्रथम विश्वयुद्ध का घोर विरोध किया था। पर दोनों ही यह मानते थे कि दूसरा विश्वयुद्ध टाला नहीं जा सकता था। दोनों कट्टरता के खिलाफ थे और भावी हाइड्रोजन बम को अनावश्यक व विनाशकारी मान रहे थे। पर साथ ही दोनों में विविधताएँ भी थीं। विचारों में मतभेद व माहौल में फैले विरोध के बावजूद आइंस्टाइन कैसर विल्हेम संस्थान में काम करते रहे, जबकि रसेल जेल जाने से भी नहीं हिचकिचाए। आइंस्टाइन मन-ही-मन निराश होते रहे, पर रसेल सार्वजनिक स्थल पर धरना देकर विरोध करते रहे। आइंस्टाइन उग्र विरोध के लिए कभी आगे नहीं बढ़े, पर रसेल ने हमेशा प्रयास किया कि उनके विरोध को सुना जाए और वे समय-समय पर अपने गुस्से का इजहार करते रहें।

11 फरवरी, 1955 को रसेल ने आइंस्टाइन को कड़ा पत्र लिखकर कहा कि उन्हें परमाणु हथियारों की बढ़ती होड़ का विरोध करना चाहिए। उन्होंने कहा कि यह होड़ विनाश की ओर ले जा रही है। आप जैसे वैज्ञानिकों को इसका खुलकर विरोध करना चाहिए। कम-से-कम छह वैज्ञानिकों को आपके नेतृत्व में एक घोषणा-पत्र जारी करना चाहिए और बेहतर होगा कि ये लोग विभिन्न विचारधाराओं के हों। इसमें निष्पक्ष राष्ट्रों से अपील की जानी चाहिए कि वे संभावित तीसरे विश्वयुद्ध की आशंकाओं का समूल नाश कर दें।

आइंस्टाइन ने 16 फरवरी को उत्तर दिया कि इस घोषणा-पत्र में बारह श्रेष्ठ वैज्ञानिकों के हस्ताक्षर होने चाहिए और जूलियट, क्यूरी दंपतियों को भी शामिल किया जाना चाहिए, जो साम्यवादी विचारधारा के हैं। नील्स बोह्र निष्पक्ष देशों का प्रतिनिधित्व करेंगे।

अंततः 5 अप्रैल को यह घोषणा-पत्र तैयार हुआ, जिसमें संभावित युद्ध के प्रति आगाह किया गया था। हाइड्रोजन बम की विनाशक्षमता पर विशेष बल दिया गया था। सभी राष्ट्रों से निवेदन किया गया था कि वे अपने आपसी विवादों का निपटारा शांतिपूर्ण ढंग से करें, ताकि दुनिया अगले विश्वयुद्ध की ओर न बढ़ पाए।

अंतिम दिनों में आइंस्टाइन विश्व शांति के प्रति इतने सजग थे कि उन्होंने पं. नेहरू को पत्र लिखा और उनसे विश्व शांति के लिए हस्तक्षेप हेतु अपील की। वे चीन की राष्ट्रवादी सरकार की साम्राज्यवादी आकांक्षाओं के प्रति काफी आशंकित थे।

आइंस्टाइन रसेल का किस कदर सम्मान करते थे, इसका अंदाजा इस बात से लगता है कि उन्होंने रसेल से कहा, 'इस शांति अभियान के आप सेनापति हैं, जबकि मैं तो एक पैदल सिपाही मात्र हूँ। आप आदेश दीजिए, मैं पालन करूँगा।'

आइंस्टाइन को यह अहसास था कि उनके पास समय कम है। अब वे अपना ध्यान रखने लगे थे और कम ठंड में भी कंबल ओढ़े रहते थे। वे बढ़ते शीतयुद्ध और इजराइल पर उमड़ते युद्ध के खतरे का विरोध करने के लिए ज्यादा-से-ज्यादा जीना चाहते थे।

11 अप्रैल को घोषणा-पत्र के मजमून पर किन-किन वैज्ञानिकों के हस्ताक्षर होंगे, यह तय हो गया। यह भी तय हो गया कि इसमें निहित विषयों पर एक बड़ा सम्मेलन होगा, जिसमें अमेरिका, ब्रिटेन, रूस सहित एक दर्जन से अधिक देशों के विशिष्ट वैज्ञानिक भाग लेंगे। लेकिन अगले ही दिन आइंस्टाइन को तेज दर्द उठा। इसके बावजूद उन्होंने डॉक्टर को बुलाने से मना कर दिया। पर आइंस्टाइन की परिचारिका हेलेन डुकास को इसका अहसास हो गया और उन्होंने टेलीफोन द्वारा मार्गोट को इस बात की सूचना दे दी, जो उस समय बीमारी के कारण स्थानीय अस्पताल में भरती थी।

भयानक दर्द के बावजूद आइंस्टाइन इजराइल के स्वतंत्रता दिवस के अवसर पर किए जानेवाले प्रसारण की तैयारी में जुटे रहे। पाँच अनुच्छेद तैयार हो चुके थे और उनमें मिस्र व इजराइल के बीच भावी संघर्ष का उल्लेख था। स्वतंत्र विश्व व साम्यवादी विश्व के मध्य चल रही खींचतान का भी जिक्र था; पर उन्होंने स्वतंत्र व साम्यवादी शब्दों का उल्लेख करने के बजाय पूर्व-पश्चिम के मध्य संघर्ष का उल्लेख करना बेहतर समझा, हालाँकि वे यह भी मानते थे कि दुनिया गोल है और पूर्व-पश्चिम सापेक्ष शब्द हैं।

13 अप्रैल को उनकी स्थिति और जटिल हो गई थी, पर प्रातः काल इजराइल के राजदूत तथा जोनोस प्लैश से मिले। चर्चा के पश्चात् उन्होंने अपने मजमून में कुछ और टिप्पणियाँ जोड़ीं। दोपहर तक सभी आगंतुक निवृत्त होकर जा चुके थे। आइंस्टाइन अब काफी थकान महसूस कर रहे थे। उन्हें भूख भी नहीं लग रही थी। फिर भी आइंस्टाइन ने हलका भोजन किया और विश्राम के लिए लेटे, पर जल्दी ही बेहोश हो गए। हेलेन डुकास ने उन्हें सँभाला और डॉक्टर को बुलाया। डॉक्टर अपने दो सहायकों सहित आए और तत्काल उनका ई.सी.जी. लिया। मर्फिया का इंजेक्शन लगाने के पश्चात् आइंस्टाइन ने वह रात आराम से बिताई।

14 अप्रैल को डॉक्टरों का दल न्यूयॉर्क से आ पहुँचा था। पर उनके सामने उलझन थी कि शल्य चिकित्सा की जाए या नहीं। उस समय जटिल ऑपरेशनों के पश्चात् बचने की संभावना बहुत कम ही होती थी।

आइंस्टाइन को अपनी इस स्थिति का ज्ञान वर्षों पहले हो गया था। वे अकसर कहते थे कि इस गाँठ को अपने आप फूट जाने दो। वे शल्य चिकित्सा के लिए सहमत नहीं होते थे। वे पूछते थे कि फूटने के पश्चात् कितनी देर में मौत आएगी, तो डॉक्टर उत्तर देते कि यह तत्काल भी आ सकती है और कुछ घंटे या दिन भी लग सकते हैं।

दर्द बढ़ता गया। डॉक्टरों ने उन्हें अस्पताल ले जाने की राय दी। आइंस्टाइन ने मना कर दिया। आमतौर पर डॉक्टर मरीज की राय नजरअंदाज कर देते हैं, पर आइंस्टाइन के व्यक्तित्व के आगे डॉक्टर हिचकिचाने लगे।

अंतत: हेलेन डुकास नहीं सँभाल पाएँगी, इस तर्क पर वे अस्पताल के लिए चले। रास्ते में वे सभी से आराम से बातें करते रहे। एंबुलेंस से उतारकर जब उन्हें अस्पताल के बिस्तर पर लिटाया गया तो उन्होंने अपना चश्मा व लिखने की सामग्री माँगी। उन्हें लग रहा था कि शेष समय नष्ट नहीं करना चाहिए। उन्होंने अपने घर मर्सर स्ट्रीट पर फोन भी किया।

उनकी बेटी मार्गोट उनसे मिलने ह्वील चेयर पर आईं। आइंस्टाइन का चेहरा इतना बदल गया था कि मार्गोट के लिए भी पहचानना कठिन था। पर आइंस्टाइन का मजाकिया लहजा बरकरार था। उन्होंने डॉक्टर का भी मजाक बनाया।

आइंस्टाइन अपने नाम का अनावश्यक उपयोग नहीं चाहते थे। उन्होंने अपनी कुछ इच्छाएँ व्यक्त कीं और कहा कि उनके मकान को अजायबघर में न तब्दील किया जाए। उन्होंने प्रिंसटन संस्थान से भी निवेदन किया कि उनके कार्यालय को किसी अन्य वैज्ञानिक को उपयोग हेतु दे दिया जाए। वे जानते थे कि उनका घर व कार्यालय वैज्ञानिकों के लिए तीर्थ बन जाएगा। उन्होंने यह भी कहा कि उनको भेंट किए गए प्रतीक चिह्न, पत्राचार आदि सुदूर भारत भेज दिए जाएँ।

आइंस्टाइन को इस बात का अहसास था कि उनकी चीजें, उनके पत्र हजारों डॉलरों में बिकेंगे। पर वे अब लेन-देन के व्यवसाय से मुक्त होना चाहते थे। उन्हें अपने मस्तिष्क के असाधारण होने पर विश्वास था और वे चाहते थे कि उनके जाने के बाद उसपर अनुसंधान हो। उन्होंने मरने से पूर्व हिदायत दी कि उनके मस्तिष्क को सुरक्षित रखा जाए और उस पर अनुसंधान किया जाए। शेष शरीर का अंतिम संस्कार कर दिया जाए और अवशेष अज्ञात स्थान पर बिखेर दिए जाएँ।

मृत्यु से पूर्व उनके पुत्र हांस अल्बर्ट आइंस्टाइन तथा साहित्यिक कार्यकर्ता ऑटो नाथन उनके पास पहुँच गए थे। आइंस्टाइन ने मरने से पूर्व उनसे विज्ञान पर

भी चर्चा की तथा उसके बाद राजनीति पर भी विचार-विमर्श किया। उन्होंने जर्मनी के पुन: हथियारबंद होने से उत्पन्न खतरों पर भी अपने विचार व्यक्त किए।

रविवार का दिन था। दोपहर बाद डॉक्टरों को लग रहा था कि संभवत: अब आइंस्टाइन की स्थिति में कुछ सुधार हो, पर शाम को उन्हें फिर दर्द उठा और डॉक्टरों ने उन्हें इंजेक्शन लगाया, ताकि वे सो जाएँ।

डॉ. डार्न ने रात्रि ग्यारह बजे अंतिम बार उन्हें देखा और फिर चले गए। लेकिन कुछ घंटों बाद ही नर्स को लगा कि उन्हें साँस लेने में तकलीफ हो रही थी। वह घबराई, उसने दूसरी नर्स को सहायता हेतु बुलाया तथा तरह-तरह के उपाय करने लगी।

अंतिम क्षणों में वे जर्मन भाषा में बुदबुदाते रहे। चूँकि वे दुनिया के अनेक देशों में घूमे थे और अनेक भाषाओं के जानकार थे, पर उनका मूल जर्मन ही था और अपनी माता पॉलीन से उन्होंने पहले-पहल जर्मन भाषा ही सीखी थी।

जर्मनी के साथ उनके विचित्र संबंध रहे। वहीं पर रहते हुए वे विश्व-विख्यात हुए थे। उनका मानना था, 'मानव मूलत: आक्रामक प्राणी है, पर जर्मन कुछ ज्यादा ही आक्रामक हैं।'

शायद अंतिम समय में उन्हें यह अफसोस रहा हो कि वे जर्मनी नहीं जा पाए और जर्मनी से नाराज होकर उन्होंने अमेरिकी राष्ट्रपति रूजवेल्ट को परमाणु बम के निर्माण हेतु उकसाया था।

पता नहीं वे पछता रहे थे या कुछ कहना चाह रहे थे। उनकी नर्स जर्मन में उनकी बुदबुदाहट समझ नहीं पा रही थी। उन्होंने गहरी साँस ली और 17 अप्रैल, 1955 में इस दुनिया से चले गए।

□

जाने के बाद

आइंस्टाइन की पहली पत्नी मिलेवा, दूसरी पत्नी एल्सा तथा छोटी बहन माजा आइंस्टाइन की मृत्यु से पूर्व ही इस दुनिया से चल बसी थीं।

आइंस्टाइन का दूसरा पुत्र एडुवर्ड मानसिक रूप से बीमार चल रहा था; सन् 1933 से ही उसे मनश्चिकित्सालय में रखा गया था। उसे वहाँ से छुट्टी नहीं मिल पाई और सन् 1965 में वह भी चल बसा।

आइंस्टाइन के पहले पुत्र हांस का जीवन अपेक्षाकृत सफल रहा। उसे बर्कले स्थित कैलीफोर्निया विश्वविद्यालय में प्रोफेसर के पद पर कार्य करने का अवसर मिला। उसने हाइड्रॉलिक्स के क्षेत्र में कार्य किया।

आइंस्टाइन की मृत्यु के पश्चात् उनका मस्तिष्क अलग निकालकर सुरक्षित रख दिया गया था। वैज्ञानिक उसकी लगातार जाँच करते रहे, पर उन्हें लगता रहा कि यह तो सामान्य व्यक्तियों जैसा ही है।

सन् 1996 में जाकर वैज्ञानिक इस निर्णय पर पहुँचे कि इसका एक भाग सामान्य से थोड़ा बड़ा है। पर इस मामूली से अंतर का प्रयोग करके अल्बर्ट आइंस्टाइन ने किस प्रकार दुनिया के तमाम रहस्यों पर से परदा उठा दिया, यह अभी तक रहस्य ही बना हुआ है।

आइंस्टाइन के जाने के बाद भी उनका सापेक्षतावाद का सिद्धांत व गुरुत्वाकर्षण सिद्धांत एक पहेली ही बने रहे। वैज्ञानिक ज्यों-ज्यों उनकी प्रायोगिक जाँच करते, उनकी उपलब्धियाँ बढ़ती चली जाती थीं। समय के साथ बेहतर व दक्ष पार्टिकल त्वरित्र (एक्सीलरेटर्स) तैयार हुए और उनकी सहायता से कणों में इतनी ऊर्जा प्रविष्ट कराई जाने लगी कि उनकी गति प्रकाश की गति के समतुल्य होने लगी।

आइंस्टाइन के सिद्धांतों के आधार पर अंतरिक्ष अभियान चला। तमाम रॉकेट व उपग्रह छोड़े गए तथा जब सन् 1969 में अपोलो चंद्रयान से अमेरिकी चंद्रयात्री

चंद्रमा की धरती पर उतरे तो आइंस्टाइन के सिद्धांतों के आधार पर गणना व वास्तविकता में मात्र 20 इंच का अंतर देखने को मिला और इस प्रकार सापेक्षतावाद का सामान्य सिद्धांत वास्तविकता के कितना करीब है, यह प्रमाणित हो गया।

मरने के बाद भी आइंस्टाइन का विरोध बंद नहीं हुआ। सन् 1960 व 70 के दशकों में हरबर्ट डिंगले नामक वैज्ञानिक ने सापेक्षतावाद के विशेष सिद्धांत को गलत साबित करने का प्रयास किया, पर उसे सफलता नहीं मिली। इसी तरह जब उनके पत्रों को एक जगह लाकर प्रकाशित किया गया तो उनमें भी विरोधाभास मिला, पर विरोध का स्वर ठीक से नहीं उभर पाया।

अल्बर्ट आइंस्टाइन की इच्छा थी कि भौतिकी संबंधी सारे सिद्धांतों को मिलाकर एक सिद्धांत बनाया जाए, जिसे एकीकृत सिद्धांत का नाम दिया जाए। पर उनका वह सपना अभी तक अधूरा ही है।

पर वैज्ञानिक रज्जु सिद्धांत (String Theory) पर एक होने लगे। इस सिद्धांत के अंतर्गत मूल वस्तुएँ कण (Particle) नहीं, वरन् रस्सी या रज्जु (String) हैं जिनकी सिर्फ लंबाई होती है और मोटाई नहीं होती है। इनका सिरा खुला हो सकता है। दो रज्जु मिलकर एक रज्जु बना सकते हैं।

इस संबंध में आइंस्टाइन ने कार्य काफी पहले ही आरंभ कर दिया था और उन्होंने अपने जीवन का बड़ा समय चौथे आयाम की तलाश में लगाया था। वे पाँचवें आयाम की भी तलाश में थे। आज रज्जु सिद्धांत के अंतर्गत ग्यारह आयाम तलाशे जा चुके हैं। यह रज्जु सिद्धांत अभी भी पूर्ण विकसित नहीं है और इस पर अनुसंधान अभी जारी है।

आइंस्टाइन के जाने के बाद ब्लैक होल सिद्धांत पर कार्य जारी रहा। तारों के अंदर स्थित ऊर्जा के समाप्त हो जाने की स्थिति पर भी अनुसंधान जारी रहा।

समय के सिद्धांत, समय के लौटकर आने के संबंध में भी अनुसंधान जारी है। कई बार इन अनुसंधानों को देखकर कहना पड़ जाता है कि ब्रह्मांड में अभी भी इतनी जटिलताएँ मौजूद हैं और इतने रहस्य शेष हैं कि उन सबको हल करने के लिए अल्बर्ट आइंस्टाइन को एक बार फिर से दुनिया में आना पड़ेगा।

सन् 1979 में आइंस्टाइन की जन्म शताब्दी मनाई गई। उनके सम्मान में दुनिया भर में सम्मेलन व गोष्ठियाँ आयोजित की गईं। बर्न, येरूशलम, पश्चिम जर्मनी, प्रिंसटन, न्यूयॉर्क, स्मिथसोनियन संस्थान—सब जगह लंबी-लंबी चर्चाएँ हुईं और सभी का केंद्र-बिंदु ब्रह्मांड का स्वरूप ही था। इस अवसर पर वाशिंगटन में एक बड़ी प्रदर्शनी भी लगाई गई।

दुनिया छोड़ने के बाद भी आइंस्टाइन मात्र वैज्ञानिकों के बीच ही चर्चा के केंद्र नहीं रहे, बल्कि उनके जीवन के अन्य योगदानों पर भी चर्चा व विवाद दोनों जारी रहे। उनके परमाणु बम के निर्माण में योगदान तथा रसेल के साथ मिलकर विश्व शांति के लिए जारी होनेवाले घोषणा-पत्र पर भी चर्चा चलती रही। हालाँकि इस प्रस्ताव की आलोचना भी हुई, पर इस घोषणा-पत्र के कारण विश्व के दो प्रमुख खेमों के वैज्ञानिक एक-दूसरे के करीब आ गए।

दुनिया ने उनके जर्मनी को माफ न करने के विचार को पूरी तरह सही नहीं माना। लोग आश्चर्य करते रहे कि जर्मनी में जनमे आइंस्टाइन आखिर जर्मनी से इतनी नफरत क्यों करते रहे? उधर सन् 1920 से ही आइंस्टाइन का यह मानना था कि भावी इजराइल को अरबों के साथ मधुर संबंध रखना चाहिए, पर यह संभव नहीं हो पाया और आइंस्टाइन के जाने के बाद अरब मुल्कों व इजराइल में तीखी झड़पें होती रहीं और कई बार भीषण युद्ध भी हुए।

आइंस्टाइन का विश्व सरकार का सपना सपना ही बना रहा और दुनिया में परमाणु हथियारों एवं परंपरागत हथियारों की होड़ चलती रही। हर देश के पास हथियारों का बड़ा जखीरा इकट्ठा होता गया। निरस्त्रीकरण पर वार्त्ताएँ तो चलती रहीं, पर वह सब हुआ नहीं।

बच्चे समय-समय पर आइंस्टाइन को याद करते रहे। बच्चों के संबंध में आइंस्टाइन की टिप्पणियाँ, उनके लिए पतंग तैयार करना जैसी घटनाएँ लगातार याद की जाती रहीं।

कुल मिलाकर लोग आइंस्टाइन को लगातार याद करते रहे और अब भी याद करते हैं। वे वैज्ञानिक के रूप में भी याद किए जाते हैं और शांतिवादी के रूप में भी।

सन् 1999 में विख्यात पत्रिका 'टाइम' ने 'बीसवीं सदी के प्रमुख व्यक्ति' के रूप में आइंस्टाइन का चयन किया।